玩转移动互联网营销系列

玩转O2O

商业分析＋运营推广＋营销技巧＋实战案例

海天电商金融研究中心　编著

清华大学出版社
北　京

内 容 简 介

本书全面揭秘 O2O 平台构建、营销定位、生活服务、社区服务、风险管理和未来应用，特别是对团购行业、餐饮行业、娱乐传媒、企业管理、金融行业、酒店行业、旅游行业、房产行业、零售行业、服装行业、交通行业、农副行业等影响力大的行业领域进行剖析，帮助读者知晓赚钱的 O2O 是这样玩的！

书中内容零基础、全图解，通过“12 个行业应用挖掘＋15 章专题内容详解＋290 多张图片的图解”，深度剖析了 O2O 的商业分析、运营推广、营销技巧和实战案例！

本书读者对象：从事宣传、营销、推广的 O2O 人员；需要通过 O2O 进行营销的行业与公司；新兴创业的个体老板、企业高管、商业大亨、名人明星等； O2O 相关营销公司或大公司培训、指导和沟通客户的人员。

图书在版编目(CIP)数据

玩转 O2O：商业分析+运营推广+营销技巧+实战案例/海天电商金融研究中心编著. —北京：清华大学出版社，2017（2017. 8 重印）
(玩转移动互联网营销系列)
ISBN 978-7-302-45643-8

Ⅰ. ①玩…　Ⅱ. ①海…　Ⅲ. ①网络营销　Ⅳ. ①F713.36

中国版本图书馆 CIP 数据核字(2016)第 283894 号

责任编辑：杨作梅
装帧设计：杨玉兰
责任校对：文瑞英
责任印制：沈　露

出版发行：清华大学出版社
　网　址：http://www.tup.com.cn，http://www.wqbook.com
　地　址：北京清华大学学研大厦 A 座　**邮　编**：100084
　社总机：010-62770175　**邮　购**：010-62786544
　投稿与读者服务：010-62776969，c-service@tup.tsinghua.edu.cn
　质 量 反 馈：010-62772015，zhiliang@tup.tsinghua.edu.cn
印 刷 者：北京鑫丰华彩印有限公司
装 订 者：三河市溧源装订厂
经　　销：全国新华书店
开　　本：170mm×240mm　**印　张**：16.25　**字　数**：256 千字
版　　次：2017 年 1 月第 1 版　**印　次**：2017 年 8 月第 2 次印刷
印　　数：3001～4500
定　　价：49.80 元

产品编号：069735-01

序言

发生于 2015 年的各种轰轰烈烈互联网转型、跨界、创新、创业方兴未艾地渐渐远去了。2016 年，App、微信、大数据、Wi-Fi 的营销，已作为互联网及移动互联网最为典型也最为火爆的营销手段汹涌来袭！O2O、电商、微商、自媒体等，依旧在炮火纷飞中快速成长。

作者团队基于过去的经验、现在的经历、未来的趋势，特策划了“玩转移动互联网营销系列”丛书，力求从产业痛点、行业分析、运营推广、营销技巧、实战案例等角度，为大家做出一点分析，奉献自己的绵薄之力。本丛书具体书目如下：

《玩转 O2O：商业分析＋运营推广＋营销技巧＋实战案例》
《玩转 App：商业分析＋运营推广＋营销技巧＋实战案例》
《玩转微信：商业分析＋运营推广＋营销技巧＋实战案例》
《玩转大数据：商业分析＋运营推广＋营销技巧＋实战案例》
《玩转电商：商业分析＋运营推广＋营销技巧＋实战案例》
《玩转微商：商业分析＋运营推广＋营销技巧＋实战案例》
《玩转 Wi-Fi：商业分析＋运营推广＋营销技巧＋实战案例》
《玩转自媒体：商业分析＋运营推广＋营销技巧＋实战案例》

本丛书在编写时，时而会从行业产业的高度，进行商业模式的分析；时而会从公司经营的角度，讲解推广和营销的技巧；时而会从实战的角度，精选案例进行剖析；时而从最难点和痛点入手，专门解决客户最头痛的问题；最后，这些内容的核心，就是帮助用户解决某个问题或某类问题！

作为电商类的图书，有些经验技巧是互通的，比如 O2O 的商业模式，与 App 线上线下运营，可能极为相关，而大数据与电商的关系极为密切，如微商最大的痛点引流，却也是自媒体最需要的内容。因此，本丛书的知识内容是可以融会贯通、相互借鉴的，对电商、微商、自媒体等感兴趣的朋友，多参考两三本图书的内容，受益会更大。

本丛书在编写时，采用了 MBA 逻辑图解的办法，更加直观、形象地展示文字知识和逻辑关系，希望读者细心体会，学有所获。

前言

随着移动互联网的迅速发展，越来越多的企业开始布局 O2O，O2O 未来会改变中国，线上、线下一旦连接，将会爆发巨大的力量，开启一个数据化、智能化、信息化的新时代。

本书以 O2O 为核心、以营销为根本出发点，以图解的方式全面、深入诠释 O2O 发展过程、平台构建、营销模式、营销定位、战略布局、生活服务、社区互动，全面解析了 12 个行业的 O2O 应用。

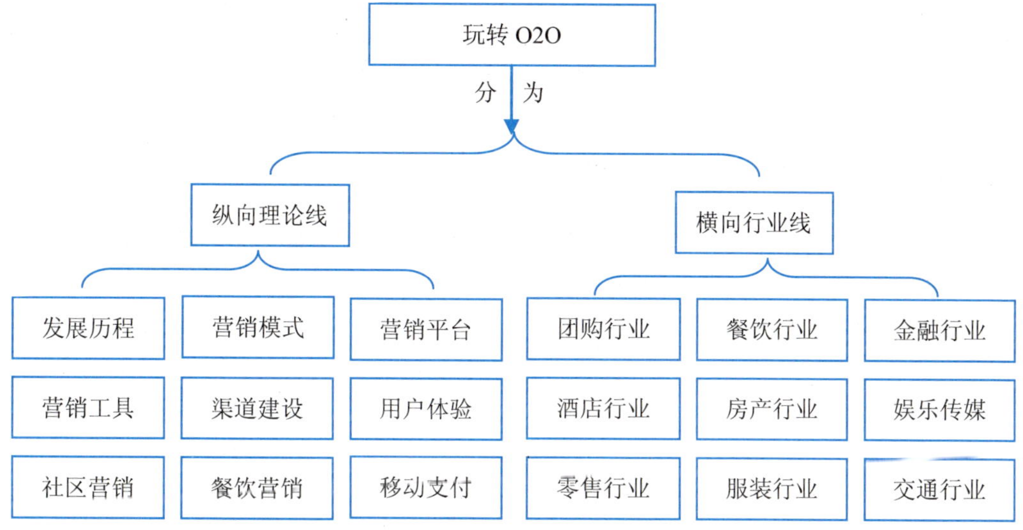

本书紧扣 O2O 营销与运营，采用集理论、案例和技巧于一体的结构框架，从横向行业线和纵向理论线全面剖析 O2O，让读者轻松懂得怎样利用 O2O 创造价值，开拓新的市场空间，焕发企业活力。

■ 本书特色

(1) 技巧丰富，包含 100 多种营销方法：本书巧妙地将 100 多种 O2O 分析、营销知识与运用方法融入行业案例中，生动形象地将营销方法与运营技巧表述出来，使读者能够快速吸收、掌握 O2O 营销与运营相关事宜，成为行家里手。

(2) 实践性强，渗透近 12 个行业领域：行业涉及团购、餐饮、娱乐传媒、企业管理、金融、酒店、旅游、房产、零售、服装、交通、农副等领域，列举大量案例，进行透彻的讲解和分析，让读者一本书通晓整个行业产业的 O2O 营销与运营方法。

(3) 易于理解，构建 80 多个逻辑图解：对 O2O 的相关案例进行专业剖析，通过形象的逻辑图解，对 O2O 营销方法与运营技巧进行了详细分析，帮助读者进入 O2O 新时代！

■ 图解提示

本书侧重 O2O 的实际应用，采取图解的方式进行分析。书中的 80 多个图解能够帮助读者快速掌握重点和了解核心知识，可大大降低读者的阅读成本。读者在阅读过程中需要注意其逻辑关系，否则便不能更好、更快地理解本书内容。

■ 作者信息

本书由海天电商金融研究中心编著，参与编写的人员有谢芬、刘胜璋、刘向东、刘松异、刘伟、卢博、周旭阳、袁淑敏、谭中阳、杨端阳、李四华、王力建、柏承能、刘桂花、柏松、谭贤、谭俊杰、徐茜、刘嫔、苏高、柏慧等人，在此表示感谢。由于作者知识水平有限，书中难免有错误和疏漏，恳请广大读者批评、指正。联系微信：157075539。

目录

目录

第 1 章

营销概况：O2O 新型的商业营销

学前提示

在互联网迅速发展的当下，移动支付方式愈加普及，人们的生活也越来越离不开手机。外出吃饭、购物、看电影、游玩等，只要用手机扫一扫就可以轻松搞定。这种出门只要带上手机就可以完成所有支付的生活方式，被称为“O2O 式生活”。

要点展示

- 什么是 O2O
- O2O 模式的属性与用途
- O2O 营销的模式与方式
- O2O 寻找客户群的方式
- O2O 多元化的营销模式

1.1 什么是 O2O

随着互联网的快速发展，很多人出门用“滴滴打车”，点餐用“美团外卖”，购物上“淘宝”等消费方式在生活中随处可见，出门只要带上一部手机，就可以轻松地完成各种消费支付。简单来说，这就是 O2O 式的生活，如图 1-1 所示。

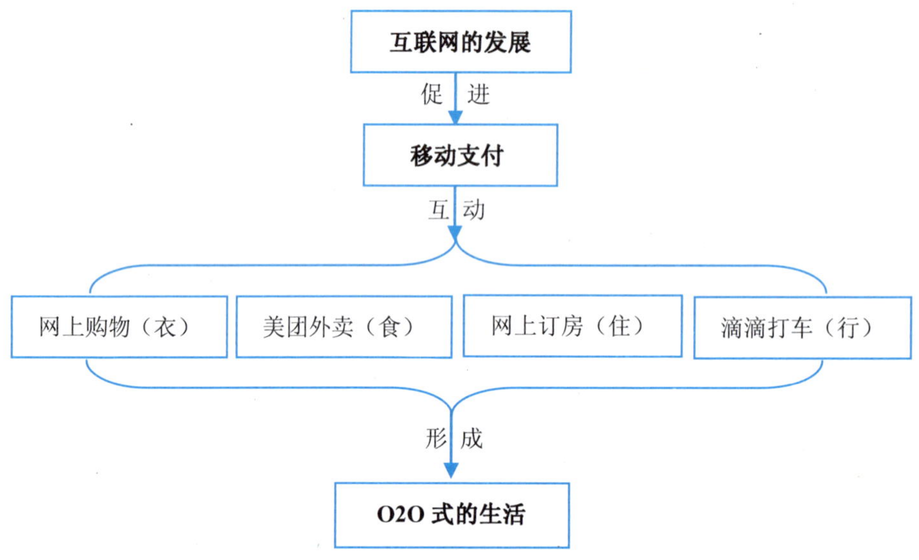

图 1-1 “O2O 式的生活”的来源

专家提醒

随着移动支付方式的盛行，O2O 式的生活已深入到人们的衣、食、住、行，它成功地连接虚拟与现实，实现了线上与线下互动，为人们的生活带来便利的同时，也为各大商家的发展也提供了契机。

1.1.1 O2O 的基本概念

O2O 即英文“Online to Offline”的简称，它是指将线下的商务机会与互联网结合，让互联网成为线下交易的前台。O2O 最早源于美国，由美国试用品营销、广告服务商 TrialPay 的创始人“Alex Rampell”提出。其实，从“Alex Rampell”创办的这家公司就可以看到 O2O 模式的影子了。他先对 Groupon、OpenTable、Restaurant 和 SpaFinder 这四家公司的共同之处进行了总结，并借鉴 B2B、B2C 和 C2C 的命名，然后才对其 O2O 进行定义。那么，这四家公司有着怎样的特点呢？下面对这四家公司进行简单介绍，如图 1-2 所示。

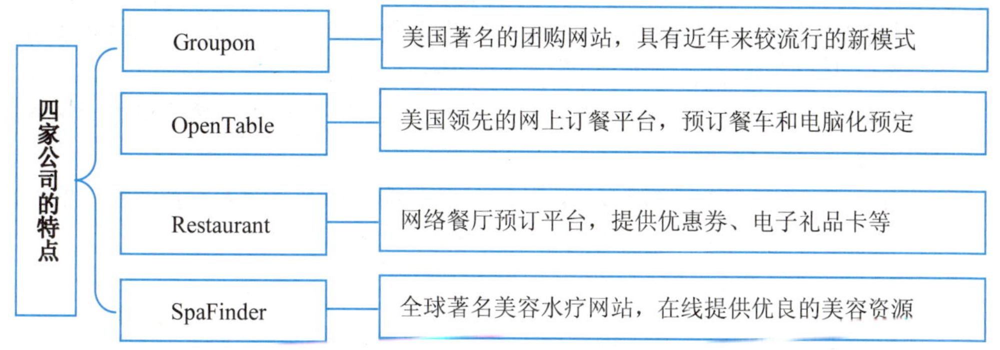

图 1-2 影响 O2O 产生的四大公司

从其特点可以看出，O2O 商务的核心是商家在线上寻找客户，并将支付模式和线下门店客流量有效结合，从而让客户的需求在现实生活中得到相应满足，即实现用户的线下购买。

1.1.2 O2O 营销的特点

O2O 根据营销主体的不同，其营销特点也会有所区别，主要有 3 个方面：O2O 对用户、对商家以及对平台本身而言体现的营销特点。

1. 对用户而言

对客户而言，O2O 的营销特点体现在以下 3 个方面。

- 获取全面的商家及其服务信息。
- 更加便捷地向商家在线咨询，且大部分商品支持退换货。
- 获得比线下消费更便宜的价格。

2. 对商家而言

对商家而言，O2O 的营销特点体现在以下 3 个方面。

- 能够获得更多的宣传、展示机会，吸引更多新客户到店消费。
- 商家可以通过大数据，分析交易质量和推广效果掌握客户数据，然后通过与客户的交流，了解更多的客户需求，这既能提升营销效果，又能维护老客户对品牌的忠诚度。
- 通过在线预订等方式，合理节约运营成本。

3. 对平台本身而言

对平台而言，O2O 的营销特点体现在以下 4 个方面。

- 与客户日常生活息息相关，并能给客户带来便捷、优惠、消费保障等作用，能吸引大量高黏性客户。
- 对商家有强大的推广作用及可衡量的推广效果，可吸引大量线下生活服务商家加入。
- 数倍于 C2C、B2C 的现金流，若无足够公信力很难取得客户及商家的信任，这是 O2O 模式的特点，也是限制其发展的桎梏。
- 有巨大的广告收入空间，形成规模后更有多种盈利模式。

1.1.3 O2O 的四种互动关系

O2O 应用到现实生活中，其互动关系有四种，如图 1-3 所示。

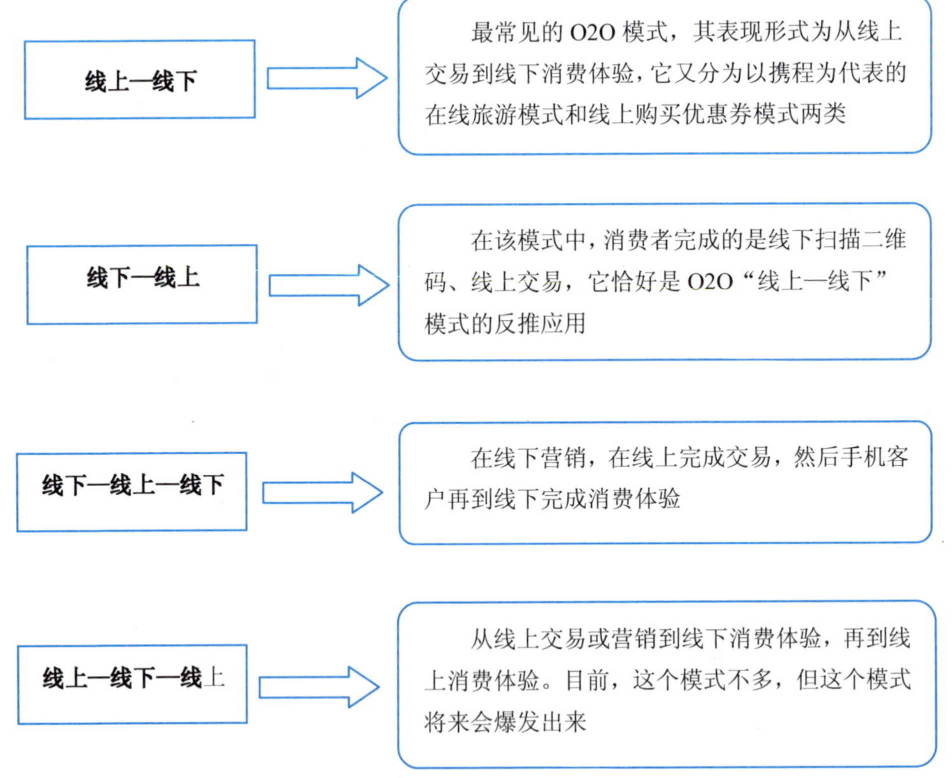

图 1-3　O2O 的四种互动关系

1.2 O2O 模式的属性与用途

O2O 模式已被各大电商普遍采用。从业者只有对 O2O 模式的属性与用途进行深入的了解，才能在商务运营中更好地开辟市场，进而获取更多的利益。

1.2.1 O2O 模式的三大属性

O2O 模式具有三大属性，分别是宣传属性、社交属性和交易属性。下面对这三大属性进行图解分析，如图 1-4 所示。

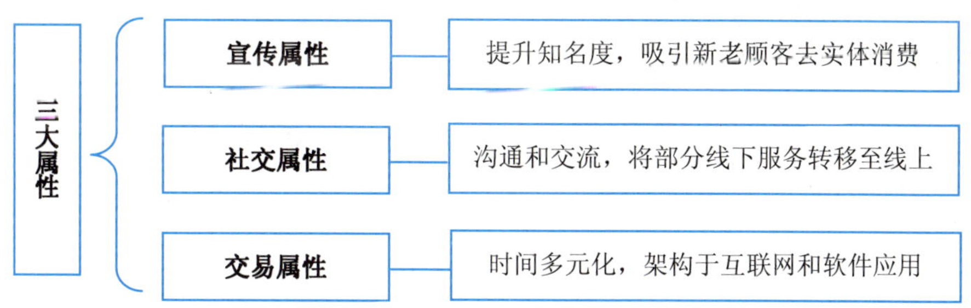

图 1-4 O2O 模式的三大属性

1.2.2 O2O 模式的四大用途

O2O 的营销模式各有其侧重点，根据用途不同，对 O2O 的定位自然也就不同。所以，想要做好 O2O 营销，不仅需要了解 O2O 模式的属性，还需要了解它的用途。下面对 O2O 模式的四大用途进行图解分析，如图 1-5 所示。

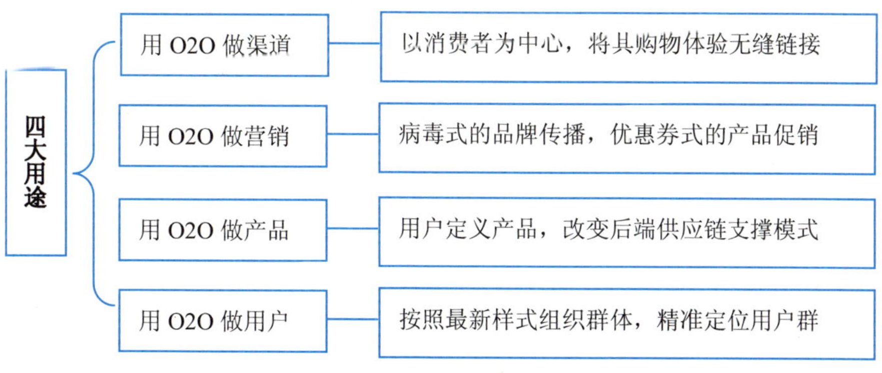

图 1-5 O2O 模式的四大用途

1.2.3 O2O 模式的发展方向

2012 年有大量的资本进入 O2O 模式的创业公司，BAT(百度、阿里巴巴和腾讯)也在积极布局。2013 年具有 O2O 模式的行业也迎来爆发式增长，各公司都会按照自己对市场的理解切入，O2O 模式的未来也将会向着多元化发展。

趋势 1：多元化发展

除去既有的 BTA 模式，O2O 模式还包括团购、优惠券平台、微信 CRM、分类信息、生活搜索、本地生活门户、点评类网站、在线服务商城、垂直行业移动工具、SNS 平台与商家自营平台等 11 类。总之，O2O 服务呈现一个多元化、全方位发展的趋势，如图 1-6 所示。

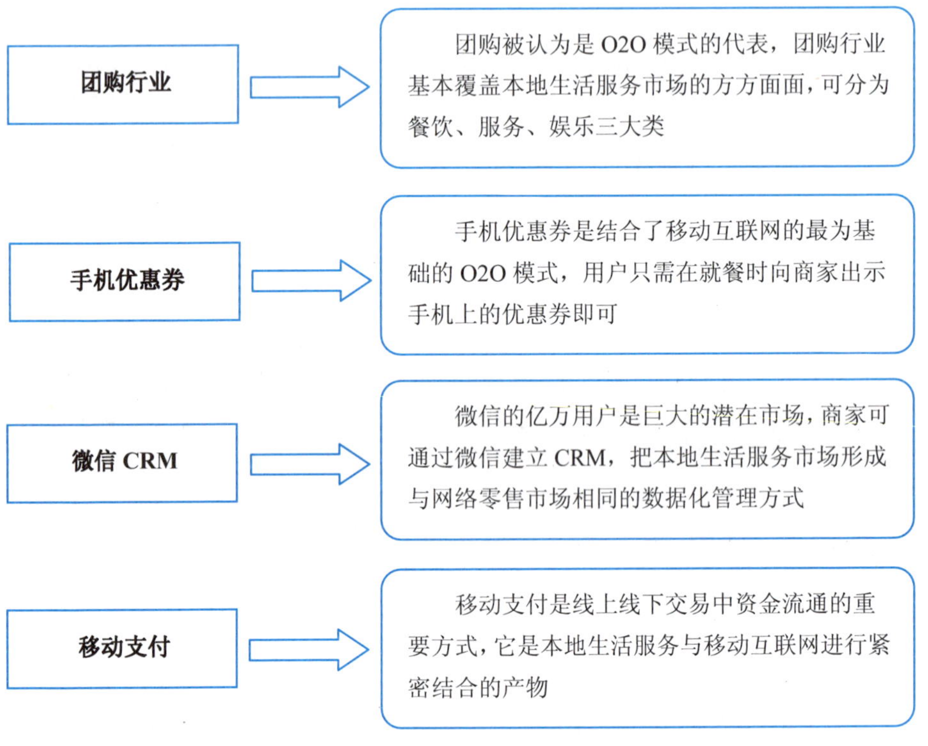

图 1-6 O2O 模式的多元化发展

趋势 2：专业化与高度集中化

现在很多所谓的生活服务类平台，不仅层次、分类信息不具体，平台也混乱无秩序，致使行业市场的发展陷入一片僵局，这就促使 O2O 模式必须向专业化与高度集中化的方向发展，如图 1-7 所示。

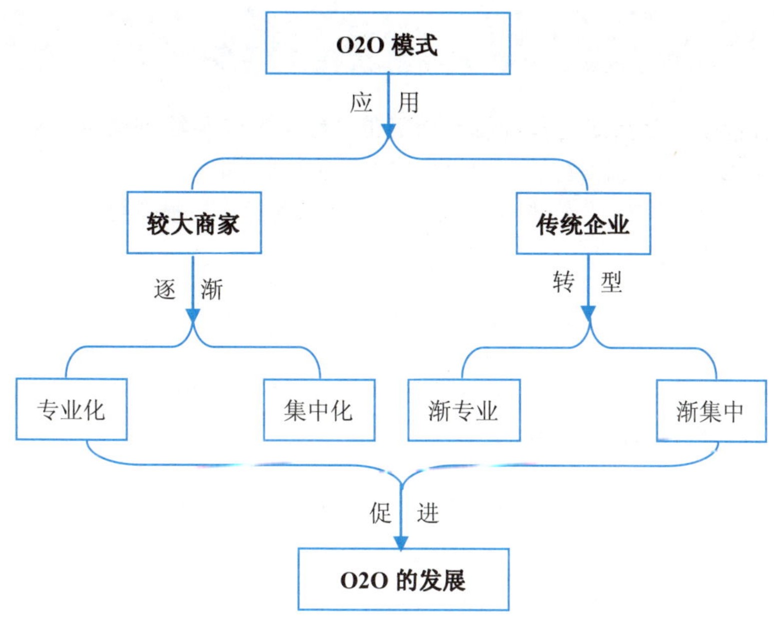

图 1-7　O2O 模式的专业化与高度集中化发展

趋势 3：效果化到订单化

效果化即订单化，是指商家把服务内容从信息层面直接转为订单层面的一种发展趋势。下面对其进行图解分析，如图 1-8 所示。

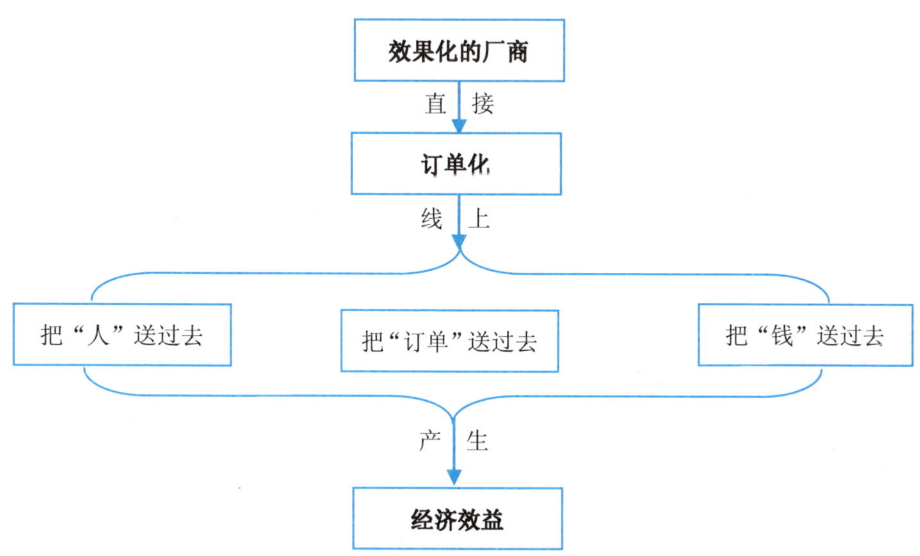

图 1-8　O2O 模式的效果化到订单化发展

1.3 O2O 营销的模式及方式

O2O 营销模式是指线上营销线上购买带动线下经营和线下消费，它又被称为离线商务模式。O2O 的运营就是在各种模式的指导下进行的。因此，作为 O2O 营销的从业人员，必须对 O2O 营销的模式及方式进行深入了解，只有这样才能使自身在行业内得到长足的发展。

1.3.1 O2O 营销的三种模式

O2O 营销具有三种模式，分别为代理模式、广场模式和商城模式。下面对这三种模式进行图解分析，如图 1-9 所示。

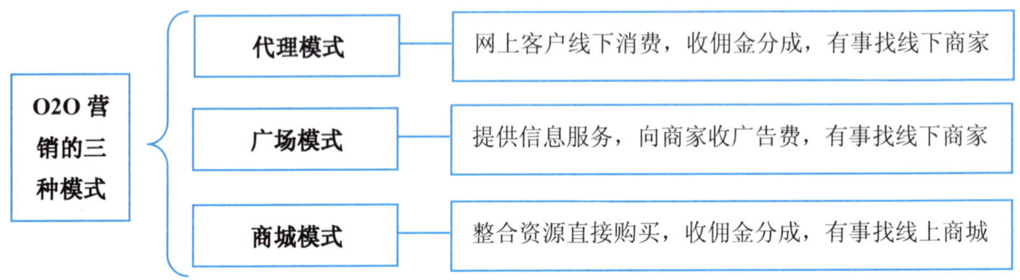

图 1-9 O2O 营销的三种模式

1.3.2 O2O 营销的四种方式

O2O 营销具有四种方式，分别为直复营销、数据库营销、体验营销、情感营销。下面对这四种营销方式进行图解分析，如图 1-10 所示。

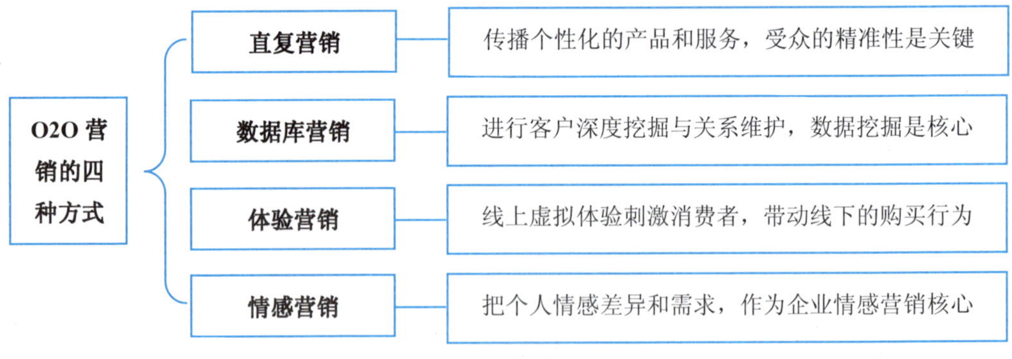

图 1-10 O2O 营销的四种方式

1.3.3 O2O应该规避的误区

随着电子商务的发展，O2O的好处显而易见。在互联网这个虚拟的空间里，各大行业也都具有广阔的消费市场。在互联网打破传统商业空间的情况下，小商家也能够创造销售奇迹。但是在利用O2O平台发展的同时，也要规避各大误区，只有这样，才能得到更好的发展。下面对O2O的误区进行具体分析，如图1-11所示。

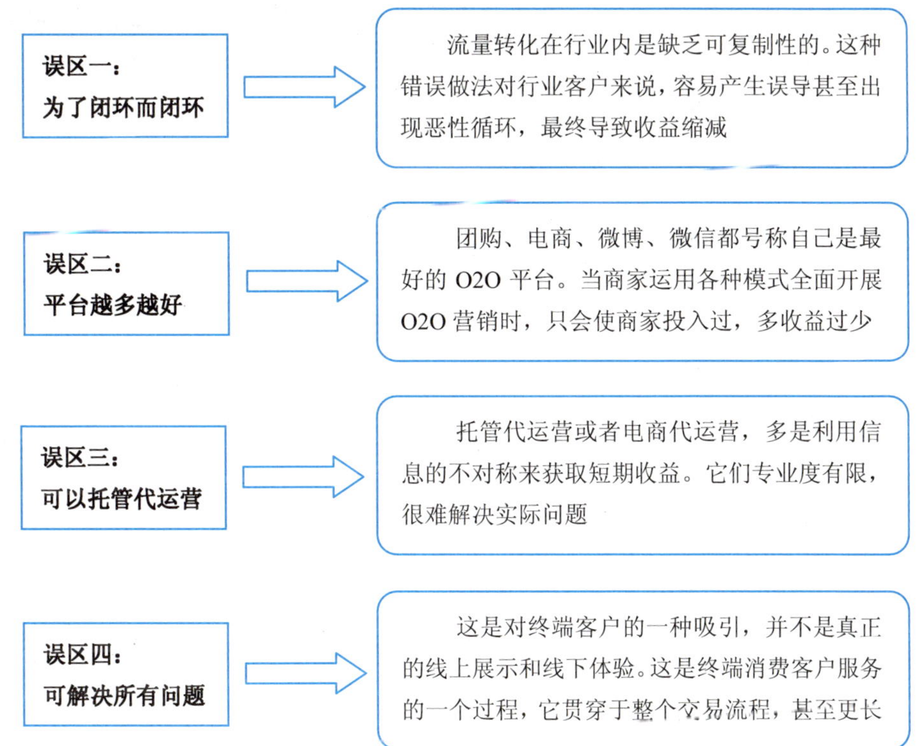

图1-11 O2O应该规避的误区

专家提醒

虽然O2O平台给各大电商的发展提供了各种展示的机会，但是如果转化率不能支撑正常售卖的话，也是会造成亏损的。因此，各大电商在运用O2O模式时一定要避免以上误区，这样才能让企业和商家获利，进而得到长足的发展。

1.4 O2O 寻找客户群的方式

每一个成功的商业模式，都源自于对精准目标客户的定位。例如，中国动向公司 Kappa 运动时尚服装针对的就是那些“宣称要运动，也应该要运动，但从不运动的人”，或者是那些“要有运动的感觉，但不希望出汗的人”。Kappa 通过这个精准的定位获得了大量的目标消费群体的认可，其中许多企业家、中高级经理人都是 Kappa 标准的目标用户群。那么，投资人或者从业者应该如何准确定位自己的客户群体呢？当前市场上又有哪些可供借鉴的案例呢？本节主要对 O2O 寻找客户群的方式进行介绍，投资人或从业者可根据自身的具体情况进行选择。

1.4.1 精准定位，找准目标客户

在 O2O 模式的运营中，只有找准目标客户，才能够有针对性地打开市场，所以定位精准是关键。那么怎样才能找准目标客户，实现精准定位呢？下面对此进行图解分析，如图 1-12 所示。

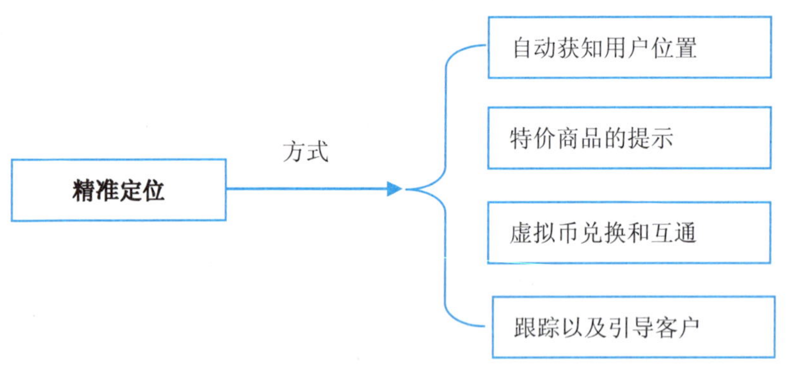

图 1-12 O2O 模式找准目标客户的方式

1.4.2 好友推荐，进行需求交易

O2O 模式在行业内寻找相应客户群的方式中，除了讲求精准定位以外，还有效地运用了客户的社交圈，比如微博、微信等。这种方式通过打通社交网络来实现好友推荐，通过好友推荐、好友分享进而实现需求驱动交易。可见，广大的社交平台对 O2O 模式的运营产生了重大的影响，为电商行业的宣传推广提供了一个有效的平台。下面以“好友美食”和“觅它”为例对 O2O 模式在好友推荐和需求交易方面进行图解分析，如图 1-13 所示。

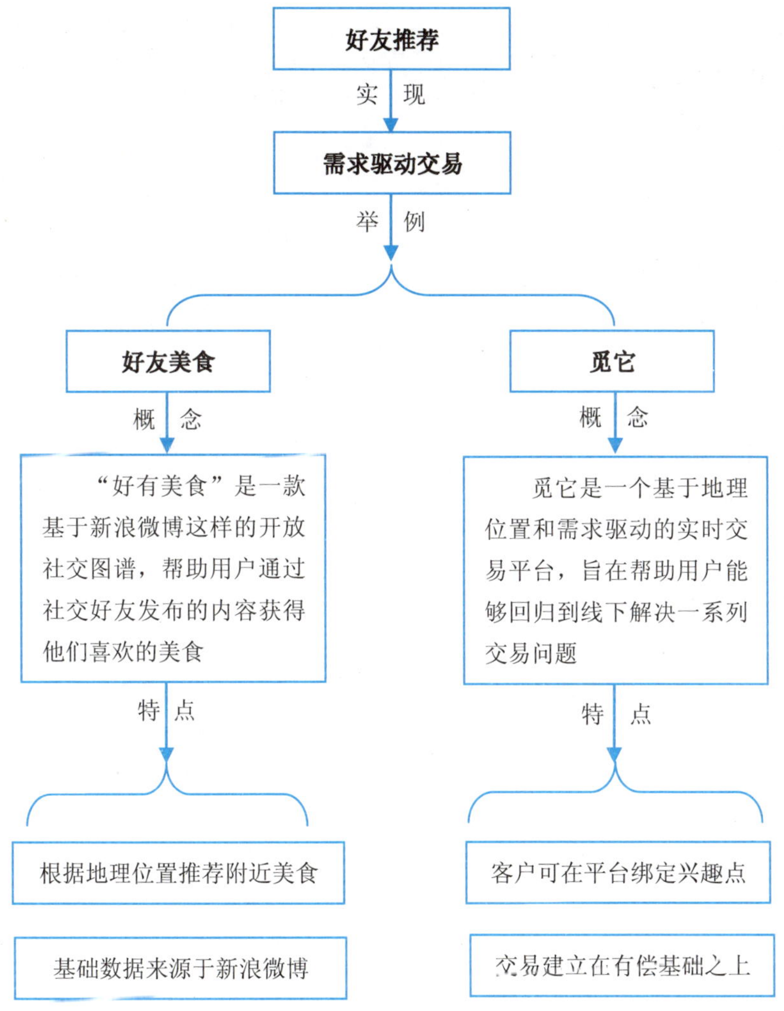

图 1-13 O2O 模式进行好友推荐的方式

1.4.3 行业分类，选择适合行业

O2O 的本质是将线下商务的机会与互联网的技术结合在一起，让互联网成为线下交易的前台，同时起到推广和成交的作用。由此可见，并非所有行业都适合 O2O 模式，投资者或创业者应该根据行业的实际情况进行转型，从而避免盲从，甚至走入误区。那么，究竟哪些行业适合 O2O 模式呢？这些行业又具有怎样的特点呢？下面对 O2O 模式的行业分类进行图解分析，如图 1-14 所示。

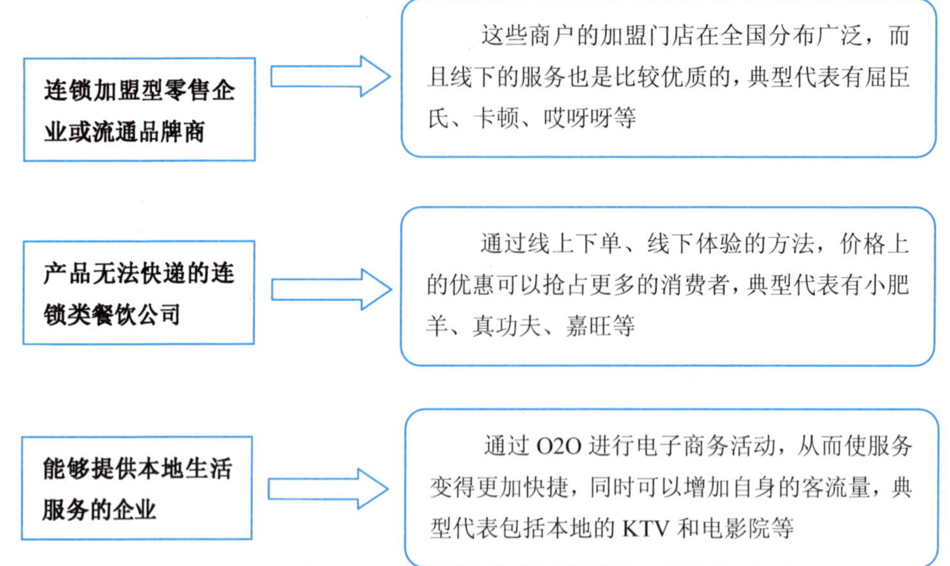

图 1-14　O2O 模式的行业分类

1.5　O2O 多元化的营销模式

随着线上虚拟经济与线下实体经济的融合，O2O 模式也越来越多元化。O2O 多元化的营销模式主要有 4 个，分别为团购、优惠券、微信 CRM、移动支付。本节主要对 O2O 多元化的营销模式进行分析。

1.5.1　团购

针对团购而言，O2O 多元化的营销模式主要体现在以下 3 个方面。

1. 餐饮类团购

餐饮类团购平台主要包括“大众点评”、“美团外卖”、“饿了么”等。随着移动互联网的发展，这些餐饮类的 App 自然成了餐饮业发展的新趋势。各大商家通过它来向顾客展示各种菜系，并且利用这一平台不定时地开展优惠促销活动。目前，一线城市在线用户增长速度逐步放缓，趋于平稳化发展。

2. 生活服务类团购

生活服务类团购主要包括摄影写真、美容塑形、健康护理等，如图 1-15 所示。

图 1-15　生活服务类团购

3. 娱乐类团购

娱乐类团购主要包括电影票、聚会欢畅、门票郊游、温泉洗浴、游乐游艺、运动健身等方面，如图 1-16 所示。从经营范围来看，团购基本上已经涵盖了本地生活服务的所有主要项目。但从模式上讲，团购现在还更多地依赖于互联网，没能完全与移动互联网相融合。它更多的是属于消费者的计划性消费，并没有真正的满足消费者的需求。并且，它还是商家用来清库存，合理利用资源的有效促销手段。所以，严格来说，它并不是 O2O 最理想的模式。

图 1-16　娱乐类团购

1.5.2 优惠券

随着移动互联网的发展以及 O2O 模式在各大电商的普遍开展，优惠券已成为消费者青睐的消费方式之一。许多商家抓住了消费者这一消费心理，利用 O2O 平台以优惠券的方式进行各种促销，以吸引新老顾客。顾客在消费时，只需向商家出示手机上的优惠券即可。值得一提的是，优惠券 O2O 早已不再局限于餐饮行业，它正逐步向本地生活服务市场的更多领域迈进。其中，肯德基手机优惠券是优惠券中的典型，如图 1-17 所示。

图 1-17 KFC 手机优惠券

1.5.3 微信 CRM

CRM 是一个获取、保持和增加客户的过程。通过将人力资源、业务流程和专业技术进行整合，企业可以低成本、高效率地满足客户需求，维护现有客户并发展新客户。虽然这种形式的 O2O 普遍适合本地生活服务的各类市场，但对于本地不同的生活服务还需要进行不同的交互设计。

1.5.4 移动支付

在移动互联网时代，O2O 成为一种主要的消费形式，在各大行业领先企业的带领下，O2O 也代表了服务市场的发展方向。移动互联网是 O2O 模式的主要载体，在本地生活服务与移动互联网的紧密结合中，移动支付担负着结合后的资金流通重任，如图 1-18 所示。

图 1-18 移动支付模式

1.5.5 双线零售

有线上零售渠道和线下零售渠道的品牌商、零售商都可以称为 O2O。线上线下双零售渠道结合的形式，是传统零售企业做电商的集体表征，已颇具代表性，目前从规模上做得最好的是苏宁易购，如图 1-19 所示。

图 1-19 苏宁易购双线零售

第 2 章

营销内容：O2O 现状及发展趋势

学前提示

随着互联网的发展，O2O 模式逐渐遍布到电商的各大行业。在发展过程中，O2O 从最早的携程、去哪儿等在线旅游企业提供的类似服务发展为各种团购网站。如今，O2O 已融入各种新的元素并发展为智能终端服务。本章从营销内容出发，主要向读者介绍了 O2O 的现状及发展趋势。

要点展示

- O2O 营销现状及发展
- O2O 国内外发展现状
- O2O 营销的战略布局

2.1 O2O 营销现状及发展

在电子商务迅速发展的当下，虚拟经济与线下实体经济相结合的 O2O 模式已运用在电商各大行业之中。O2O 模式虽是电子商务的后起之秀，但它逐渐超越了 B2B 和 B2C 等传统模式，深受投资人与创业者青睐与重视。作为投资人和创业者，理应对 O2O 营销的现状及发展进行宏观把握，以便随时调整营销战略，寻找适合的发展之路。

2.1.1 营销现状：从现状中看内容

O2O 模式从蠢蠢欲动到疯狂生长，已成为不可逆转的趋势，传统的互联网、电商、零售企业纷纷入局，试图找到实现理想目标的捷径，寻觅新的市场增量。下面从 3 个方面对 O2O 的营销现状进行分析。

1. 把握 O2O 的产业链条

O2O 营销的实现包括两点一线，两点即线上、线下资源，一线指实现线上、线下资源联动的手段，具备三者才能是一条完整的 O2O 产业链条。目前，还没有企业可以很好地掌握线上、线下的资源，完全把握好 O2O 的产业链条。

2. 利用电商解决“两点一线”

随着电子商务的发展，许多企业开始利用电商来解决“两点一线”的问题。**电商是一个开放的产业链，而且电商的实体资源也来源于线下，它的作用是让整合线下资源共享互联网在信息、传播、用户等方面的优势。**

3. O2O 营销之路任重道远

O2O 模式给电商的发展带来了不可磨灭的影响，但是这一模式并不成熟，它要走的路还很长，可是说是任重而道远。

2.1.2 消费流程：从流程中看营销

营销存在于销售的整个流程，O2O 营销也是如此，只有准确了解消费者的消费流程，才能做到精准营销。在 O2O 模式中，消费者的消费流程可分为五个阶段。下面对 O2O 的消费流程进行图解分析，如图 2-1 所示。

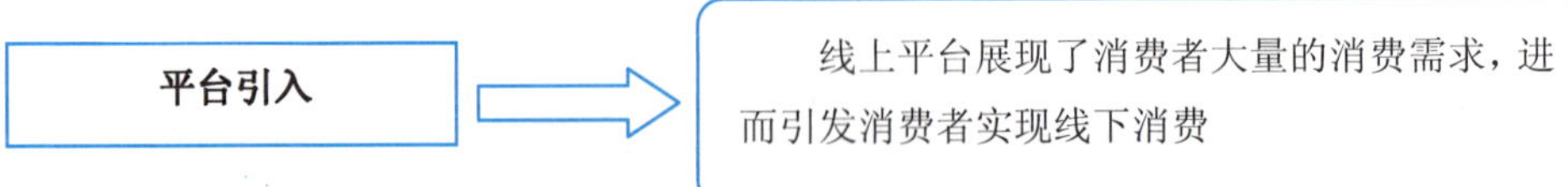

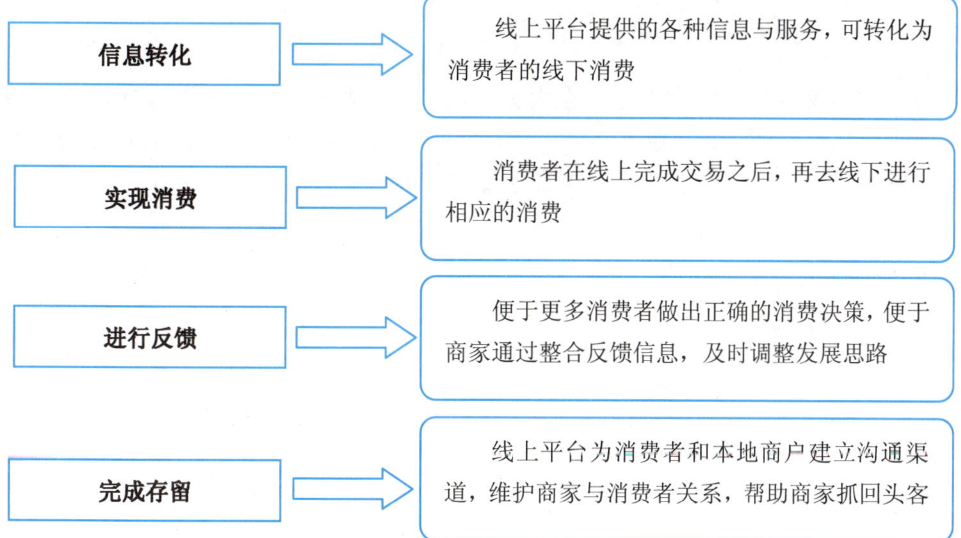

图 2-1　O2O 模式的消费流程

2.1.3　模式代表：从代表中看发展

目前，我国采用 O2O 模式经营的网站已有很多，根据其平台及运营模式的不同，可以分为百度、阿里和腾讯，这也是我国目前较为成功的 O2O 模式的代表。下面对这三大代表进行图解分析，如图 2-2 所示。

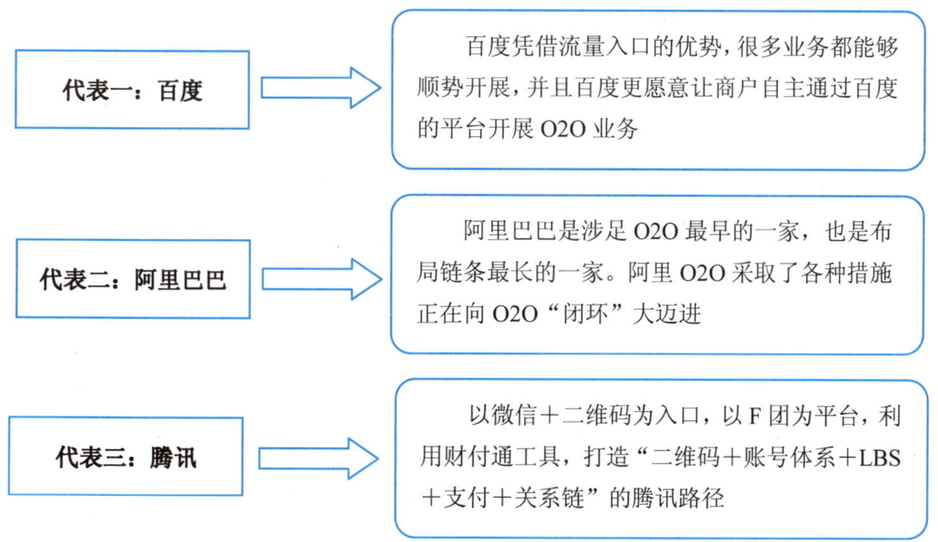

图 2-2　国内 O2O 模式三大运营代表

2.1.4 模式应用：从应用中看趋势

当下，不仅各行业的大牌企业在大力发展 O2O 业务，各大传统行业甚至小型的零售行业也都在开展 O2O 业务。可以说，O2O 已成为众多行业发展的新方向。下面结合当下 O2O 模式的价值，对 O2O 商业模式的未来发展趋势进行分析。

1. O2O 的主要价值

O2O 的主要价值包含 3 个方面：信息价值、预约价值和优惠价值。

- **信息价值**：O2O 不仅可以让消费者快速且便捷地获取周围生活服务的信息，也可以让商家将自身推销出去，是一个效果超值的广告平台。
- **预约价值**：通过预约，消费者无须排队等候；然而，预约对商家来说也意味着收入和利润，商家可以根据预约情况适当调节消费者的消费秩序。
- **优惠价值**：对顾客而言，团购最大的好处是可以获得相应的折扣。对那些会对比各类消费水平和档次的消费者来说，通过对各大商家的对比，可获取更多信息。

2. O2O 的应用模式

O2O 有四大应用模式，分别是线上订购模式、团购模式、扫描二维码模式、LBS 模式。下面对这四大应用模式进行具体分析。

- **线上订购模式**：出现时间较早，包括在线旅游模式和线上购买优惠券模式。用户利用前一种模式可在线上购买机票或者预订酒店，利用后一种模式可在线上购买肯德基、麦当劳等的优惠券，如图 2-3 所示。

图 2-3 线上订购模式

- **团购模式：**团购企业之间的竞争力很大部分来自于企业自身的线下推广能力。在团购盛行之时，团购企业跟大量的商家店铺都有合作，这不仅给线下商家进行了一次集体的 O2O 培训，也为 O2O 以后的发展奠定了良好的基础。
- **扫描二维码模式：**在智能手机普及的当下，二维码也被广泛应用于电子商务之中。很多商家的线上营销活动的页面或者活动海报都会用到二维码。用户扫描二维码后即可拿到优惠券或者成为会员，进而到线下完成消费，具体操作如图 2-4 所示。

图 2-4　扫描二维码模式

- **LBS 模式：**随着 LBS 模式的盛行，很多商家开始利用 LBS 服务来定位自己的目标用户，进而推送自己的信息。这种基于定位的服务也是移动互联网未来发展的重要方向。

3. O2O 未来趋势猜想

目前，O2O 依然处在发展初期，产业链上的各环节都还在探索。对于未来 O2O 发展趋势，有以下三点猜想。

- **线上线下的共同发展：**线上指导线下改善服务，线下帮助商家了解用户需求，把用户在线上线下体验统一起来。这也将是 O2O 未来发展的核心。
- **区域性企业代表出现：**各大企业都有自身区域性的优势，加强区域发展是各大电商发展的一条捷径，这就促进了区域性企业代表的出现。O2O 线下发展区域性业务更是重点。
- **改变传统行业的格局：**随着 O2O 的普及，一批新兴企业将会悄然兴起，它们超强的学习能力使其更快地利用 O2O 的特点来开拓业务。

2.2 O2O 国内外发展现状

随着电子商务的发展，国内外许多大小型企业与新创公司都开始进军 O2O 领域，对用户生活的方方面面都产生了重大影响。但是，O2O 也因为某些商家的失败尝试而遭到过各种质疑。毫无疑问，O2O 的发展现状也是现在的投资者或创业者理应重视的问题。本节主要就这一问题进行阐述与分析，以此来解答各大投资者或创业者的质疑或困惑。

2.2.1 行业试水：O2O 国内外发展

随着移动互联网的发展，O2O 在国内外营销市场的应用也越来越广泛，特别是在国内，各大行业都在纷纷试水 O2O 模式。那么，这些行业试水 O2O 后都有了怎样的发展？O2O 模式在国内外企业的应用中又有着怎样的发展？下面分别对 O2O 模式在国际和国内的发展现状进行简单介绍。

1. 国内发展现状

随着移动互联网的发展，国内 O2O 市场也随之发展迅速，各行业大牌电商陆续转型 O2O。在中国，出现了许多 O2O 营销方面成功的经典案例，其中以腾讯、百度、阿里巴巴等企业较为著名。

- **腾讯 O2O**：以“二维码+账号体系+LBS+支付+关系链”构成腾讯路径。“微信扫描二维码”已成功打开市场，并且成为腾讯 O2O 的典型代表。如图 2-5 所示为微信平台上的城市服务，这是一种典型的 O2O 模式。

图 2-5 腾讯 O2O 营销模式

- **百度 O2O：** 以美食、购物、休闲娱乐、酒店、健身、丽人、旅游等类目为主，整体属于信息点评模式，它会不定期地发布各种优惠活动的信息，如图 2-6 所示。

图 2-6 百度 O2O 营销

- **阿里巴巴 O2O：** 阿里巴巴是涉足 O2O 最早的一家企业，同时，它还是 O2O 布局链条最长的一家企业。阿里巴巴的 O2O 战略格局十分清晰，它在淘宝上推出地图服务以后紧接着开始投资丁丁网。然后，它又对银泰商业进行战略投资，组建合资公司等。
- **百灵系：** 百灵欧拓是中国首家 O2O 移动广告平台。百灵时代传媒集团为其提供全方位的媒体支持。百灵欧拓旗下有百灵闪拍、百灵闪播、闪乐购、拍院线等 App 工具。

2. 国外发展现状

在国外，O2O 模式也备受关注，许多新公司都开始 O2O 模式。国外运作比较成功的 O2O 模式的网站有“J. hilburn”、Uber、Jetsetter、Zaarly、Getaround、“Trunk Club”等，下面对这六大网站进行具体分析。

- **J. Hilburn：** 是一家支持男士购买个性化设计的衬衫和西裤的电子商务网站，它的特点是用更低的价格提供更高端的服装设计。它为用户提供体验平台的同时，也加强了用户购买高端服装的便捷性。“J. Hilburn”客户只需要在网站上输入自己的尺码、面料等信息，就可以在相应的时间内后收到定制的服装。“J. Hilburn”网站如图 2-7 所示。

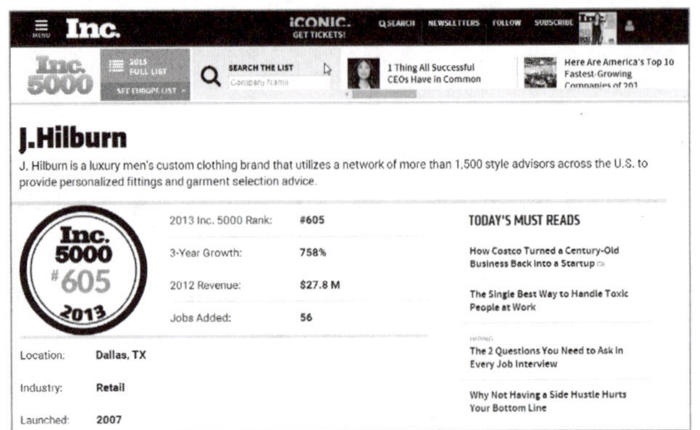

图 2-7　J. Hilburn 网站

- **Trunk Club：**是一家高端的服装网站，位于美国的芝加哥。它的特点是用户登录该网站后可以选择预设的样式，并与时尚顾问进行交流，选出喜欢的样式，然后付费。
- **Uber：**是一个消费者可以通过手机购买私家车搭乘服务的应用。消费者下载 Uber 应用以后就可以发出打车请求，几分钟内就会有私家车来载你到达目的地，打车费用通过信用卡完成支付。
- **Getaround：**为人们提供的是社会化的租车服务。用户的租车时间可以选择一小时、一天，甚至一星期。Getaround 会提供相应的保险以及一系列设备服务。
- **Jetsetter：**该网站归属于奢侈品折扣秒杀网站“Gilt Groupe”旗下。它是第二代旅行社的代表。不过，由于服务非常高端，因此价格不菲，但是也会有相应的补偿。例如，顾客通过 Jetsetter 订购酒店就会有返利，如图 2-8 所示。

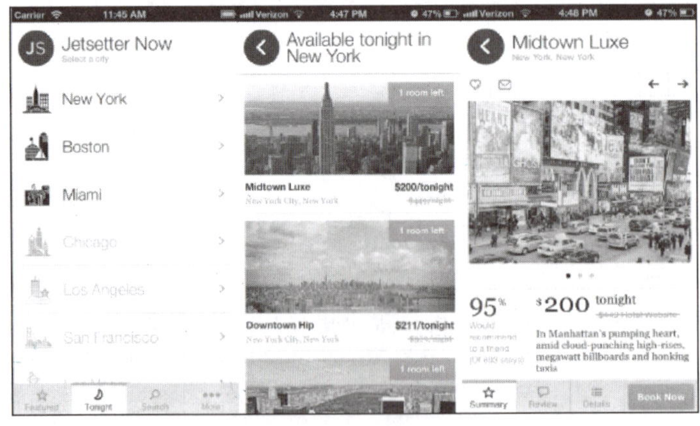

图 2-8　Jetsetter 的预订服务

- **Airbnb：**是一个旅行房屋租赁的服务网站，用户可通过网络或手机应用程序发布、搜索度假房屋的租赁信息，并完成在线预订。商家从成交金额中提取10%作为企业的主要盈利来源。

2.2.2 线上与线下：O2O发展的优势

O2O 的优势在于它能够将线上与线下的优点进行结合，实现优点的最大化。线上与线下的完美结合不仅有助于电商实现互联网落地，而且还可以让消费者在享受线上优惠价格的同时享受线下超值贴心的服务。

对商家而言，O2O 模式运用的重点是可以帮助其实现不同商家的联盟，进而扩大利益共同体。由此可见，O2Or 带给消费者和商家的好处是显而易见的。那么，O2O 的发展具有哪些优势呢？下面对 O2O 发展的优势进行图解分析，如图 2-9 所示。

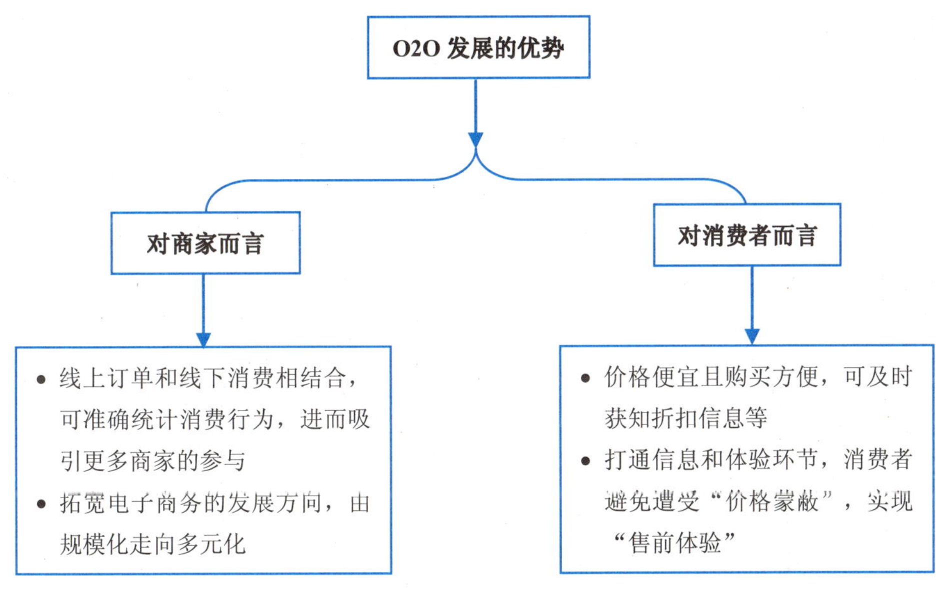

图 2-9 O2O 的发展优势

专家提醒

O2O 模式的企业的订单都是在线上产生的，其运营的透明度非常高，用户可对每笔交易进行追踪调查，并且让消费者在线上选择心仪的服务再到线下实现享受。但是，就营销方式来说，O2O 代表着一种营销逻辑的改变，商家语言和互联网语言的结合对 O2O 模式的成功至关重要。

2.2.3 应用壁垒：O2O 模式发展的劣势

虽然，O2O 模式有其独特的优势，但它也存在着劣势。商家在运用 O2O 模式的过程中，肯定会因为这些劣势而碰壁。要想实现 O2O 模式的跨越式发展，就必须打破这些壁垒。

那么，O2O 模式在应用过程中到底会遇见哪些壁垒呢？下面就 O2O 模式的应用壁垒进行具体分析。

1. O2O 行业知识

互联网虽然给传统行业带来了行业的进化，但是行业本身在保证行业优势以及产品服务的前提下，应该打破既有的商业规则，采取符合互联网发展的措施。O2O 模式要求从业者要花费更多的时间与精力了解 O2O 模式，在具体行业中寻找突破口与结合点。

2. 产品技术思维

互联网的产品思维与技术思维的格局观，造就了很多不错的平台以及小而美的模式，用户是通过产品来进行选择的，但是现在的产品通用性较差，难以满足各种行业的需求。现在 O2O 市场需求不断进化，各行业也应该形成产品规则并且提升 O2O 技术层面的应用。

3. 传统模式基因

O2O 模式的企业拥有良好的 UGC 基因的互联网产品，是企业发展的优势。良好的产品服务本质与良性的商业模式对 O2O 模式的发展至关重要。所以，商家对消费群体应该进行精准定位，在选择 O2O 平台时也必须准确。

4. 用户流量入口

企业或商家把用户流量成功引导到线下的前提是有大量的流量。在移动互联网时代，流量入口是众多企业争夺的焦点。由此可见，流量入口是关键中的关键。

5. 移动支付习惯

移动支付的便捷性给用户提供了一个良好的体验平台。移动支付方便快捷的背后也存在着安全隐患，良好的使用习惯是增强支付平台安全性的关键所在。

专家提醒

从上述分析来看，O2O 模式的背后需要思考的话题很多，传统行业与互联网行业从业者应该静下心来，读懂 O2O 模式发展史，学会运用 O2O 思维，利用互联网进行线上传播，并且不断完善线下产品服务的标准化和质量升级。

2.3 O2O模式营销的战略布局

随着O2O模式的发展，越来越多的中小企业也加入进来，O2O模式的弊端也开始显露出来。就目前O2O模式应用实例来看，大多数创业者还是处于“浮在空中，落不了地”的状态。想要成功转型O2O模式，必须准确把握O2O模式营销的发展思路，了解它的战略布局，只有这样才能实现O2O模式的成功转型。本节主要介绍的就是O2O模式营销的战略布局。

2.3.1 煎饼：打造小行业里的O2O模式

煎饼一般出现在学校附近，消费群体多为学生。下面对以煎饼为代表的小行业O2O模式的战略布局进行图解分析，如图2-10所示。

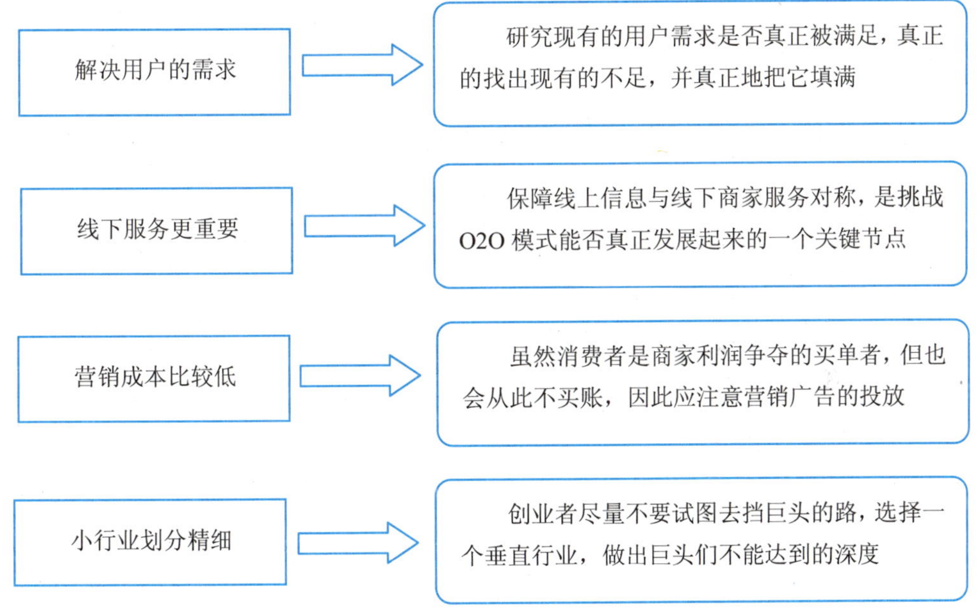

图2-10 小行业的O2O

2.3.2 太子龙：成就“中国好生意”

太子龙借助“中国好声音”进行的品牌推广，收获了巨大的人气和成功。那么，它到底有哪些值得学习和借鉴的地方呢？下面对太子龙的战略布局进行图解分析，如图2-11所示。

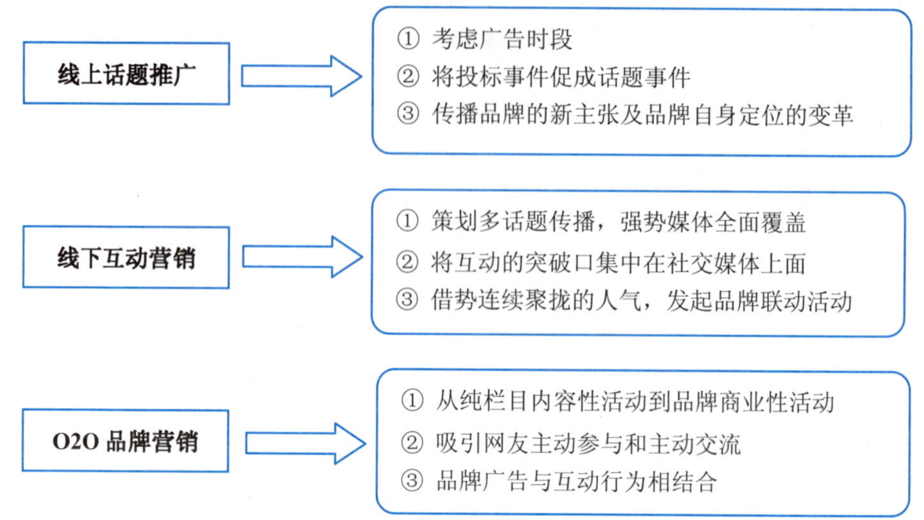

图 2-11　太子龙的战略布局

2.3.3　微信：开启朋友圈营销之战

随着微信用户的大量增加，很多电商利用微信这一平台打通了朋友圈营销大动脉，在朋友圈掀起了一股微信点赞的狂潮。一般只要集满相应的点赞数量，就可以获得活动的优惠券甚至直接获得商家提供的产品或服务。

那么，商家为什么可以利用微信这一平台开启营销之战呢？下面从 3 个方面对其进行分析。

1. 网络营销力量强大

网络营销是一种不容忽视的营销力量。商家通过剖析数据的方式获取精准客户。所以，商家企业必须要认识到网络营销的重大性。

2. 关心用户切身体验

网络营销改变了原有的营销格局，它不但降低了交易成本，而且增加了交易信息的互动性。值得一提的是，网络营销打破了空间的限定，更加关注用户的切身体验，不管是对于用户还是对于商家，这都是不错的选择。

3. 带来精准消费群体

垂直型网站一般会把内容定位在具有相同需求的群体之上，让目标人群集中在一起分享彼此的生活乐趣。这样，消费者便可以在网站上解决相应问题。但是，网站必须加强自身建设，这样才能让目标群体认可网站的功用，从而乐意接收网站所推送的各种相关商业信息，这样就可以为网站带来精准且固定的消费群体。

2.3.4 红牛：电影中的广告软植入

红牛曾在电影《007》中进行过精彩的广告植入——作为一名特工，邦德必须在面对任何挑战时都精力充沛，随机应变，这恰巧也符合了红牛饮料的功能性以及品牌精神。

在电影上映期间，红牛推出了一款具有“密码解锁”、“掌纹扫描”、“激活任务”三大功能的 App。现场观众只需在此 App 上解锁“密码”便可激发“掌纹扫描”程序响应，然后将手贴合在触摸屏上进行扫描，随后任务单出口就会弹出任务卡片，参与者可当场获得红牛赠送的奖品。如图 2-12 所示为红牛此次活动的 App 页面。

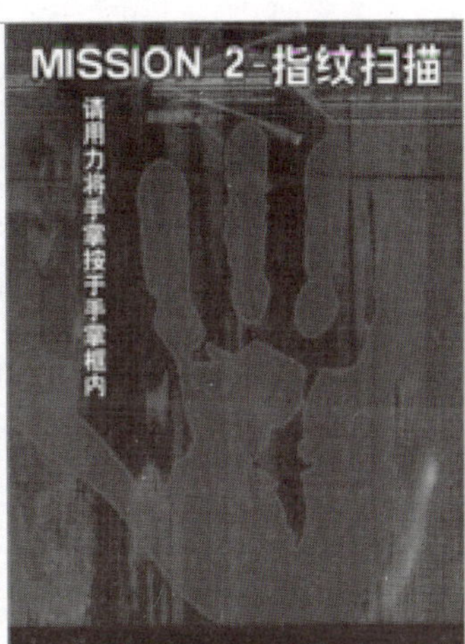

图 2-12 红牛活动 App 页面

红牛共在全国 20 多个城市、55 家影院展开了这项“激发邦德能量”的影院阵地活动。此活动的创意极大地调动了观众参与的积极性，在影片的宣传推广方面也取得了良好的传播效果。

那么，红牛在对电影的软植入方面具有哪些特点呢？下面对红牛的这次传播策略的进行简单的分析。

1. 电影植入

红牛与隶属集团“华彬国际”共同植入影片，广告植入时长超过 8 秒。影片超高的关注度和超强的影响力，不仅扩大了红牛品牌的知名度，也提高了消费者的关注度。本次电影的植入是通过具体内容来吸引观众和消费者的。

2．贴片广告

红牛的“007”主题广告在每场电影开播前进行贴片播出。主题广告同时也在分众传媒的楼宇、机场屏幕中播放，推广方式和推广平台的正确选择，更加加强了红牛的推广力度。

3．户外广告

红牛将“007”主题广告投放于北、上、广、深等全国 77 个城市，并且投放周期长达 19 天之久。可见，加强企业户外广告的宣传力度，也是企业宣传推广的重大助推力之一。

4．网络传播

红牛开展“邦德密码”、“口型辨句”的微博活动，获得 6625 次转发。上线病毒视频“办公室篇”和“跑酷篇”，分别获得 181.6 万次和 105.6 万次点击量。可见，网络传播的速度之快，影响之大。

5．终端促销

红牛在全国 20 个城市开展卖场促销活动，推出了“007”主题纪念罐。借助电影的影响力而展开的这种终端促销活动，无疑是红牛品牌推广的继续。这种终端促销实则是对宣传推广程度的一种检验，也是将其转变为经济效益的一种方式。

6．影院活动

红牛在北京、上海、广州等城市的 52 家影院开展影院活动，成功实现了由线上推广到线下消费的转变。

专家提醒

由此案例可见，移动互联网营销的创意是有温度的，它往往带着无与伦比的人性化体验，从而建立起独特的移情化沟通。其实，移动互联网的发展也为电商 O2O 模式提供了营销契机，可以说是打开 O2O 模式互动营销之门的钥匙。

第 3 章

营销模式：O2O 打造互动新战场

学前提示

在 O2O 模式的运用中，消费者是通过商家的线上展示来了解产品的相关信息。但是，消费者也必须结合线下体验才能够与商家达成交易。在 O2O 营销过程中，要完成线上线下的互动并不容易，拥有创意实用的产品设计、功能健全的营销平台以及创新的营销模式，才能够开辟更大的市场。

要点展示

- O2O 模式产品的设计与运营
- O2O 模式的反向模式
- O2O 营销模式的应用案例

3.1 O2O模式产品的设计与运营

商家利用O2O模式的在线平台吸引消费者，但是真正的服务或者产品必须由消费者在线下体验。在行业竞争中，这就要求商家所提供的线上平台和线下平台拥有足够的吸引力，这样才能在竞争中脱颖而出。因此，商家必须高度重视O2O产品的设计与运营，使消费者实现从满足单一需求向“一站式”生活服务转变。

3.1.1 产品类型：针对O2O模式的分析

目前，**常见的O2O产品可以分为4种类型：入口型、平台型、垂直型、本地社交媒体型。**下面分别对这4种类型的O2O模式产品进行分析。

1. 入口型

O2O模式产品的入口型分为三类。分别为上网入口、购物入口、社交入口。其中，上网入口有百度、谷歌；购物入口有淘宝、天猫；社交入口有QQ、微信等。这三类入口分别连接了人和信息、人和商品、人和人。

人在移动端的入口需求包括社交需求(微信)、信息需求(浏览器、今日头条等)、购物需求(淘宝、京东等)、Wi-Fi需求(商用Wi-Fi)等，这也是入口型O2O模式产品的基本分类。

2. 平台型

平台型的产品大器、复制简单、容易受投资者青睐，大公司基本都想做平台型的产品。本地服务行业很受地方实际情况的约束，所以，这些行业应加强企业自身的线下推广能力，并结合地方文化开展业务。目前较为成功的平台型产品包括团购、淘点点、大众点评、58同城等。

3. 垂直型

垂直型产品是针对平台型产品的局限而产生的。平台型产品因本地化的限制很难实现全面覆盖，而垂直型产品是根据每个行业的特性和需求应运而生的。垂直型产品很好地利用了本地化市场的特征，其针对性非常明显，因而广受众多创业者的青睐。

现在也有很多垂直型的O2O产品获得小成功，如饿了么、阿姨帮、到喜啦、打车应用、叮咚小区等。

4. 本地社交媒体型

本地社区的舆论导向影响着本地消费者的决策。因此，这类网站的发展对本地消费者来说也是至关重要的。在 O2O 模式普遍发展的当下，为社区服务的本地社交媒体网站也在积极寻找新的发展之路，例如“19 楼”的“好店”、“南昌圈圈网”的“南昌找好店”等。

3.1.2 产品设计：突出 O2O 模式产品的特色

时下流行的 O2O 模式，已经远远超越单纯的团购模式。O2O 模式应用范围的扩大也使得其含义变得宽泛，并远远超出了本地电子商务模式的概念。值得提及的是，O2O 模式有六大经典的产品设计，下面对其进行具体介绍。

1. Uber

Uber 是一个允许用户通过手机购买搭乘私家车服务的应用，该应用很好地利用了 GPS 追踪定位私家车的这一功能。Uber 的具体运作方式是：下载 Uber 应用，发出打车请求；短时间内相应私家车会前来接送顾客；顾客通过信用卡完成付费，如图 3-1 所示。

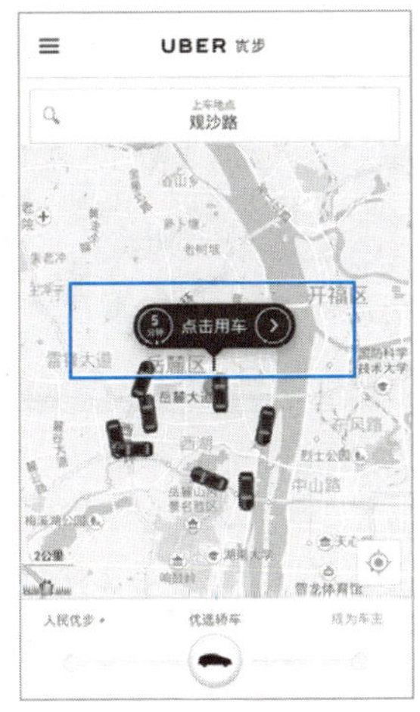

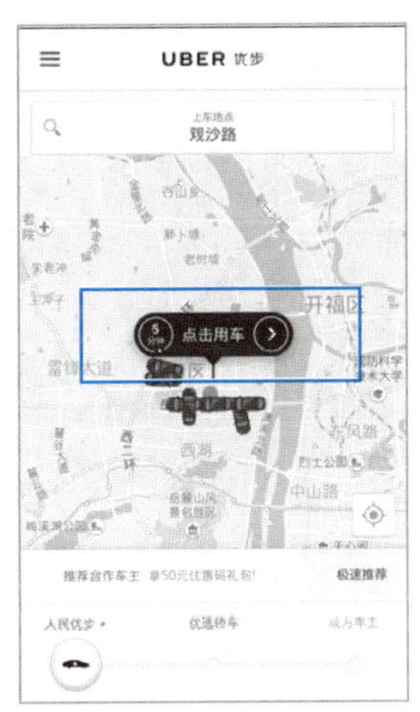

图 3-1　Uber 租车服务

现在该服务不仅在旧金山得到了很好的推广，在美国的很多其他城市也广泛展开，Uber 甚至在中国也占领了大片市场。虽然 Uber 的费用要比出租车高，但其舒适性和快捷性却比出租车更胜一筹，因此给出租车行业带来重大革新。

2. J. Hilburn 和 Trunk Club

“J. Hilburn”是一家允许男士购买个性化衬衫和西裤设计的电子商务网站。它最大的优点是能以更低的价格提供高端设计服装。

“Trunk Club”则是一家位于芝加哥的高端服装网站。用户登录该网站后，可以选择预设的样式。

这两家电子商务网站都是利用线上线下的体验，让用户更加方便快捷地购买到个性化定制的高端服装。

3. Getaround

Getaround 为人们提供社会化的租车服务，用户通过它可以选择租用一个小时、一天或者一个星期的车。它不仅超越传统的租车服务，还提供相应的保险以及 iPhone 应用、Web 应用等一系列设备及服务，如图 3-2 所示。

图 3-2　Getaround 租车服务

4. Jetsetter

Jetsetter 不仅是奢侈品折扣秒杀网站“Gilt Groupe”旗下的一大网站，也是第二代旅行社的代表。它通过一个 200 人的旅行报道网络来为会员计划出游，其服务非常高端，价格也较昂贵。但是通常有优惠补偿，顾客通过 Jetsetter 订购酒店则会有返利。

5. Airbnb

Airbnb 是一个旅行房屋租赁社区。用户可通过网络或手机应用程序发布、搜索度假房屋租赁信息并完成在线预定。Airbnb 用户遍布 167 个国家，约 8000 个城市，发布的房屋租赁信息达到 5 万条，如图 3-3 所示。

图 3-3　Airbnb 短租网站

6. Zaarly

Zaarly 是一款革命性的产品。它是由有需求的用户发出需求，然后通过 Zaarly 发布到本地社区中，与有需求的人达成一致后，通过线下现金交易或者信用卡完成交易。Zaarly 的革命性在于其主要运行在移动设备上，用户发布内容时也可以将内容更新到 Twitter 等社交网络。

3.1.3　设计方法：两种 O2O 模式产品的剖析

商家在掌握 O2O 模式产品的类型后，对其产品类型的运用便成了商家需要考虑的首要问题。这就要求商家对 O2O 模式产品的设计方法要有一定的了解。那么，一款优秀的 O2O 模式产品是怎样设计出来的呢？本节主要对 O2O 模式产品的设计方法进行简单介绍，各投资者或创业人员可结合自身的实际情况进行借鉴。

1. 简单的 O2O 互动方式

简单的 O2O 互动方式，如图 3-4 所示。

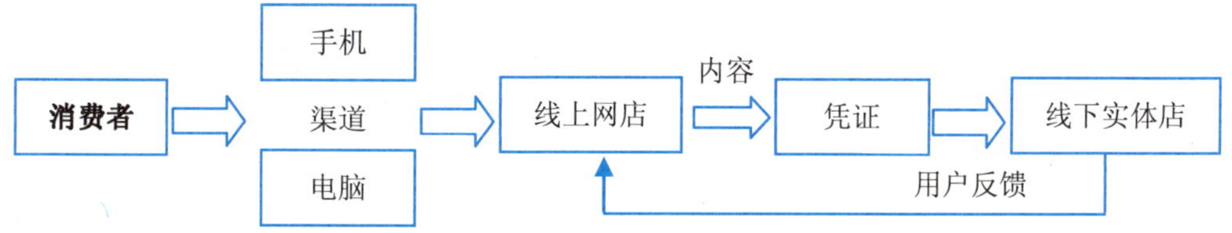

图 3-4　简单的 O2O 互动方式

下面对图中的流程作进一步说明。

- 消费者通过 PC 或手机在线上网店搜索商品信息。这里的线上网店既是渠道商又是内容商。

- 消费者在网店中筛选信息(即通过渠道引流到实物性商品、服务性商品、优惠券或代金券等的过程)，寻找到商品完成交易。
- 消费者在线上网店完成商品交易后，得到商品(服务)的电子凭证。
- 消费者到线下实体店验证电子凭证，享受商品(服务)的消费体验。

2. 碎片化渠道与个性化内容

随着移动互联网的发展，商家与用户之间的联系更加紧密。O2O 模式的发展不仅使商家的销售渠道变得多元化，而且也让用户的消费习惯发生了悄然的变化。所以，O2O 模式的本质是碎片化渠道与个性化内容的结合。下面对其产品的设计方法进行图解分析，如图 3-5 所示。

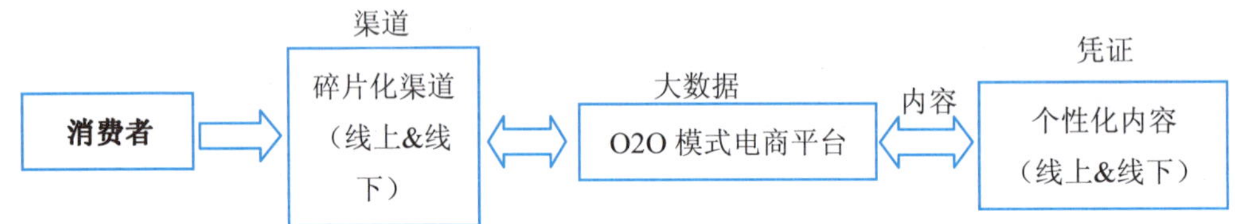

图 3-5 “碎片化渠道与个性化内容”的 O2O 模式产品设计

- 碎片化渠道：智能手机使本来的碎片化渠道变得更加“碎片”。用户体验，已经从 PC 时代的“入口”，进入到以触发体验和移动社交相结合的互动新模式。
- 个性化内容：个性化内容引用了自媒体里的“社群”概念。企业的品牌和产品，只要抓住社会中的小部分人，让这些人成为忠实粉丝，就可以让企业很好地经营下去。

3.2 O2O 模式的反向模式

早在 2014 年，随着移动支付交易规模的暴增，反向的 O2O 模式已成为各大电商发展的主战场。本节主要对 O2O 模式的反向模式进行简单介绍，投资人或者创业者可根据企业自身的特点进行相应借鉴。

3.2.1 反向的 O2O 模式的先驱行业

随着移动互联网的发展，各大电商纷纷试水反向的 O2O 模式，有的已成为行业内的先驱行业。下面分别从航空、保险、生鲜、服务这四大行业对其进行简要分析。

1. 航空行业

国内航空企业的 O2O 模式的发展不容小觑。其中，南方航空、海南航空、东方航空和中国国际航空都已建立了电子商务平台。很多人都会选择在网上定制机票，再选择恰当时间到机场换取机票。南方航空的电子商务平台是其代表，如图 3-6 所示。

图 3-6　南方航空的电子商务平台

2. 保险行业

保险的电商化，是典型的传统线下服务商从线下到线上的 O2O 模式的转变。它针对客户的具体要求提供相应的服务，将复杂的交易过程变得简单，平安车险就是一个很好的例子，如图 3-7 所示。

图 3-7　平安车险的电子商务平台

3. 生鲜行业

对于生鲜行业来说，消费者只有品尝过才会购买，否则仅靠漂亮的展示图是无法吸引消费者的。所以，生鲜行业必须让消费者看到实物，如图 3-8 所示。

图 3-8 生鲜行业必须让消费者看到实物

由此可见，常规的从线上到线下的正向 O2O 模式并不适合生鲜行业。因此，许多商家开始将视线转移到线下，利用线下布点来弥补线上造成的不足。

4. 服务行业

各大电商根据顾客的购买数据或者浏览信息进行分析，总结顾客的偏好，进而推送不同的产品以此来吸引顾客。在服务行业中，亚马逊是推送个性化服务的典型，如图 3-9 所示。

图 3-9 亚马逊的个性化推送服务

除了航空、保险、生鲜、服务行业外，服装行业也是反向 O2O 模式应用的主战场，下面将对服装行业反向 O2O 的应用代表进行简单介绍。

3.2.2 用户体验式：美特斯邦威

美特斯邦威曾提出以“生活体验店+美邦 App”的模式，并在全国推出了 6 家线下体验店。美特斯邦威的这种体验店的开展，不仅方便顾客在店内购买商品，也是其对 App 的一种推广，是实现线上线下双向消费的助推剂，如图 3-10 所示。

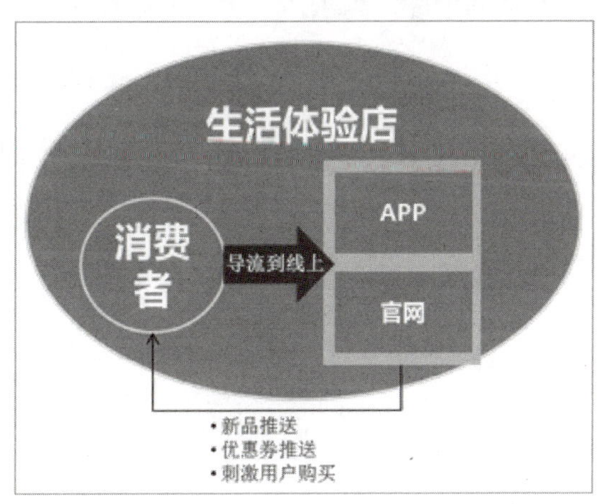

图 3-10 美特斯邦威生活体验店模式

用户体验式的反向 O2O 模式，它具有独特的特点，下面以美特斯邦威为例对其进行图解分析，如图 3-11 所示。

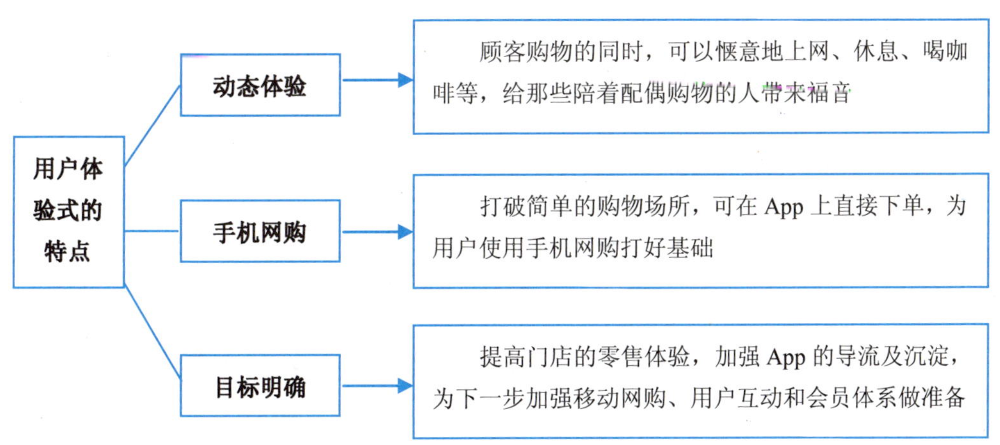

图 3-11 用户体验式反向 O2O 模式的特点

3.2.3 私人定制式：绫致时装

私人定制模式是绫致时装的首创。它是指利用 O2O 模式建立起品牌商与消费者之间的长期联系和无缝沟通，充分利用各种移动端，为用户提供个性化的服务和体验创新，如图 3-12 所示。

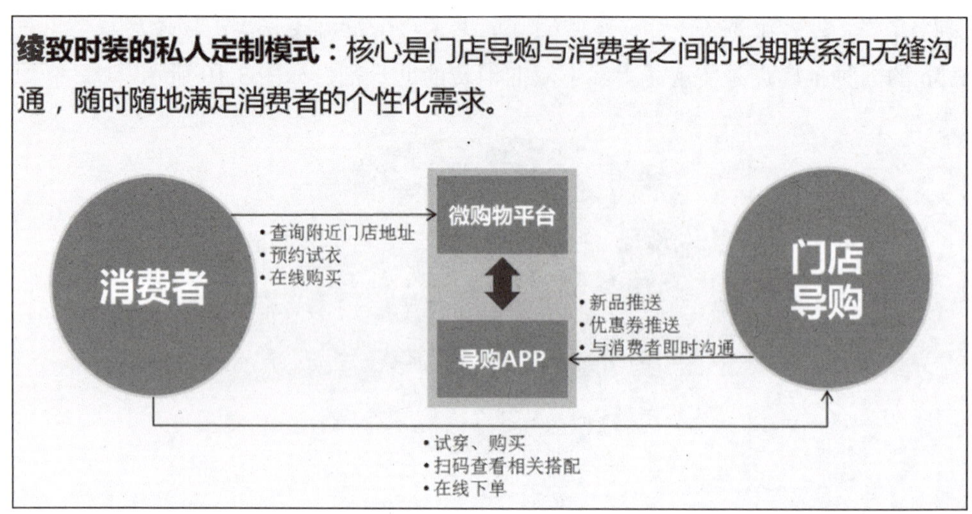

图 3-12 绫致时装私人定制模式

这种模式不仅节省了用户的时间，而且也便于门店导购提前安排，进而更好地开展业务。私人定制式的反向 O2O 模式，具有它独特的特点，下面以绫致时装为代表对其进行图解分析，如图 3-13 所示。

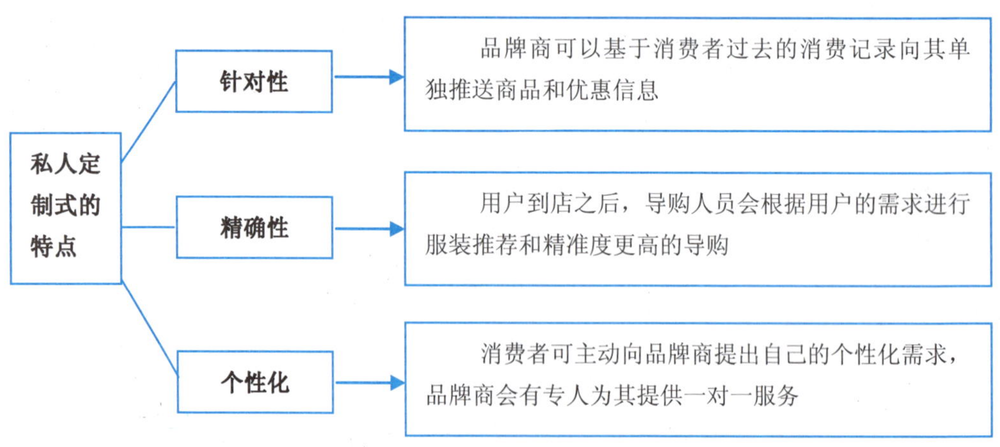

图 3-13 私人定制式的特点

专家提醒

这种“私人定制”的导购可以让用户提前筛选服装，导购人员根据用户的特殊需求向顾客进行个性化推荐。

3.2.4 实体店式：优衣库

优衣库不仅在线上推出各种吸引流量的活动，在实体店方面也进行了积极的探索。作为一种典型的门店模式，**优衣库把门店作为O2O的核心，强调O2O为线下门店服务的工具性价值，O2O主要用来为线下门店导流、提高线下门店销量。**下面以优衣库为代表，对这种实体店式的反向O2O模式进行分析。

1. 实体店操作流程

优衣库采用实体店式的反向O2O模式，具体操作步骤如下。

- 线上发放优惠券线下使用，增加门店销售。
- 线上发布新品预告和相关搭配，吸引用户到店试穿、刺激用户购买欲望。
- 收集门店用户数据，做精准营销。
- 通过定位功能帮助用户快速找到门店位置，为线下门店导流等。

优衣库在实体店营销方面的这些做法，很好地利用了线下顾客资源，做到了精准定位，也将实体店式的反向O2O模式运用得恰到好处。

2. O2O模式的双向融合

优衣库不仅实现了门店式的营销，在策略上也实现了线上线下的双向融合。优衣库利用二维码对实体店与App进行绑定式营销，顾客只能用优衣库的App才能获得优惠券等相应的优惠，这样就将线上线下的消费者进行了融合，进而扩大了优衣库的固定消费群。

优衣库O2O模式的双向融合，是一大创新，它不仅实现了消费者线上线下的双向购买，也便于商家利用专属的App打开市场，扩大销售规模，获取更多的利益。

专家提醒

以线上向线下导流的门店模式，主要应用于品牌号召力较强，同时销售以门店体验和服务拉动为主的服装品牌。在这一点上，投资人或创业者要特别注意，不要盲目地跟从，以免走入误区，导致损失惨重。

3.2.5 粉丝式：歌莉娅

歌莉娅的营销属于一种典型的粉丝模式，目前具有粉丝互动功能的社会化O2O

平台有微信和微淘。下面以歌莉娅为例对粉丝式的 O2O 反向模式进行图解分析，如图 3-14 所示。

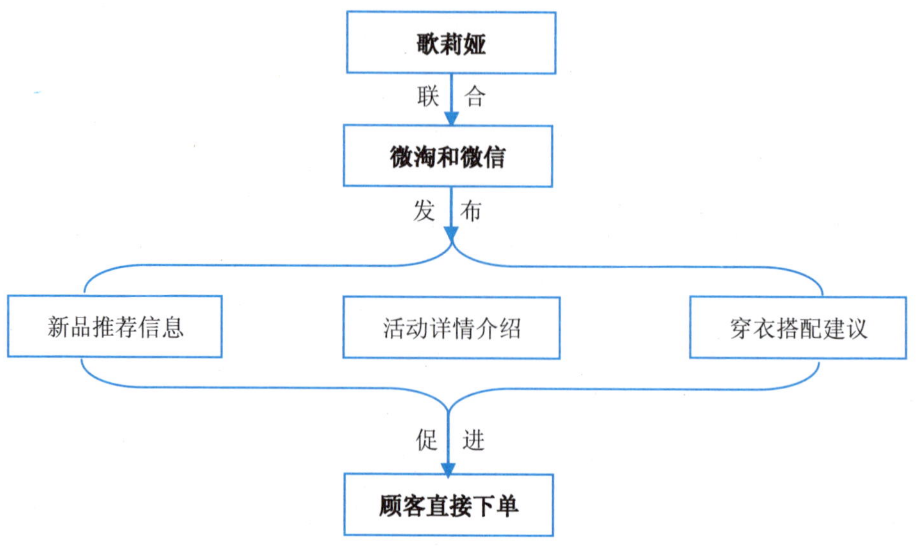

图 3-14　粉丝式的 O2O 模式

粉丝式的 O2O 反向模式具有三大特点，下面对其进行具体分析。

1. 拥有自身的粉丝平台

在营销战略中，品牌商大都会把自身的粉丝平台作为 O2O 的营销工具，利用这一平台进行线上的品牌传播、新品发布和内容维护等，商家还会定期推送给粉丝优惠和新品信息等，吸引粉丝直接通过移动 App 购买商品。

2. 适合中小型服装品牌

粉丝式的 O2O 反向模式适合中小型服装品牌，这些品牌可以利用各种平台发布信息吸引更多的粉丝。这些品牌一般可以用门店引导现场用户和粉丝在线互动相结合的方式，在新品发布、活动优惠时，加强对用户的宣传推广。

3. 探索中的服装零售 O2O

目前，服装零售 O2O 的模式还处在探索期，国内服装品牌的行业集中度太低，品牌黏性较差，服装零售依靠自身很难打开市场。国内的服装零售业可以考虑借助第三方，并结合自身零售体系特点和目标用户特征来探索适合自身发展的 O2O 模式。

专家提醒

对服装品牌来说，移动 O2O 的大方向是提高门店竞争力，充分利用移动端的互动优势，提高用户到店消费的频率、转化率和提篮量。所以，服装品牌未来的发展，应当重视零售与移动相结合，只有这样，才能获得长足发展。

3.3 O2O营销模式的应用案例

前面重点对 O2O 产品的设计、运营以及反向 O2O 模式进行了讲解，其实 O2O 模式的关键不全在于产品设计以及采用模式，而在于营销平台的选择。营销平台是线上线下互动的桥梁，也是完成 O2O 闭环的关键。下面结合不同的案例，对 O2O 营销平台的应用进行介绍。

3.3.1 ERP：O2O服务链条须顺畅

ERP 系统是指建立在信息技术基础上，以系统化的管理思想，为企业决策层及员工提供决策运行手段的管理平台。它是 MRP(物料需求计划)的扩展，其核心思想是供应链管理。那么，ERP 应用管理系统到底包括哪些内容呢？下面对其进行图解分析，如图 3-15 所示。

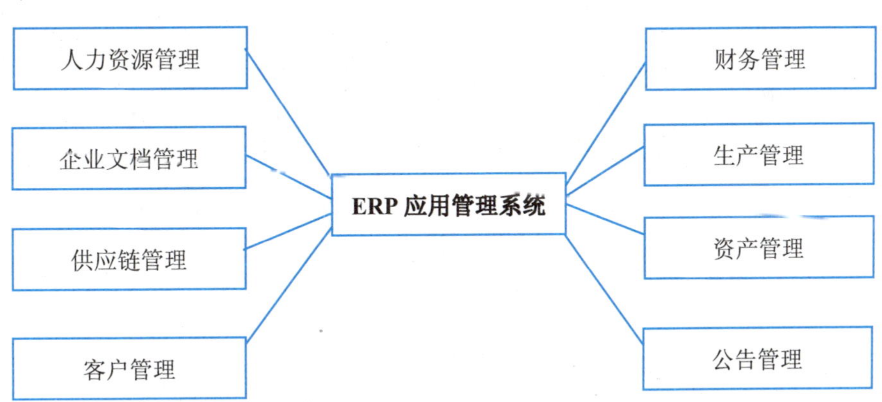

图 3-15 ERP应用管理系统

如果说传统 C2C、B2C 模式的电子商务对 ERP 系统并不是十分依赖的话，那么 O2O 模式(特别是重型 O2O 模式)下的电子商务则需要将其当作项目的重点来考虑。这就要求投资人或者创业者要学会搭建 ERP 系统。搭建 ERP 系统有五大好处，如图 3-16 所示。

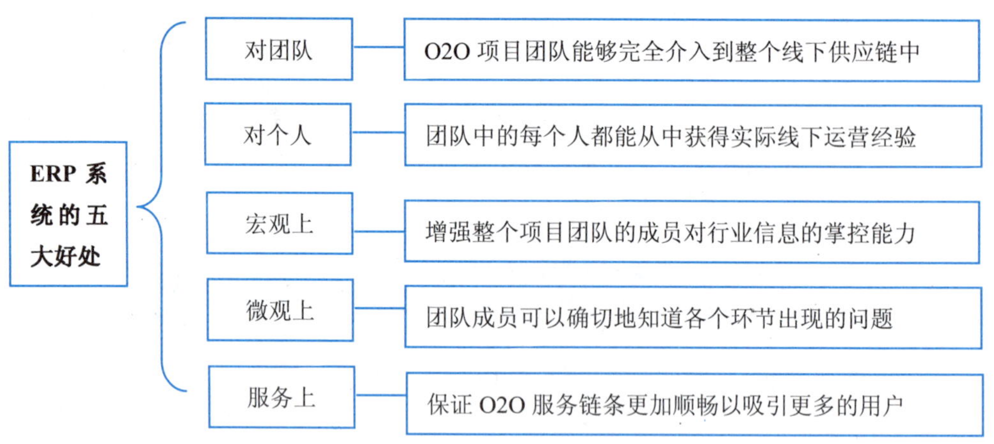

图 3-16　ERP 系统的五大好处

3.3.2　Happy Go：蓝卡、联名卡合作

“Happy Go”是台湾最大的 O2O 通用积分服务商，隶属于台湾第三大企业远东集团，它与商户建了两种 O2O 合作模式，分别是蓝卡合作和联名卡合作。

1. 蓝卡合作

蓝卡是“Happy Go”的标准卡，蓝卡合作也是与商户最基础的合作模式。商户可以免费安装“Happy Go”的识别设备，开心购蓝卡如图 3-17 所示。

图 3-17　开心购蓝卡

2. 联名卡合作

“Happy Go”还全面提供会员管理服务，同时为合作商户共同策划会员活动，利

用“Happy Go”的会员期刊、电子邮件、甚至手机短信为商户进行活动推广。开心购联名卡如图 3-18 所示。

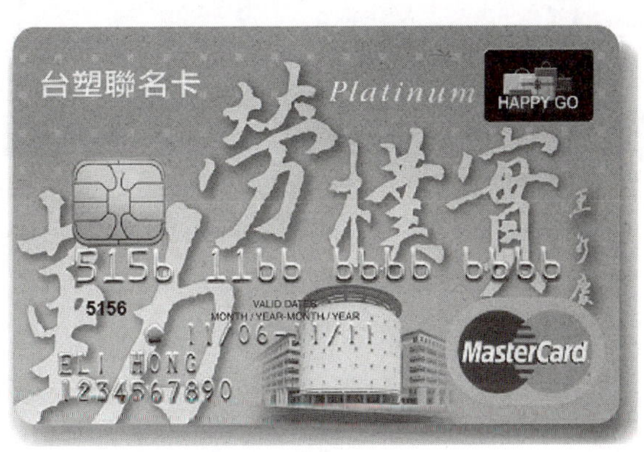

图 3-18　开心购联名卡

3.3.3　SoLoMo：社交本地移动

从街旁网、嘀咕网到啊呦网以及各大社交网络的手机客户端，从米聊、微信到飞聊、移动社交概念，SoLoMo 模式无处不在。人们在真实生活中所产生的移动，通过移动所要达到的目的，都可以通过 LBS 应用实现。

1. 首次提出

著名 IT 风险投资人约翰·杜尔提出过“SoLoMo”概念，即社交(Social)、本地化(Local)、移动(Mobile)，很好地诠释了目前互联网的发展趋势，如图 3-19 所示。

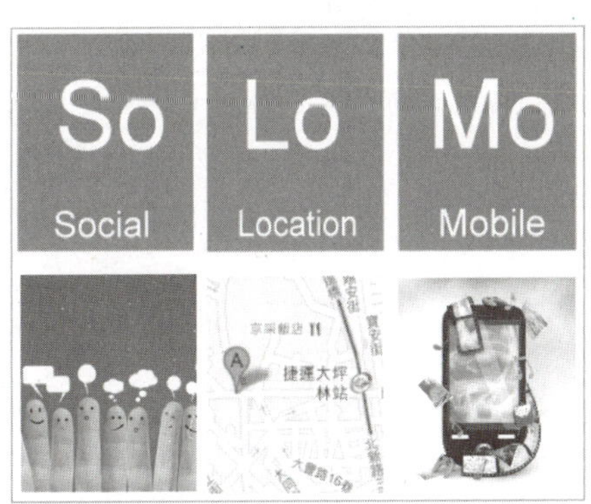

图 3-19　“SoLoMo”概念

2. 中国发展

时代飞速发展，SoLoMo 模式也已获得大部分移动互联网用户的认可。“每个人都有沟通和交流的需求，每个人也希望通过互联网找到志同道合的人”，移动社交的出现正是迎合用户的需求而产生的。早在 2014 年，中国手机用户规模已突破 10 亿人。

3. 具体应用

以新浪微博为例，其月度覆盖用户过亿，在如此之大的用户量面前，SoLoMo 的发展也不言而喻。各大手机品牌争相内置手机微博客户端，广告宣传中也无处不谈“社交”二字，商家也打着“社交”的旗帜进行宣传推广，新浪微博有热门话题、评论、点赞等供用户进行社交，新浪微博界面如图 3-20 所示。

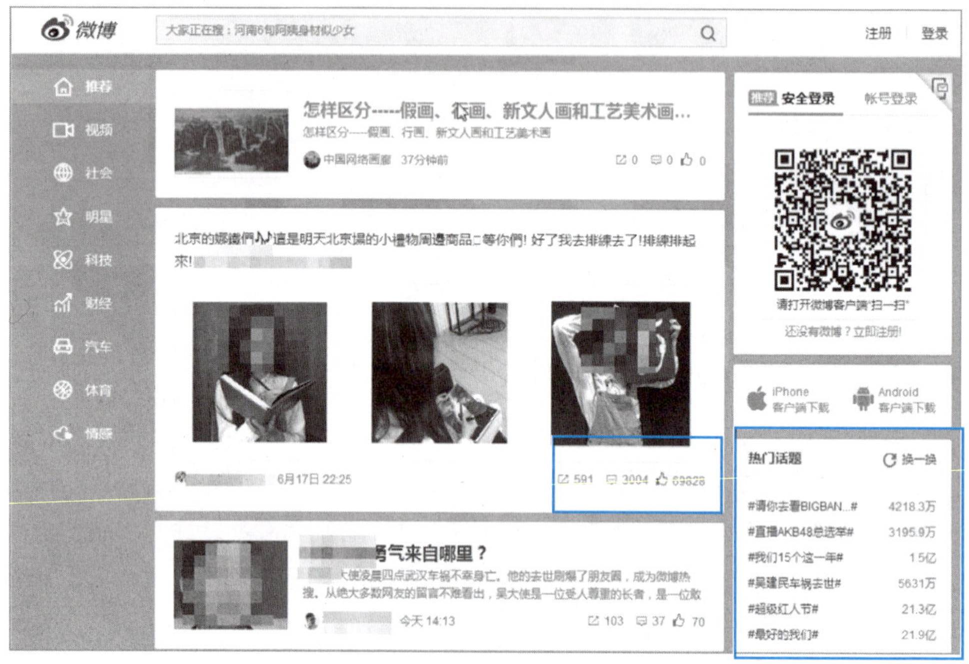

图 3-20　新浪微博界面

第 4 章

营销平台：O2O 助力电商新转型

学前提示

随着移动互联网的发展，传统电商开始走向了转型的趋势。此间，O2O 模式为电商转型提供了一个很好的营销平台，借助这一平台，以淘宝、天猫等为代表的大牌电商领先转型 O2O，其他电商也纷纷开始实施各自的 O2O 战略。

要点展示

▶ 电子商务的四大模式

▶ “BAT 三巨头”O2O 战略

▶ 大牌电商领先转型 O2O

4.1 电子商务的四大模式

简单来说，**电子商务指的是传统商业在进行某种活动时各环节的电子化和网络化。它是在互联网、企业内部网和增值网上进行电子交易或相关服务的活动。**电子商务具有四大模式，分别为 B2B、B2B、C2C、O2O。本节主要对电子商务四大模式各自的特点和区别进行分析，让读者对这四大模式有进一步的认识。

4.1.1 B2C：商对客模式

B2C 是英文“Business to Customer”的简称，即“商对客”。它是商家或企业在互联网的基础上向消费者提供商品或服务的一种商务模式。它直接面向消费者销售产品和服务，即通常说的商业零售。

1. 主要模式

目前，B2C 模式主要有以下四种。

- 综合型。综合商城不仅拥有低成本运作、24 小时配送、无地区限制、产品丰富等优势，而且购物群体庞大、网站平台稳定、拥有完备的支付体系以及诚信安全体系。
- 垂直型。垂直商城的产品大多满足于某一人群，或者满足于某种需要，甚至是满足某种平台，存在着很大的相似性。
- 复合型。随着电子商务的发展，传统电商转型 O2O 已成为一种趋势。其中，复合品牌店更是各大电商发展的一大方向。
- 服务型。这是未来网店的竞争方向之一，它多以满足人们不同的服务或者是个性需求为主。

2. 知名网站

中国八大 B2C 购物网站，如表 4-1 所示。

表 4-1 中国八大 B2C 购物网站

排　名	网　站	简　介
1	卓越亚马逊	亚马逊是中国电子商务的巨头，它采用的是“购物免运费”以及“货到付款”等多种支付方式
2	凡客诚品	凡客诚品已成为中国服装行业的领军服品牌，它将自有服装品牌在网上销售

续表

排　名	网　站	简　介
3	当当网	目前是全球最大的中文网上图书音像商城，面向全世界中文读者提供近三十多万种中文图书和音像商品
4	京东商城	京东商城是中国 B2C 市场最大的 3C 网购专业平台，是中国电子商务领域最受消费者欢迎和最具有影响力的电子商务网站之一
5	麦包包	麦包包致力于打造箱包快速时尚新模式，它提供高性价比的箱包产品，其产品时尚而经典，倍受中国消费者青睐
6	美乐乐家具	美乐乐家具是中国首家进入家具电子商务行业的 B2C 网站，也是中国最大的专业家具 B2C 电子商务平台，深受消费者喜爱
7	红孩子	消费者购物方便快捷，其产品也是物美价廉。该网站建立了以消费者需求为导向的电子商务平台，从而进行数据库营销。目前已经拥有超过 300 万会员
8	中国鲜花专递	拥有目前国内最强大的配送联盟，配送控制流程的经营管理坚持 ISO 标准化管理理念，包装设计由国际著名的花艺设计师指导，建立了服务控制体系实现了全程信息化

3. 模式代表

天猫、京东和凡客代表着三种 B2C 电商模式，这三种模式各有优势。下面对这三种模式的优势进行图解分析，如图 4-1 所示。

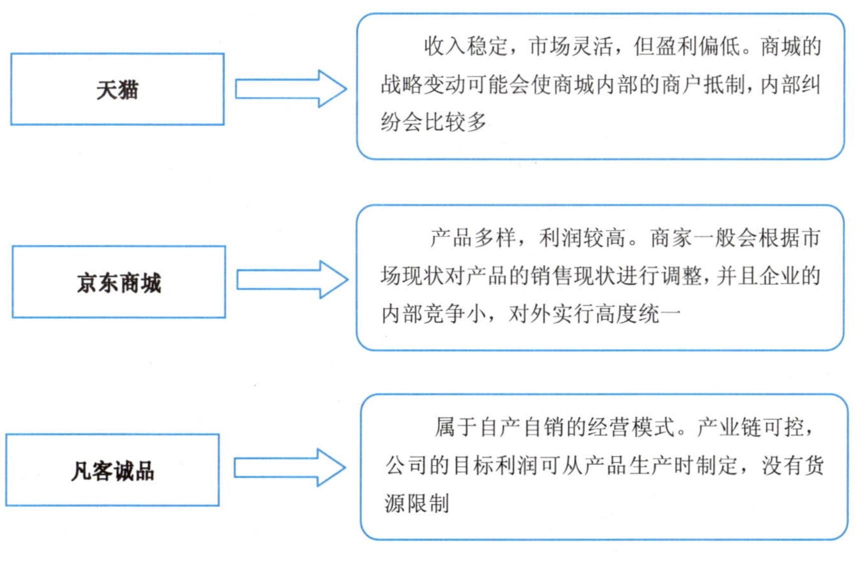

图 4-1　三种 B2C 电商模式

4.1.2 B2B：商对商模式

B2B 是一种企业与企业之间的营销关系，它将企业内部网，通过 B2B 网站与客户紧密结合起来，为客户提供更好的服务。B2B 的交易包含了买卖、合作和服务三个基本要素。下面对这三个基本要素进行图解分析，如图 4-2 所示。

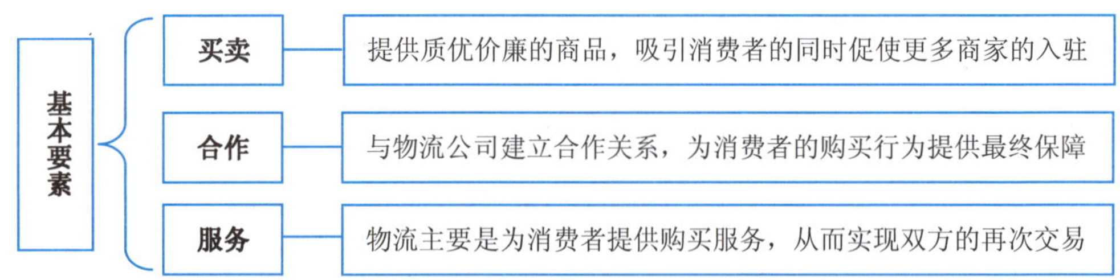

图 4-2　B2B 的基本要素

1. 主要模式

目前，**B2B 电商主要模式是垂直模式、综合模式、自建模式、关联模式。**下面对各主要模式进行具体分析。

- **垂直模式。**类似于在线商店，具有成本低、客户集中的优势。商家之间的联系紧密，生产商或商业零售商不仅可以与供应商之间形成供货关系，也可以与经销商形成销货关系。
- **综合模式**。将各个行业中相近的交易过程集中到一个场所，为企业的采购方和供应方提供交易平台，面向中间交易市场。
- **自建模式。**它是大型行业龙头企业基于自身的信息化建设程度，搭建以自身产品供应链为核心的行业化电子商务平台。
- **关联模式。**它是一种跨行业的电子商务平台，建立在综合模式和垂直模式基础之上。企业运用这一平台进行跨行业合作，密切与其他行业的关系，进而提升信息的广泛度和准确性。

以上是对 B2B 电商主要模式的基本介绍，国内也有四大主流 B2B 模式，如表 4-2 所示。

表 4-2　国内四大主流 B2B 模式

模　式	主要特征	行业应用
行业 B2B 模式	内容与服务专业化程度高，但并没有打通上下游产业链	以中国化工网、中国服装网为代表的 3000 余家专业 B2B 网站
综合 B2B 模式	行业覆盖面广、大而全、内容综合，但是服务粗而不精	阿里巴巴、慧聪、环球资源、中国制造网

续表

模　式	主要特征	行业应用
小门户—联盟模式	用联盟方式进行整合，从而提供“既综合，有专业”的 B2B 服务	生意宝、中搜行业中国
仓单模式	提供在线交易、在线支付和物流配送服务，交易商资金由银行第三方监管	金银岛、广东塑料交易所、浙江塑料城网上交易市场

2. 模式区别

B2B 与 B2C 的区别主要体现在概念与交易两个方面，下面对其进行图解分析，如图 4-3 所示。

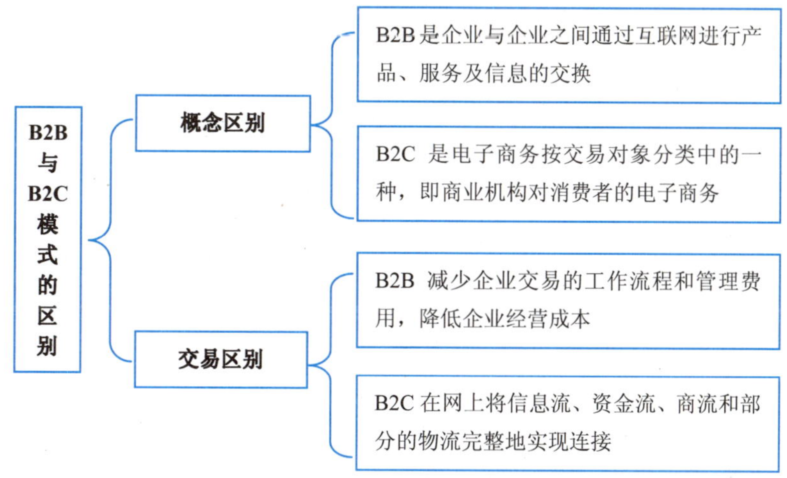

图 4-3　B2B 与 B2CS 模式的区别

4.1.3　C2C：客户与客户模式

C2C 即“Customer to Customer”，是客户与客户(消费者)之间的电子商务。简单来说，就是个人通过网络进行交易，把自己的物品出售给别人，如图 4-4 所示。

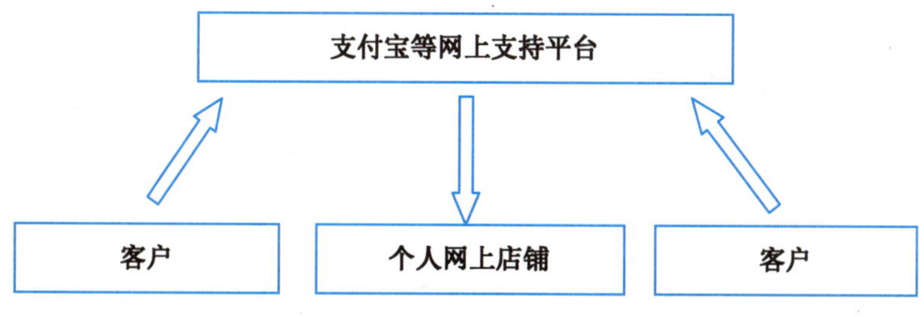

图 4-4　C2C 电子商务模式

1. 议价方式

C2C 连接的是消费者，产品价格与市场价格是有所区别的，具体议价方式如下。

- **竞价。**因商品是拍卖品，故价格不定，买家有更多的空间和机会以自己满意的价格购买商品。
- **一口价。**商品价格由商家决定，没有议价的可能。买家支付相应的金额才能获得商品。
- **面议。**商品没有明确的定价，需要有购买意愿的买家与其联系，然后经双方谈判才能确定商品价格。

2. 网站排行

最具影响力的 C2C 网站排行，如表 4-3 所示。

表 4-3　C2C 网站影响力排行

序　号	网　站	总　分	品牌影响力	市场认可度
1	淘宝网	99.4	44.9	54.5
2	卓越亚马逊	90.3	42.5	47.8
3	当当网	88.6	41.9	46.7
4	京东商城	88.3	41.8	46.5
5	红孩子	88	41.7	46.3
6	草莓网	84.7	40.8	43.9
7	拍拍网	85.5	40.2	45.3
8	Ebay 易趣中国	83.3	43.7	39.6
9	篱笆网	86.9	41.2	45.7
10	孔夫子旧书网	83.9	40.3	43.6
11	麦网	77.9	38.8	39.1
12	凡客诚品	77	40.2	36.8
13	天天购物网	76.9	37.3	39.6
14	百度有啊	75.5	45.6	29.9
15	时尚起义	75.3	36.6	38.7
16	新浪商城	73.6	38.9	34.7
17	中国鲜花礼品网	72.3	37.8	34.5
18	DHC	70.3	39.8	30.5
19	义乌中国小商品城官方网站	70	37.6	32.4
20	美国购物网	68.1	35.2	32.9

4.1.4 O2O：线上线下互动模式

O2O 即“Online to Offline”，它是将线下商务的机会与互联网结合，让互联网成为线下交易的前台。随着移动互联网的发展，O2O 已成为各大电商普遍采用的模式，它对中小企业和消费者都有众多好处，如图 4-5 所示。

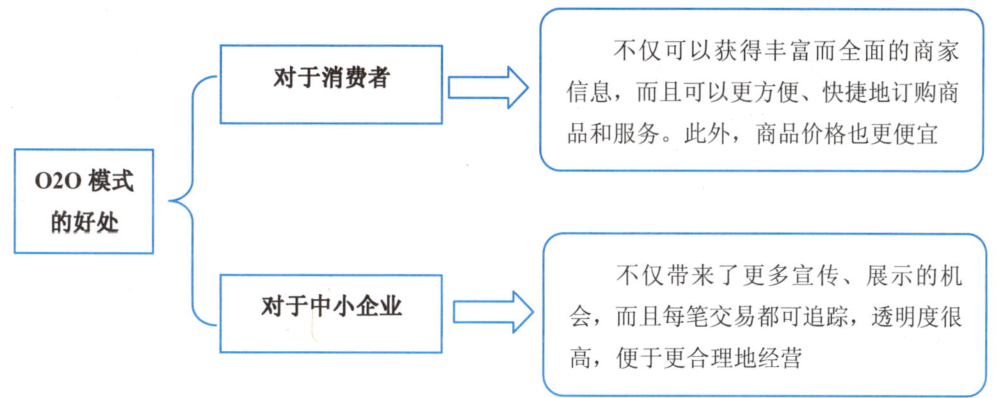

图 4-5 O2O 模式的好处

O2O 模式不仅可以对中小企业和消费者带来各种好处，还可以实现不同商家的联盟，具体分析如下。

- O2O 充分利用互联网跨地域、无边界、海量信息、海量用户的优势，充分挖掘线下资源，进而促成线上用户与线下商品与服务的交易。
- O2O 线上交易线下消费的方式使得所有的消费行为均可以准确统计，进而吸引更多的商家入驻，为消费者提供更多优质的产品和服务。
- O2O 模式实现了线上线下的双向结合，使消费者消费更加明朗化，甚至可以进行售前体验。

4.2 “BAT 三巨头”的 O2O 战略

随着移动互联网的兴起，各大互联网巨头纷纷将视野对准 O2O 模式。其中，BAT(百度、阿里、腾讯)这三巨头，更是走在了行业的前端。他们基于自身优势、根据不同的逻辑进行 O2O 战略布局，致使三大企业成功转型 O2O。本章主要对这三大巨头具体的 O2O 战略进行相应的介绍。

4.2.1 百度：整合资源

百度是全球最大的中文搜索引擎网站，它拥有百度文库、百度地图、百度百科、百度团购、百度贴吧、百度糯米等众多产品。在庞大的线上线下资源中，如何对其进行整合成为了百度发展的重点。下面以百度地图、百度团购、百度糯米为例，对百度的资源整合进行简单介绍。

1. 百度地图

百度地图拥有强大的导航功能，它的 O2O 战略可以从线上线下两个方面展开，如图 4-6 所示。

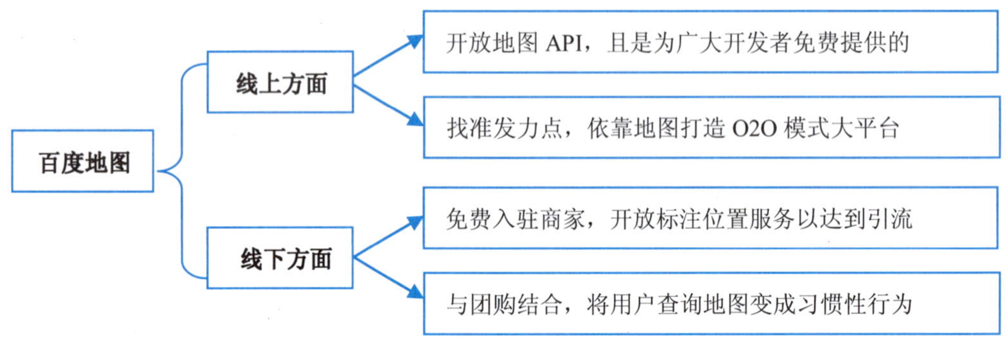

图 4-6 百度地图的 O2O 战略

2. 百度团购

百度团购的 O2O 战略，如图 4-7 所示。

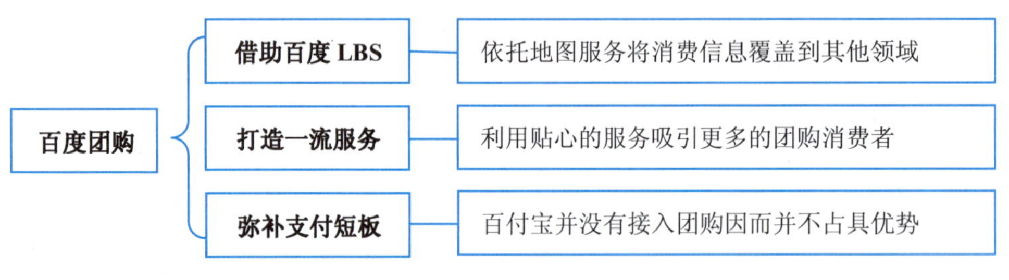

图 4-7 百度团购的 O2O 战略

3. 百度糯米

百度糯米是百度推出的一款关于移动团购的产品。它主要针对的是本地生活服务，并且涉及范围很广，包括美食、电影、酒店、KTV、外卖、到家、到店付、储值卡等各方面。百度糯米能够实现顺利整合，离不开百度的技术能力以及数据支持。百度糯米与百度地图的结合，直接实现了百度 O2O 线上和线下的高效转化。

4.2.2 阿里巴巴：重构旧局

为了发展电商，阿里巴巴也打破旧局，重新构建 O2O 蓝图，如图 4-8 所示。

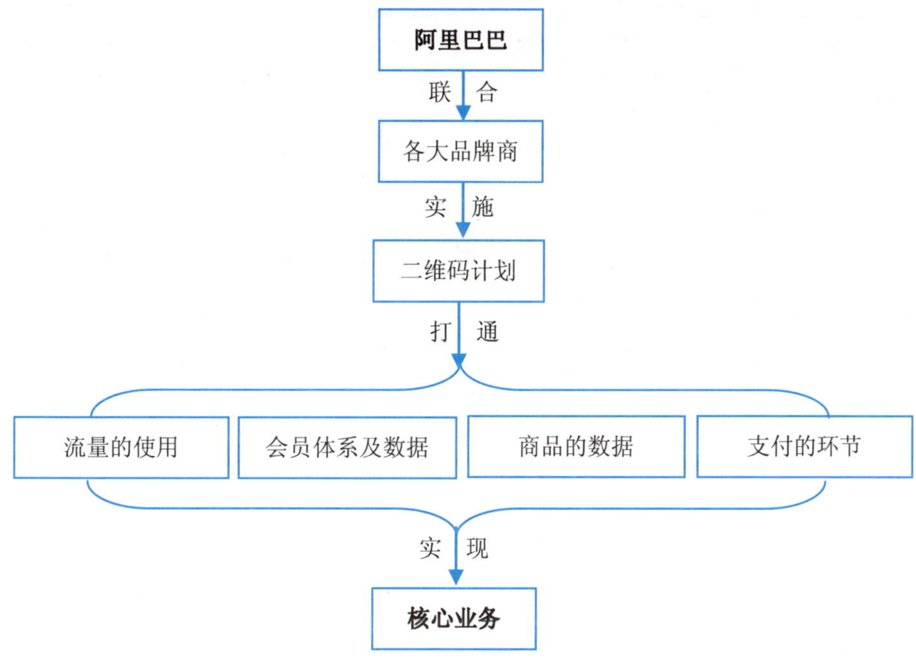

图 4-8 阿里巴巴的 O2O 战略

4.2.3 腾讯：全面布局

O2O 电子商务将会具备随时随地随身、数字化顾客管理(CRM)、基于地理位置服务(LBS)、大数据和延伸线下服务场景五大特点。腾讯也基于此调整 O2O 战略展开全面布局。腾讯 O2O 战略的特点，如表 4-4 所示。

表 4-4 腾讯 O2O 战略的特点

战略特点	操作策略
随时随地随身	腾讯实现了用户随时随地随身上网的可能。商品、门店、消费者在任何时候都是被连接在一起的，无形中打破了线下店面物理空间的限制，尽管用户不在店内，但仍能通过微信与店主进行沟通

续表

战略特点	操作策略
数字化顾客管理(CRM)	利用用户信息、支付、积分和会员卡体系将线下用户锁定在品牌公众账号。不仅如此，传统零售企业也可以进一步开展 CRM 数字化管理，进而开展全商品生命周期的管理
基于地理位置服务(LBS)	商家可以根据用户地理位置，向用户推送附近门店信息，告别了只限用户搜索商家才能触及用户的时代。此外，商家还可以结合线下优惠券，更好地引导用户到店消费
实现大数据	实现大数据最关键的就是怎么样找到那些数据，商家可以将自己商务活动的行为和日常经营的流程数字化为实现大数据提供前提。之后，商家可利用用户数据、运营数据、商品数据开展调研和品牌分析，指导商品研发、生产
延伸线下服务场景	移动的时代，商家就有机会将线上很多的运营模式搬到线下去。延伸线下服务场景的好处是可以一定程度上促进线下业务的发展

下面以腾讯地图和微信平台为例，对腾讯 O2O 战略进行具体分析。

1. 腾讯地图

腾讯地图是腾讯公司提供的一项互联网地图业务，覆盖了全国近 400 个城市，它的主要功能包括以下三点。

- **地点查询。**进行精准定位，帮助用户在地图上找到自己所在的位置。
- **路线查询。**用户可利用腾讯地图进行多种路线查询，支持全国近 200 个城市的出租估价、210 个城市的公交和近 400 个城市的自驾。
- **路况查询。**查询用户要去的地方的实时路况信息，以免造成交通拥堵，影响出行。

2. 微信平台

微信与线下传统零售 O2O 的具体方案，包括线下引流、会员管理、分成机制、成交转化、数据挖掘等。其中，微信与线下商家合作的具体方案如下。

- 微信利用收货地址和地理位置信息，为门店挖掘更多的线上客户。
- 向线下客户推销线上平台，借助线上的消费数据分析线下的消费行为。
- 对线上线下会员进行统一管理，并对其定向发送消息。
- 对应的门店和导购可以拿到分成，一定程度上实现利益均衡。
- 开放菜单、接口，完善商品浏览和支付闭环，实现线下客户的成交转化。

4.3 大牌电商领先转型 O2O 模式

在激烈的市场环境下，很多大牌电商开始试水 O2O 模式，为企业寻找新的发展契机。那么，这些大牌电商是如何转型 O2O 模式的呢？读者将在本节中找到答案。

4.3.1 淘宝网：特色 O2O 新平台

为打造中国特色的 O2O 平台，淘宝网作出了很多努力，成了许多小型企业转型的榜样。那么，淘宝网是如何转型 O2O 的呢？下面从三个方面对其进行分析。

1. O2O 支付

显然，连接支付宝的淘宝支付在 O2O 模式的运营中占有明显优势，其支付环节如图 4-9 所示。

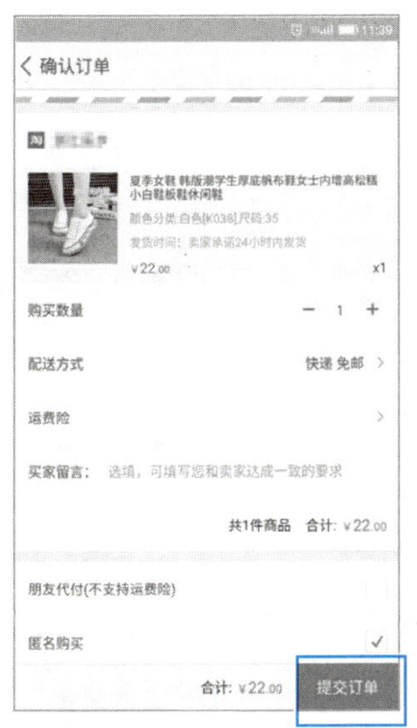

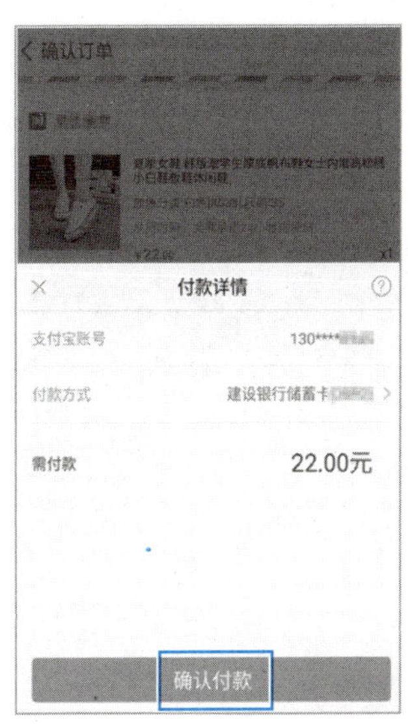

图 4-9 淘宝的支付环节

2. O2O 团购

团购被称为最早的 O2O 模式，淘宝网想要转型 O2O 模式，团购网站是一个很好的切入口。早在 2011 年，淘宝网便率先引入 O2O 模式，吸引“满座网”、“24 券”、“团好网”、“咯叽团”、“芝麻团”、“美好生活网”等很多国内大型的团购网站纷纷进驻淘宝网开店，备战当年 12 月 12 日的“全民疯抢”活动，同时推出了各自最有吸引力的餐饮美食和休闲娱乐产品。

借助这次入驻以及“双 12 全民疯抢”活动，淘宝网成功开拓了各地生活消费市场，进军 O2O 模式。它除了为团购网站和各地电商提供新的平台、新的交易模式和新的玩法外，也让消费者有了更多线下消费服务的选择。

3. O2O 家政

随着电子商务的发展，在生活服务信息领域，家政、搬家领域的服务需求越来越旺盛，为了打通这类服务的 O2O 环节，淘宝推出一个基于家政、租房、租车等服务的 O2O 平台。

电子商务行业目前主要面临着商业模式缺乏创新、产品同质化、恶性价格战这三个方面的问题。淘宝网如果想要转型 O2O，这三个问题必须解决。

4.3.2 天猫：“大数据+O2O”

为了转型 O2O，天猫推出了“大数据+O2O”的新玩法，具体介绍如下。

1. 大数据引导

“双十一”抢购期间，天猫会进行大数据引导，根据消费者“双十一”之前收藏、关注的品牌数据，结合历年购物习惯和消费数据，为其生成专属会场，如图 4-10 所示。

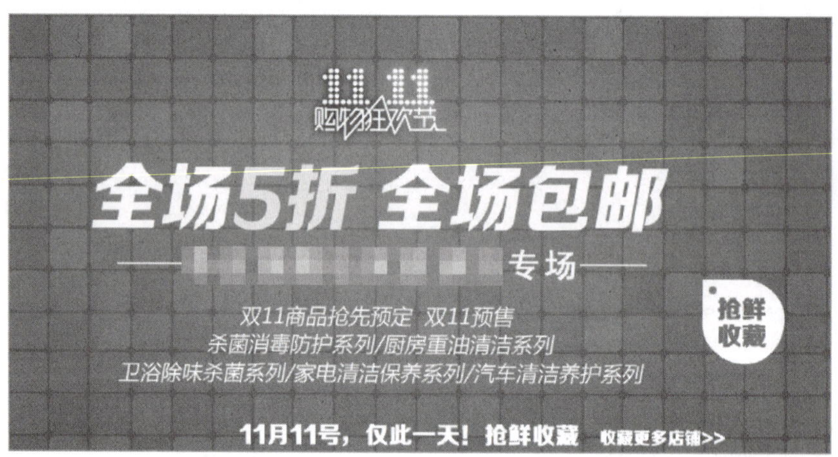

图 4-10 天猫“双十一”家居清洁专场

2. O2O 新玩法

天猫在 O2O 模式的运营方面取得的成就是显而易见的，它所提出的 O2O 新玩法不仅为企业自身带来了提升，也将 O2O 模式的运营推向了一个高峰。因此，这值得更多商家或创业者学习。

天猫 O2O 新玩法包括以下 3 个方面。

- 无线引流便捷购物。
- 无负担“0”重量购物。
- 双重优惠双会员享受，实现支付闭环。

4.3.3 上品折扣：O2O全渠道营销

上品折扣是一家大型品牌折扣连锁卖场。它抓住了消费者利用碎片化时间在手机等移动设备上进行购物的这一消费行为，展开了全渠道O2O营销战略。

全渠道营销，意味着企业能通过多种渠道展开全面营销，具体包括网站、实体店、服务终端、社交媒体、移动设备等方面。企业通过这些渠道互相整合，进而展开全方位的营销布局。

4.3.4 易淘食：“订餐+订台”

作为传统行业的代表之一，餐饮行业一直占据着重要地位，尤其是在O2O商业模式中，外卖订餐与酒店预订、租车、短租等行业，都是最早发展起来的。其中，易淘食便是外卖订餐的典型代表。

易淘食是B2B2C模式的餐饮云服务平台，分为面向商家的餐饮互联网电商云服务平台和面向用户的网络订餐平台。它在美食服务方面也有外卖送餐、聚会订台以及易淘商城。易淘食的“外卖送餐”业务及下单界面如图4-11所示。

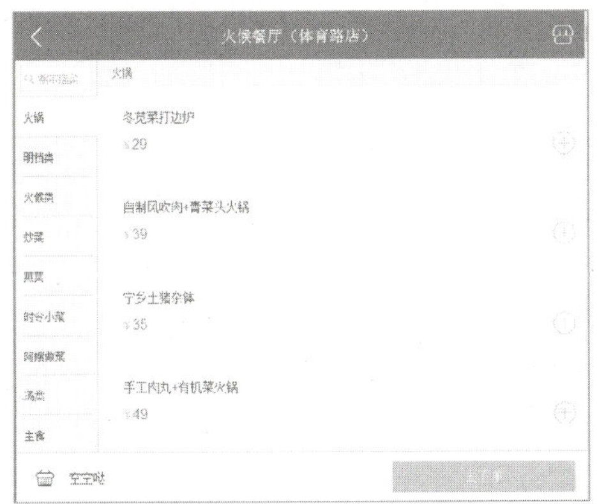

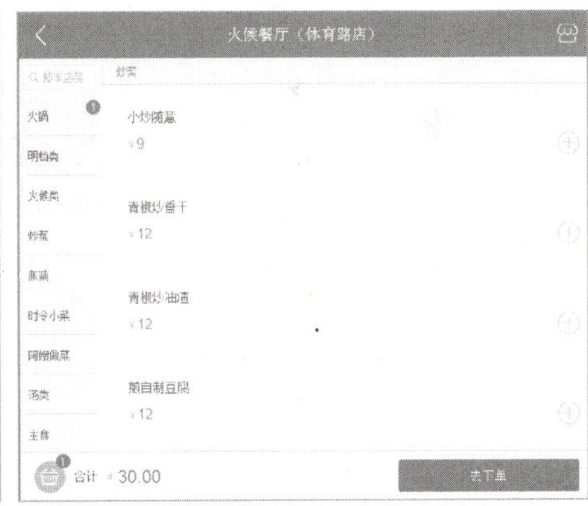

图4-11 易淘食“外卖送餐”业务及下单界面

专家提醒

对于电商而言，线上往往是发展的重点。但是，行业相互之间的竞争也大多集中在线上的价格厮杀上，这很容易造成恶性竞争。所以，商家在打造线上平台的时候，也要注意这一点。在电商O2O迅速发展的时代，只有将线上平台利用好才能将消费者带到线下，进而实现O2O闭环。

易淘食的订购页面做得比较人性化，除了可以通过地点、价格选择餐厅外，还能通过菜系的偏好、就餐的目的选择餐厅，从而提高用户与餐厅的匹配度。通过显示附近餐厅，可以查看易淘食上的所有的菜系，包括快餐、家常菜、京味菜、中式便当以及韩国菜系等，方便用户对菜品进行选择，如图 4-12 所示。

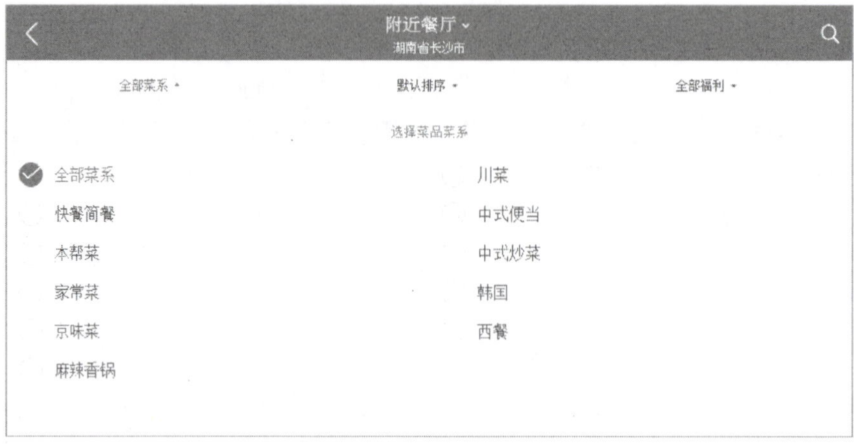

图 4-12　易淘食网页中的菜系类别

第 5 章

营销工具：O2O 强强联合新模式

学前提示

作战离不开武器，营销离不开营销工具。只有很好地利用好手上的工具，才能在激烈的竞争中脱颖而出。本章主要向读者介绍了 O2O 模式的各种营销工具，并且从营销工具这一角度阐述各大电商是如何利用 O2O 进行强强联合的。

要点展示

- 二维码助力 O2O 营销
- "社会化+O2O"式营销
- LBS 定位推广品牌形象
- O2O 移动支付下的应用

5.1 二维码助力 O2O 营销

二维码凭借着体积小、信息含量大的优势，在商家的日常运营中为其节省了大量的资源。随着移动客户端的风行，二维码链接线上线下的地位愈加明显。在未来的营销时代，二维码必将占据一席之地。本节主要向读者介绍了各大电商的二维码营销策略。

5.1.1 营销解读：二维码营销表现分析

大电商将二维码运用到各大领域，使其成了 O2O 营销的主力军。那么，二维码的移动营销主要表现在哪些方面呢？下面进行图解分析，如图 5-1 所示。

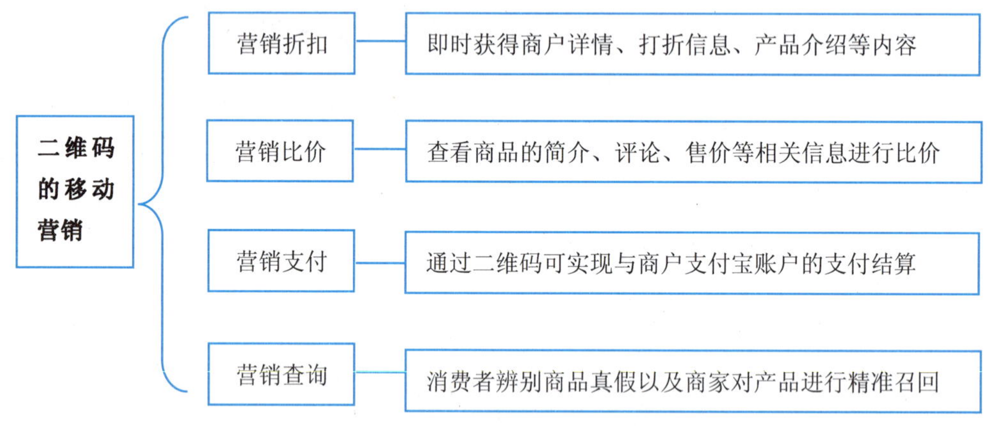

图 5-1 二维码的移动营销表现

5.1.2 营销案例：二维码的经典应用

在营销手段逐渐多样化的今天，如何第一时间抓住消费者的眼球，是每个商家进行宣传营销的最大挑战。下面分享几个用二维码进行营销的例子，供读者参考。

1. 巨型二维码蛋糕

为庆祝新年，腾讯曾特意制造过一个重达 3 吨的二维码蛋糕，如图 5-2 所示。

除了可以吃以外，市民只要用手机拍下这个巨型二维码，就能下载腾讯新闻客户端，浏览实时新闻。

图 5-2　巨型二维码蛋糕

2. 二维码饼干

德国 Qkies 公司曾将二维码和曲奇饼结合起来，制成二维码饼干。其方法是：消费者，尤其是情侣，可将情话制成二维码，将其打印在“可食用的纸”上，再将二维码贴在曲奇饼上送给对方，如图 5-3 所示。

图 5-3　二维码曲奇饼干

3．人行道上的二维码

里约热内卢在一条人行道上铺设了首个由黑白石头拼成的二维码，游客只要下载专门的应用程序来扫描二维码，便可以获知这座城市的相关信息，如图 5-4 所示。

图 5-4　人行道上的二维码

5.1.3　营销案例：二维码助力 O2O

在了解二维码的营销之后，本节主要对二维码的应用进行分析。

1．二维码鸡尾酒

在日本东京的五家酒吧和咖啡馆举办过一个名叫“只有一杯鸡尾酒”的二维码市场营销活动——在鸡尾酒和咖啡中放入漂浮的二维码，如图 5-5 所示。

图 5-5　鸡尾酒和咖啡中的二维码

2. 二维码会员

近几年，随着商家对客户体验的日益重视，各大企业纷纷开始使用简单而实用的会员管理方法来管理企业的日常经营，以此来逐渐增加客户量。在二维码横扫大街小巷的时代，许多商家为了对产品或服务进行推广，会在会员卡上印上二维码，如图 5-6 所示。

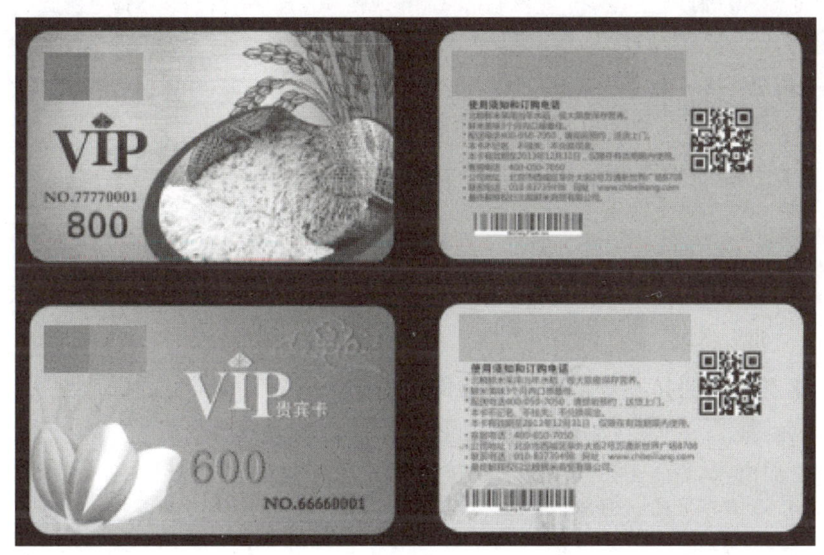

图 5-6　会员卡上的二维码

5.2 “社会化+O2O”式营销

社会化网络营销是通过社会化网络，以创意的营销内容，让消费者交流，实现品牌和消费者的双向沟通对话。社会化营销的重点在于品牌的认知与传播，在这一点上，它与 O2O 模式完全契合。值得一提的是，当 O2O 模式与社会化营销相遇时，必定会碰撞出不一样的火花。

5.2.1 营销概况：社会化营销策略分析

社会化网络营销的基础其实还是关系链。基于人和组织的关系链连接着人与人、人与组织以及组织与组织。由此可见，只有将关系链理清楚了，才能更好地展开社会化网络营销。

那么，社会化网络营销到底是如何利用关系链进行营销的呢？下面对社会化网络营销策略进行图解分析，如图 5-7 所示。

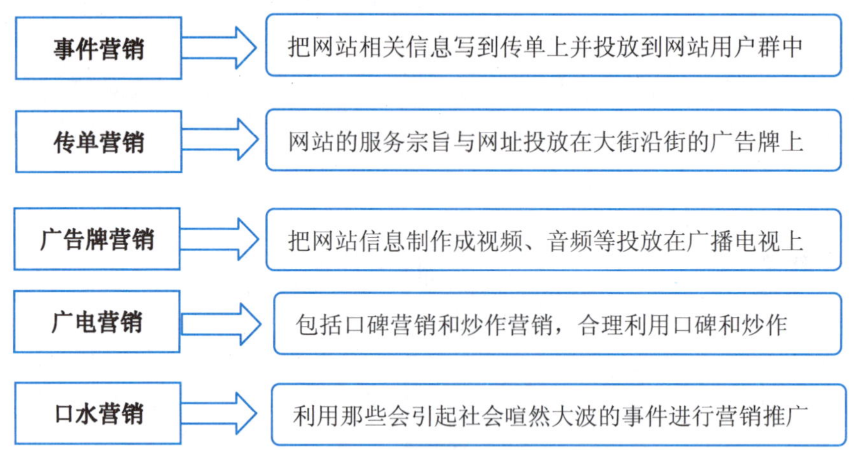

图 5-7　社会化网络营销策略

5.2.2　媒体工具：社会化营销平台分析

社会化媒体营销是指利用各种互联网协作平台进行的营销。因此，一场成功的社会化媒体营销离不开对媒体工具的恰当把握。只有把握好各种营销工具，企业才能更好地有针对性地制定好相应的营销策略。企业如果能对社会化营销平台进行合理利用，那么对企业的产品或服务的营销推广将会产生事半功倍的作用。常用的媒体工具主要包括论坛、微博、博客、SNS、Flickr 和 Video 等，如图 5-8 所示。

图 5-8　常用的媒体工具

5.2.3 营销案例：社会化营销应用分析

社会化营销虽然告别了最初以转评量作为衡量的粗暴发展阶段，但目前整个行业仍然处于探索阶段。那么，作为商家如何才能探索出适合自身发展的社会化营销道路呢？社会化营销又可以朝着哪些方面发展呢？下面对社会化营销的案例进行分析。

1. 悲情营销，加多宝狂喊对不起

加多宝与王老吉在商标争夺战中失败后，在微博上发布了一组“对不起”系列图片并配以一句话文案诉说自己的弱势，图片表面悲情，极具震撼力。

对王老吉而言，这是加多宝一次无言的挑战；对消费者来说，这是加多宝一次成功的情感式营销，如图 5-9 所示。

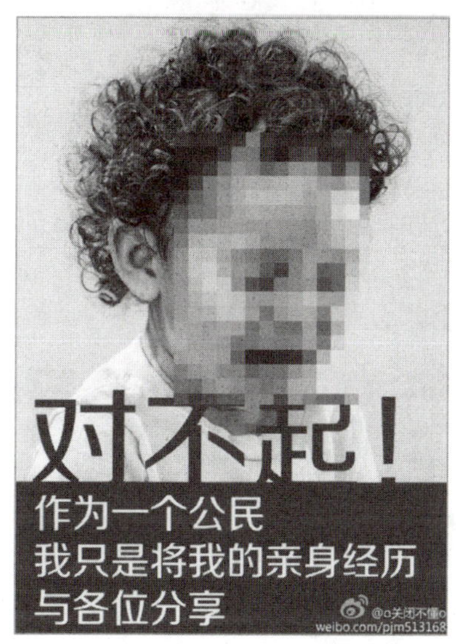

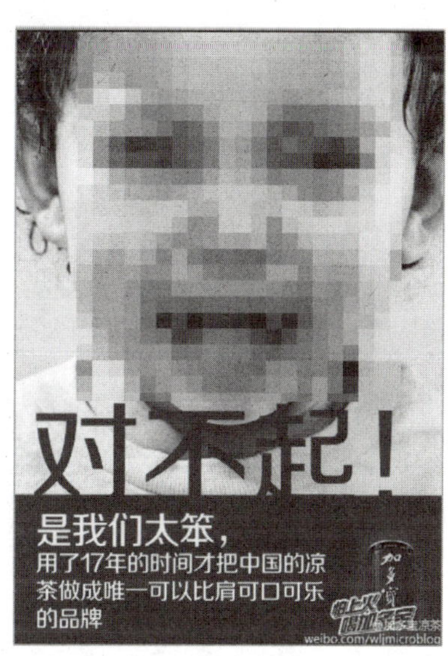

图 5-9 加多宝悲情营销

2. 病毒营销，小米速配喜当红娘

小米微信群推出过一次“速配测试”活动，引起很多年轻人的关注。用户只要关注小米微信，就可以实时接收速配通知，方便、快捷的同时也非常有趣。

“速配测试”活动主要在微信群和朋友圈进行，具有很强的病毒传播性，是小米手机为品牌推广进行的一次病毒式的营销，反响强烈。小米微信群速配测试的界面，如图 5-10 所示。

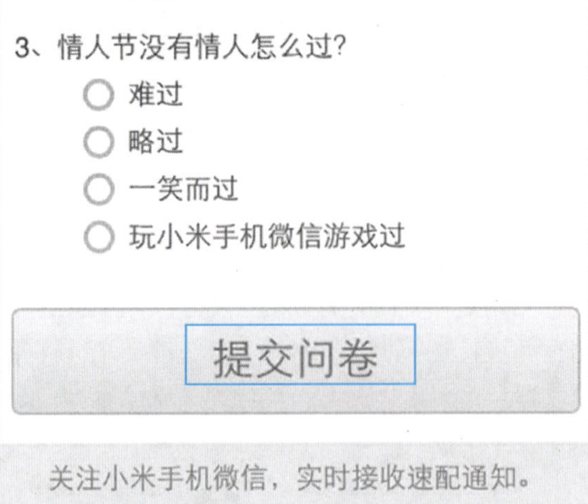

图 5-10　小米微信群速配测试

3. 百事互动，节奏大师亮相地铁

百事将《我们把乐带回家》的主题曲植入节奏大师中，在地铁大屏幕前充分实现人机互动，吸引了很多消费者参与活动，成功地实现了一次户外体验式的营销推广，真正地实现了百事倡导的“把乐带回家”，如图 5-11 所示。

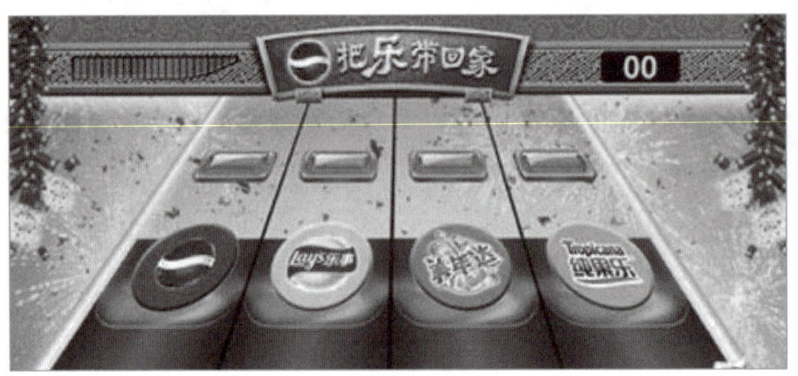

图 5-11　百事可乐与节奏大师

5.3　LBS 定位品牌形象推广

伴随着电子商务的发展以及移动客户端的普及，“随时随地的享受服务”成为人们的标准。于是，基于获取用户位置推送信息的 LBS 应用焕发活力，尤其是对于商家、企业来说，这无疑是一个结合 O2O 营销进行品牌形象推广的大好机会。

5.3.1 营销模式：LBS营销的模式分析

LBS(Location Based Services)用于确定移动设备或用户所在的地理位置，并提供与位置相关的吃、住、行和娱乐购物等信息服务。它主要有四种应用模式，分别为休闲娱乐型、生活服务型、社交型、商业型。下面分别对这四种应用模式进行简单介绍。

1. 休闲娱乐型

休闲娱乐型以签到模式为主。国外较著名的应用是 Foursquare。而在国内则有嘀咕、玩转四方、街旁、开开、多乐趣、在哪等几十家，这种模式主要是培养用户的签到习惯。

2. 生活服务型

生活服务型与地理位置服务相结合，代表应用有大众点评网、台湾的“折扣王”等。

3. 社交型

不同的用户因为在同一时间处于同一地理位置构建用户关系，代表应用是兜兜友。然而，以地理位置为基础的小型社区，代表应用则是“区区小事”。

4. 商业型

商业型 LBS 模式主要体现在为用户提供基于地理位置的优惠信息的推送服务，这种商业型信息推送模式的盈利方法是，通过与线下商家的合作实现利益的分成；通过 LBS 定位系统，找到用户，并且将用户吸引到指定的商场，完成指定的行为后，用户便可以获得兑换礼品的虚拟点数。

5.3.2 营销思路：LBS营销的思路分析

商家、企业想要利用 LBS 进行营销，可以从以下三个思路入手。

1. 发行徽章，提升品牌形象

利用用户赢取徽章的动力，与 LBS 合作发行具有特殊含义的品牌徽章，对于品牌来说，这将是长期的曝光，便于用户更好地记住品牌形象。

2. 广告定位，进行产品促销

定位式广告是指 LBS 自动检索用户当前所在位置，并显示附近正在或即将举行活动的地点，用户可以点击查看活动详情，并选择前往任意地点参加活动。有线下门店的品牌特别适合这种促销方式。

3. 同步签到，形成口碑传播

企业利用微信、微博等社交媒体设置签到营销机制，并借助消费者为其品牌进行传播。消费者通过朋友圈可以形成更大范围的口碑传播。

5.3.3 营销案例：LBS 营销的案例分析

随着移动互联网的发展，电商队伍也在不断壮大，其营销方式更是不胜枚举。下面分享三个利用 LBS 营销的案例，投资人或创业者可结合行业自身的发展情况对其进行借鉴。

1. 街旁签到

“途观之旅”曾与“街旁”开放平台合作举行线上互动活动，消费者只要在“街旁”签到，就可以开始“途观之旅”。通过此次活动，很好地传达了“途观之旅”汽车、生活距离、地点转化等品牌信息，充分调动了消费者的参与积极性。

2. 蓝享计划

上海大众汽车曾在全国发起“Think Blue”计划，在北上广繁华地段的地铁、商场中设置蓝色阶梯，打造“蓝思观察站”。鼓励大家多走楼梯，少乘坐电梯扶梯，使公益的可视化借助移动社交成为可能。

3. 专属勋章

“欧洲好声音”歌唱比赛在全世界来说都获得了较强的影响力。汉莎航空公司特意为这项比赛设计了专属的勋章。参与者在指定地点签到，就可获得这枚勋章。通过此次活动，汉莎航空公司不仅吸收了很多忠诚的顾客，也做了一次很好的品牌推广。

5.3.4 营销定位：LBS 营销的准确定位

LBS 强大的地域性定位功能所带来的商机，渐渐引起了企业的注意，成为近年来电子商务最为热门的营销模式。本小节主要以凡客诚品、百步淘、好大夫在线为例，对 LBS 的准确定位进行案例分析。

1. 凡客诚品

凡客诚品提倡简单得体的生活方式，它曾推出过一场以寻找“我是凡客”为主题的签到活动。在这个活动中，凡是在户外广告投放地点进行签到的网友，均可获得由凡客诚品提供的“我是凡客”等系列勋章，如图 5-12 所示。

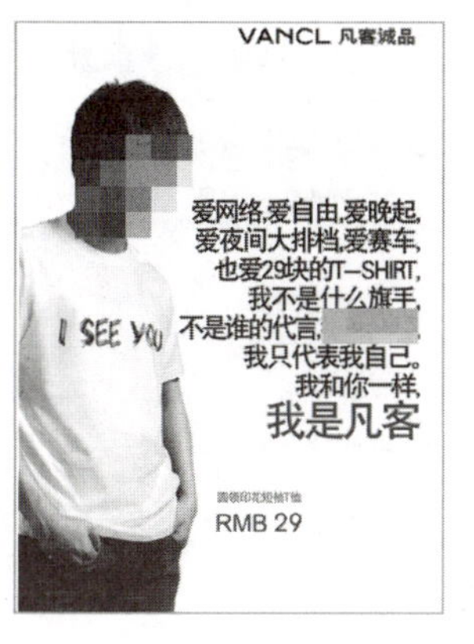

图 5-12　“我是凡客”宣言

专家提醒

凡客诚品通过此次签到活动，不仅对品牌本身做出了很好的宣传，也吸引了大量的消费者参与到活动中来，进而形成潜在的消费者。此外，“凡客体”也受到了很多网民的喜爱，在网上疯狂流行起来。

2. 百步淘

“百步淘”是一款基于 LBS 地理位置信息的移动生活类消费平台，用户可以将闲置物品在这个平台上兜售，就近寻找买家，并引导买家进行当面交易，如图 5-13 所示。

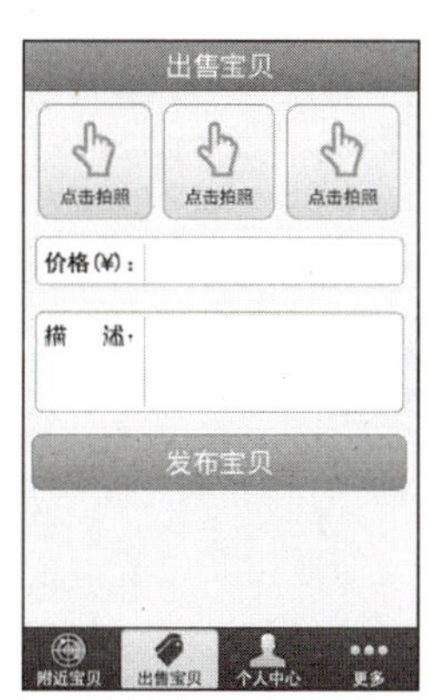

图 5-13　百步淘应用界面

3. 好大夫在线

“好大夫在线”是中国领先的医疗信息和医患互动平台。它给用户提供了一个在线看病，在线求医的机会，如图 5-14 所示。

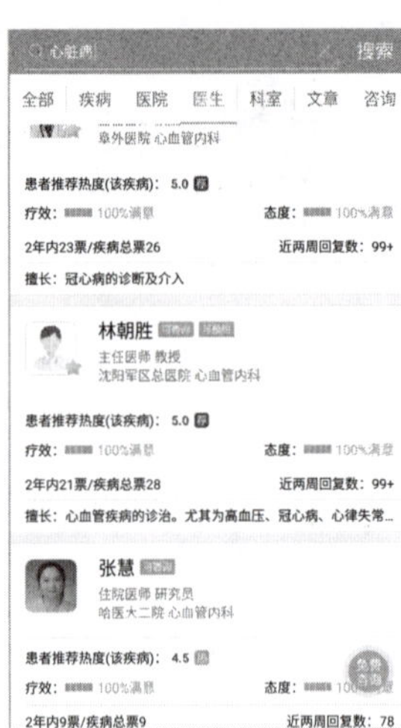

图 5-14　好大夫在线

“好大夫在线”在其手机端应用新增了 LBS 功能，这让患者找到好医生变得更简单，也使线上订单转换更加快速有效。它很好地打通了医疗服务的上下环节，进而从根本上简化了就医流程，提高了就医效率。

5.4　O2O 移动支付下的应用

随着移动互联网的发展，人们的消费习惯也发生了悄然的变化。许多个人或者企业都偏向于用移动端来支付。以支付宝、财付通为代表的拥有自有电商平台的在线支付企业逐步将在线支付的优势、产品形态以及用户移至移动端，表 5-1 为我国热门电子支付平台排行榜。

表 5-1　我国热门电子支付平台排行榜

网站名称	网　址	网站简介
支付宝	www.alipay.com	支付宝作为一个独立的第三方支付平台，它不仅可以为用户提供网上支付、手机支付等支付体验，还具有转账收款、信用卡还款等一系列生活服务功能
财付通	www.tenpay.com	财付通是由腾讯公司创办的一个在线支付平台，它的主要功能是为用户提供安全、便捷、专业的在线支付服务

续表

网站名称	网　址	网站简介
百付宝	www.baifubao.com	百付宝即百度钱包，它不仅为用户提供付款、缴费、充值等支付服务，同时也为用户提供“百度理财”等资产增值功能
易宝支付	www.yeepay.com	易宝支付是中国领先的独立第三方支付公司，是中国支付行业的开创者和领导者，2003 年 8 月由北京通融通信息技术有限公司创建
快钱	www.99bill.com	快钱是国内领先的独立第三方支付企业，主要业务是为各类企业及个人提供安全、便捷和保密的综合电子支付服务
中国电子银行网	www.cebnet.com.cn	中国电子银行网是由中国金融认证中心(CFCA)牵头，联合近 40 家商业银行创建的行业网站，它的业务特点是安全、放心
翼支付	www.bestpay.com.cn	翼支付是中国电信旗下电子商务公司推出的一项产品。天翼手机将公交卡、银行卡等多项应用相结合，实现全方位的移动支付服务
银联在线	www.chinapay.com	银联在线是中国银联打造的一个商务门户网站，它的主要功能是向用户提供安全、便捷、高效的支付服务
中国银联	cn.unionpay.com	中国银联在行业内最具权威性，它不仅为用户提供全方位的资讯与服务，而且可以实现信用卡免费跨行还款
网银在线	www.chinabank.com.cn	网银在线的主要功能是为各大企业的电子支付提供解决方案，为各类行业和企业提供安全、便捷的综合电子支付服务

5.4.1　支付宝：“公交卡移动充值”服务

支付宝是国内领先的第三方支付平台，它不仅为用户提供“简单、安全、快速”的支付解决方案，而且为用户提供了一些关于支付和理财的服务。支付宝的推出，不仅改变了用户的消费方式，也给用户的生活带来了许多变化。例如，8.1 版支付宝为用户推出的 NFC 公交卡充值功能，为用户省心不少。用户只需要把北京公交一卡通贴近具有 NFC 功能的安卓手机，就可以使用支付宝给公交卡进行充值，如图 5-15 所示。

图 5-15　支付宝钱包与公交卡充值

5.4.2　财付通+微信：线上微支付

微支付为腾讯旗下财付通的产品，与支付宝类似。微支付被镶入微信当中，用户绑定银行卡后可用于日常生活的支付，例如手机充值、转账等，如图 5-16 所示。

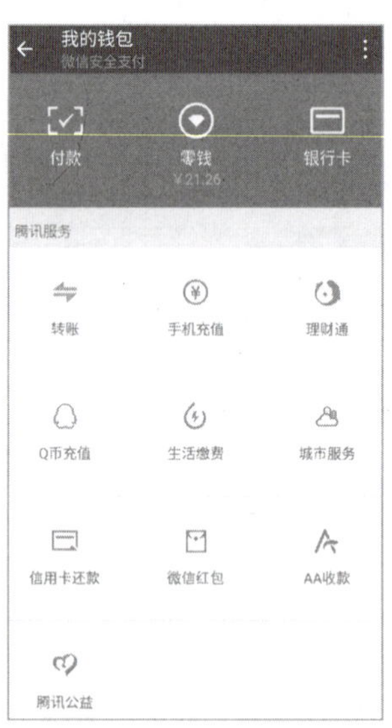

图 5-16　微信支付界面

5.4.3 百付宝：生活消费领域

百付宝致力于为消费者打造一个可以满足用户在线充值、在线支付、交易管理、生活服务、提现、账户提醒的钱包，如图 5-17 所示。

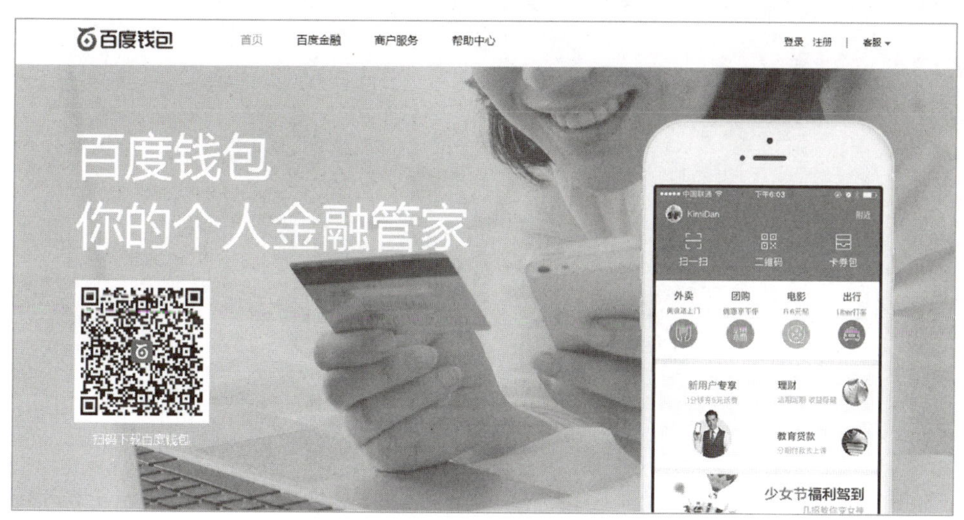

图 5-17 百付宝

百付宝主要提供超级转账、付款、缴费、充值等支付服务，具体分析如下。

1. 转账功能

目前，百付宝已连接了近 130 家银行，覆盖了除西藏外的全国其他地区。通过此功能，用户可直接完成转账、支付，并且无异地及跨行手续费。

2. 充值功能

目前百度钱包手机充值、网游充值等一直保持着全网最低价，而更多的其他各类商家的“优惠”将以“支付有优惠”、“优惠卡”等方式进行。

3. 积分功能

用户可凭借积分获取特殊权益，还可通过积分抵现的方式参与钱包和商户联合开展的活动，购买特价商品。

4. 理财功能

百度理财产品不仅收益稳健而且比较安全，用户可通过“百度钱包”购买百度理财平台上的多款理财产品，使资金实现增值。

5.4.4 终端 POS 机：支付行业新思路

POS 机是一种多功能终端工具，把它安装在信用卡的特约商户和受理网点联成网络，就能实现电子转账，如图 5-18 所示。

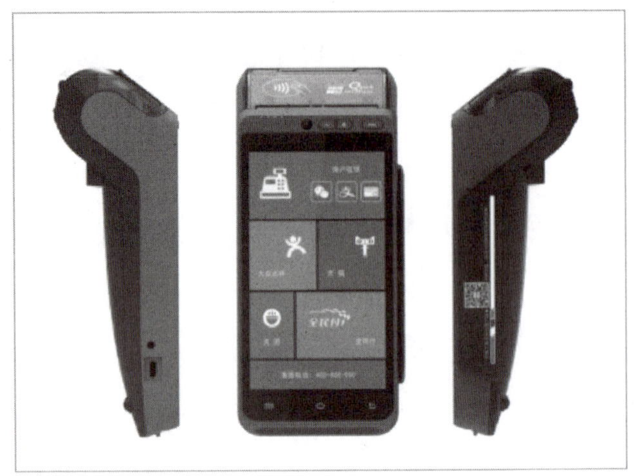

图 5-18 终端 POS 机

终端 POS 机为支付行业开拓了新的发展思路，这方面的成功案例主要集中在国外，国内企业想要利用终端 POS 机打造 O2O 闭环，需要在以下三个方面做出努力。

1. 培养消费者刷卡消费习惯，扩大覆盖范围

中国居民外出消费更多使用的是现金，刷卡消费对于大部分人来说没有硬性规定。这样，基于 POS 机去打造 O2O 闭环的群众基础并不十分牢靠。现今，申请 POS 机还是有一定难度的，对很多中国商户来说，这也是难以企及的。

2. 降低企业的合作门槛，减少企业升级成本

银联 POS 机占了中国 POS 机数量的绝大多数，而银联作为国家金融机构，本身较为强势。对大部分企业来说，与其进行合作的门槛太高。这就需要企业进行升级，但是，企业升级的成本也不低。

3. 提高从业者职业道德，方便消费者获取信息

虽然终端 POS 机在很多方面都存在优势，但是它也面临用户获取难度大和商户存在道德风险的问题。所以，从业者应该加强自身的职业道德，为用户提供方便的同时提高用户的信任度。

第 6 章

渠道建设：O2O 打通电商新动脉

学前提示

随着移动互联网的发展，传统行业纷纷转型 O2O 模式，致使全渠道营销成为电商发展的必然趋势。在这样的情况下，如何开辟 O2O 新道路对于传统行业的发展至关重要。本章主要向读者介绍各大电商在渠道建设方面的新做法，并对其渠道营销策略展开深入分析。

要点展示

- 实体店：O2O 渠道的构成与营销
- 传统电商：O2O 营销的主力战场
- 架构核心：O2O 线上线下相连接

6.1 实体店：O2O 渠道的构成与营销

实体店的 O2O 营销包括实体渠道分销和线上渠道直销两部分，要想进一步打开渠道业务就要从它的渠道建设入手。然而，能不能进行 O2O 渠道营销取决于是否进行要素融合、双向开放、品牌融合这三个方面。下面对这三个方面进行图解分析，如图 6-1 所示。

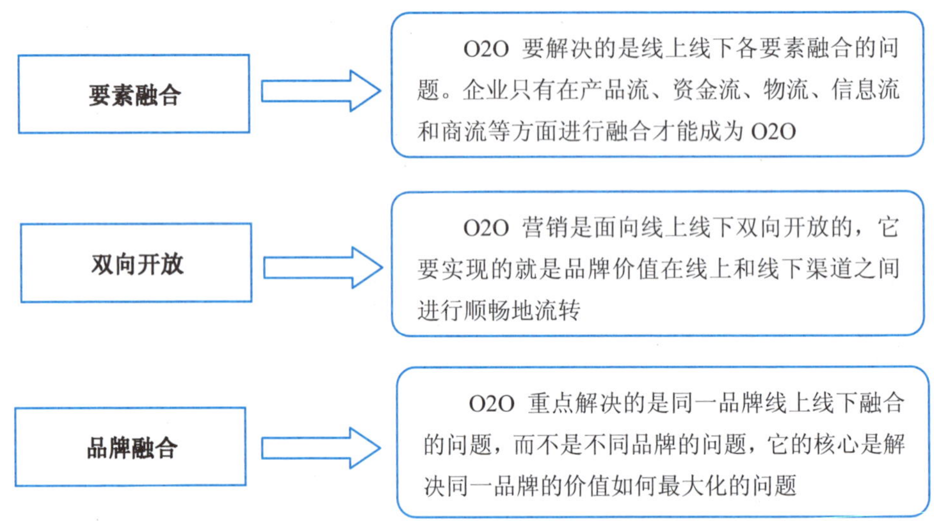

图 6-1 实体店 O2O 营销的三个方面

6.1.1 成效显著：服装行业 O2O 模式分析

随着电子商务的迅速发展，许多服装行业也开始试水 O2O 模式，并且取得了显著的成效。那么，服装行业是怎样运营 O2O 模式的呢？下面以优衣库、绫致时装和美特斯邦威为例对服装行业的 O2O 模式进行简单介绍。

1. 优衣库：门店模式

门店模式是指**把门店作为 O2O 的核心，强调 O2O 为线下门店服务的工具性价值，O2O 主要用来为线下门店导流、提高线下门店销量。**优衣库一直以门店为核心，走实体渠道营销模式，它主要为线下门店提供服务，进而帮助线下门店提高销量。优衣库 O2O 营销主要有以下 3 个特点。

- 线上以互动为主线展开营销。
- 线下加强实体店铺设，推广 App。

- 线上线下融合，O2O 模式深得用户心。

2. 绫致时装：私人定制模式

私人定制模式是指品牌商与消费者之间建立起长期的联系和无缝沟通，利用各种 App 优势，结合自身进行融合式的创新，为用户提供个性化的服务和体验。

具体来讲，品牌商可以根据消费者的消费记录有针对性地向其推送商品或优惠信息，消费者也可以向品牌商提出自己的个性化需求。私人订制最大的特点是品牌商会为消费者提供一对一的专人服务，满足消费者对服装品牌的“私人定制”需求。绫致时装可谓是私人定制模式的代表。

3. 美特斯邦威：生活体验店模式

生活体验店模式是指品牌商在优质商圈建立生活体验店，为消费者提供更便利的生活服务和消费体验，以实现线下用户向手机 App 的转化。

虽然美特斯邦威的生活体验店已得到了很好的发展，但是其 O2O 的具体模式还在测试之中，并在为进一步加强移动网购、互动和会员体系做准备。

6.1.2 思路创新：餐饮行业 O2O 模式分析

自从 O2O 模式风暴席卷餐饮行业之后，懒人经济模式也以燎原之火的速度飞快蔓延。餐饮 O2O 模式飞速发展与移动互联网的爆发式增长、移动支付习惯的养成有着密不可分的关系。然而，餐饮 O2O 模式也有自身的法则，如图 6-2 所示。

图 6-2 餐饮 O2O 的法则

6.1.3 宣传广泛：酒店行业 O2O 模式分析

随着 O2O 模式在电商行业的普遍发展，酒店业也借势大行其道，对自身展开广泛宣传。下面以 7 天连锁、华住酒店为例，对其进行简单介绍。

1. 7 天连锁

7 天连锁酒店是中国经济型酒店行业的第一品牌，选择用技术构建强大的会员体系来优化线下服务，在战略、实践等方面有其独到之处。下面对其进行图解分析，如图 6-3 所示。

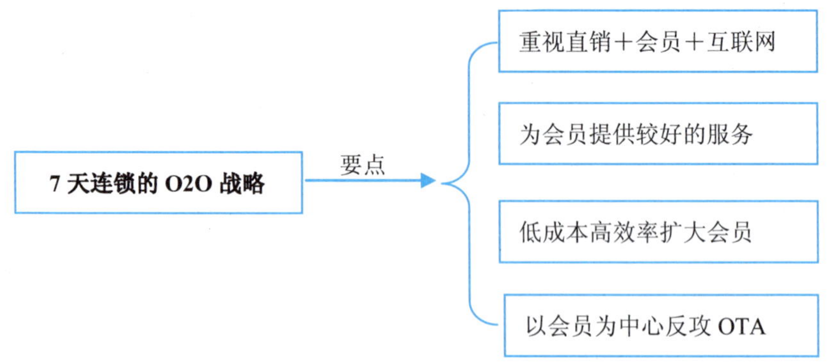

图 6-3　7 天连锁的 O2O 战略

2. 华住酒店

华住酒店在业内主要发展自助选房、自助入住、零秒退房等移动服务。华住酒店不仅打入天猫商城等各大电商平台，也积极地利用官网、微博、微信、App 等进行营销，甚至部署了门店无线网络等。华住酒店预订界面如图 6-4 所示。

图 6-4　华住酒店预订界面

6.1.4 市场广阔：化妆品行业 O2O 模式分析

化妆品行业一直是消费品行业的佼佼者，各大品牌也一般都拥有固定的消费群体。在移动互联网的推动下，化妆品行业也借势 O2O 模式进一步打开消费市场。下面以欧莱雅为例，对其营销策略进行图解分析，如图 6-5 所示。

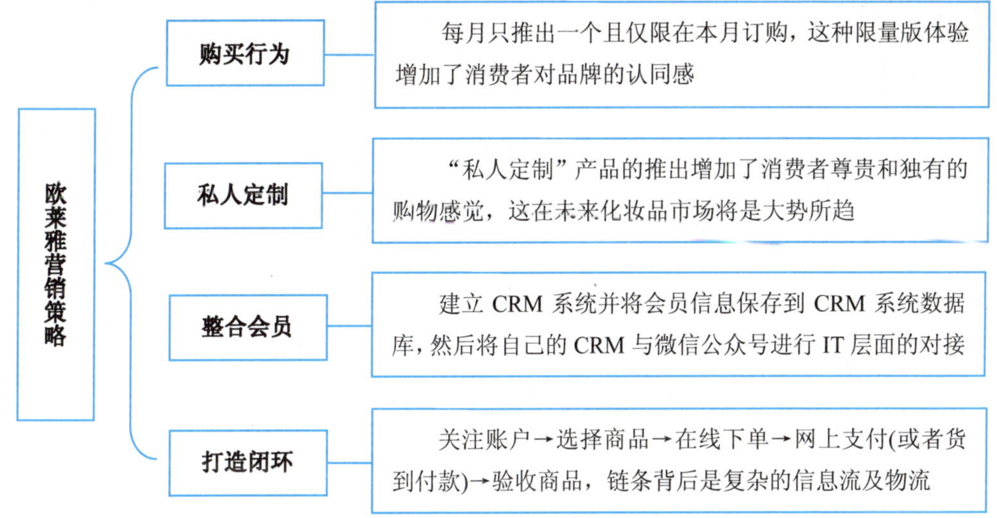

图 6-5 欧莱雅的 O2O 营销策略

6.2 传统电商：O2O 营销的主力战场

随着移动互联网的发展，电商行业不断发展壮大，传统电商纷纷转型 O2O 模式，成为 O2O 营销的主力。本节主要对传统电商转型 O2O 模式进行分析。

6.2.1 深度解读：传统电商转型 O2O 模式

对 O2O 模式的营销进行深入学习之前，先要了解 O2O 模式的概况。

1. 传统电商转型 O2O

传统电商进行 O2O 转型，需要在明确自身优势和短板的前提下，完成以下几个方面的重构，把握机会完成转型。

- **思维方式重构。**必须用互联网的思维改造企业经营过程中的每一个环节。用互联网的思维方式去衡量将要发展的一切业务，不要过分关注眼前利益。

- **业务模式重构。**从广义上讲，O2O 模式完全可以涵盖 B2B、B2C、C2C 等模式。其本质是把线下的交易活动搬到线上执行，进行业务模式的重构。
- **产业链重构。**产业链的重构在这里不是指要抛弃原有的产业链，而是要用互联网思维对其进行改造，以适应企业自身的转型。

2. O2O 电商的特点

电商是一个不断发展变化着的概念，与传统商务形式相比，电商有以下几个特点，如图 6-6 所示。

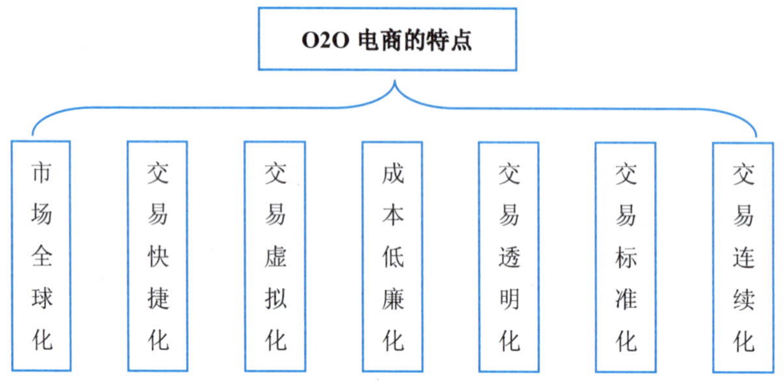

图 6-6　O2O 电商的特点

3. O2O 电商的功能

众所周知，电商是可以为用户提供网上交易和管理等全过程服务，那么它具体有哪些功能呢？下面对其进行图解分析，如图 6-7 所示。

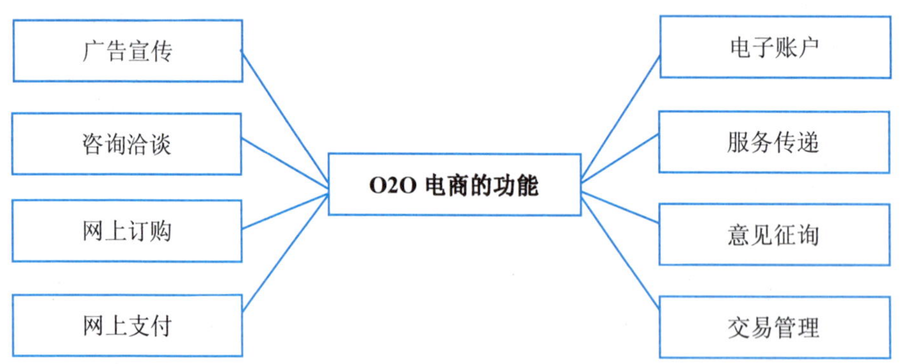

图 6-7　O2O 电商的功能

6.2.2 数据融合：零售行业 O2O 模式分析

随着 O2O 业务的不断推进，线上和线下的融合将更加深入，特别是线上线下的数据融合，将会使 O2O 企业获得比纯网络零售企业更丰富的数据积累，为企业的发展提供数据基础，进一步促进零售行业的发展。下面以沃尔玛为例，对 O2O 零售行业进行简单介绍。

从 1996 年沃尔玛网店上线到目前借移动应用积极布局 O2O，沃尔玛一路披荆斩棘，乘胜追击，成为零售行业中的佼佼者和电商发展的代表之一。总结起来，沃尔玛的电商之路可分为以下 4 个阶段。

1. 独立运营阶段

实体店与 B2C 独立运营，线上线下互不干涉，整个在线零售市场还处于起步阶段、规模较小。

2. 互动转化阶段

线上线下在物流协同方面实现初步合作。沃尔玛在电子商务和自身线下优势资源之间找到结合点，为此专门设立了全球电子商务部门。

3. 融合发展阶段

此阶段借移动应用转型 O2O，实现线上线下深度融合。通过移动端的技术应用实现线上线下的协同，提高用户跟实体店互动的体验、服务和营销。

4. 高峰布局阶段

沃尔玛将重点转移到 O2O 移动线上平台，此举措在完善营销推广的同时，也方便了用户快捷支付。

6.2.3 高效发展：旅游行业 O2O 模式分析

随着移动互联网的发展，O2O 模式早已深入电商的各个领域，并且为各领域的发展带来了新的契机。其中，旅游行业也加入了 O2O 大战，许多企业在这场厮杀中大获全胜。下面以携程和途牛为例对其进行简单介绍。

1. 携程旅行网

携程的在线度假产品以自营为核心，平台引入优秀供应商的差异化产品以增加丰富度，这就决定了产品的品质和差异化程度是在线旅游厂商的核心竞争力。除了深耕产业链提升产品壁垒之外，携程通过一系列并购，打造了一个强大的旅游 O2O 生态圈。

2. 途牛网

途牛网只做旅游路线并对这一细分市场进行精耕细作，应用互联网优势整合旅游产业链，通过呼叫中心与业务运营体系服务客户。在携程等旅游业龙头早已占领大片市场的之时，途牛通过获取线上流量、提升用户线下体验、保证服务质量的方法为自己赢取了发展机会。

6.2.4 互惠互利：租赁行业 O2O 模式分析

租赁行业已从信息型平台转化到服务型平台，它是将租房与服务结合并切入到交易的过程。下面以“自如友家”和 Airbnb 为例，对其进行简单介绍。

1. 自如有家

“自如友家”专注于在产品、服务、O2O 三个方面提升用户体验，为用户提供高品质的产品以及超标准的服务。让用户能够更高效地找房，更自如地居住，其网页如图 6-8 所示。

图 6-8　自如友家网页

2. Airbnb

Airbnb 是一个旅行房屋租赁社区。用户可通过网络或手机应用程序发布、搜索度假房屋租赁信息并在线完成预定，其网页如图 6-9 所示。

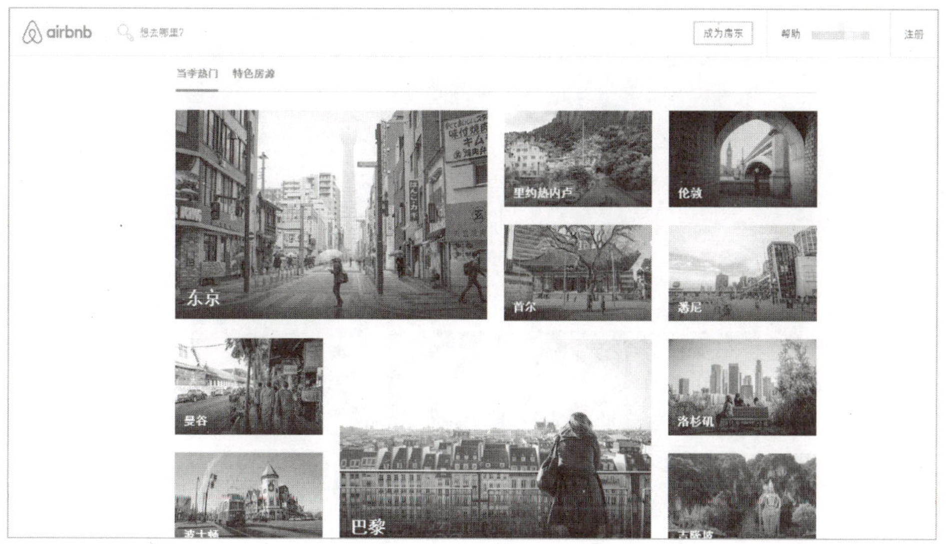

图 6-9 Airbnb 网页

6.2.5 破茧化蝶：美妆行业 O2O 模式分析

近几年，随着经济的发展以及人们消费观的改变，美妆行业逐渐被越来越多的人看好，其市场年规模已突破 8000 亿大关。下面以聚美优品和 StyleSeat 为例，对其进行简单介绍。

1. 聚美优品

聚美优品线下旗舰店分为香水销售区和护肤品、彩妆区两层，消费者在聚美优品的旗舰店不仅能够当场购买所有的产品，而且扫描二维码后还能获得某些优惠或奖励。

聚美优品在 O2O 宣传推广中具有以下三大优势。

- 线上线下结合，能够更好地增进用户体验。
- 品牌形象好且知名度高，能够增添消费者购物信心。
- 便于拓展旗下产品销售渠道，拓宽产品消费者范围。

但是，由于聚美优品门店的整体运营都是与线上分开、互为独立的，在宣传推广中也会产生投入成本不可控，运营风险大等问题。

2. StyleSeat

StyleSeat 是一家主打美容预约服务的公司，专为商家提供营销增值服务，比如邮件营销、客户管理等，如图 6-10 所示。

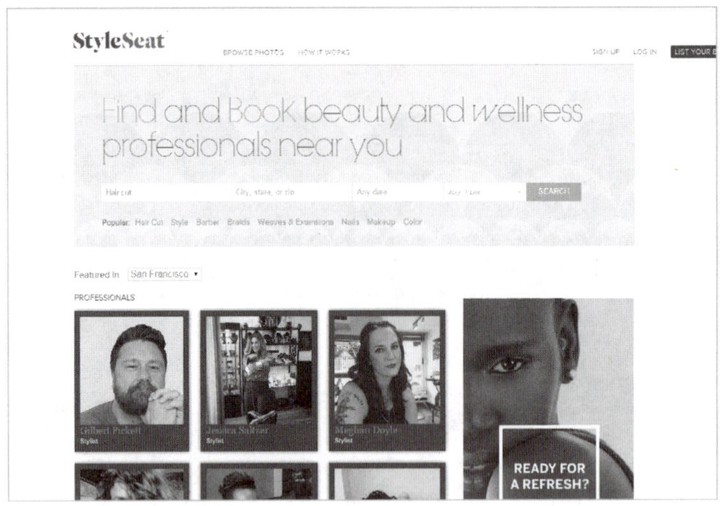

图 6-10　StyleSeat 的网页

StyleSeat 网站会清楚地标记发型师的特长、服务项目的价格甚至评价和效果照片等信息，顾客在网站上可以浏览各地沙龙并且根据具体位置找到发型师，并与其进行预约。

6.3　平台应用：App 与微信主要渠道

许多电商为发展 O2O 模式，利用各种平台展开营销大战，比如各种 App 软件、微信公众平台、微博等。本节主要以 App 和微信公众平台为例，对 O2O 的线上线下进行具体分析。

6.3.1　App 营销：开发专属 App 软件

App 软件是 O2O 里特别重要的一个环节，尤其是能与微信营销、社区便利店等平台进行互动。App 的作用不可小视，要将 App 营销融会贯通，必须了解 App 的模式。App 的模式分为三种，分别是广告模式、购物模式、用户参与模式。下面对这三种模式进行具体分析。

1. 广告模式

广告模式指的是指商家在 App 上面投放广告，通过用户的点击就能进入企业的广告页面。在 App 上面投放广告能够有不错的效果。

随着移动互联网的发展，消费者逐渐习惯使用移动客户端进行消费，App 广告也因其优势受到营销界的重视，如图6-11所示。

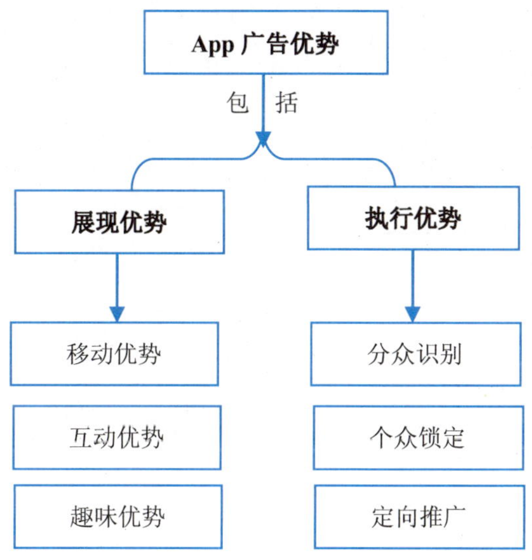

图6-11 App的广告优势

2. 购物模式

购物模式是将购物平台做成App，然后放到手机里，供用户免费下载。比如手机淘宝、手机天猫、手机蘑菇街等。一般下载App会有很多福利，比如下载当当的App，首单返10元现金，第二单返5元现金，如图6-12所示。

图6-12 下载当当App

3. 用户参与模式

这种营销模式需要用户有一种主动参与感，主动去搜索、下载企业的App，并注册成为会员。该模式具有很强的实用性，能够让用户主动去了解企业的产品信息，提高产品的曝光度，具有软性广告效应。企业或商家要想扩大用户量，增加更多的潜在消费者，就要想办法提高用户的参与度。下面对提高用户参与度的方法进行图解分析，如图 6-13 所示。

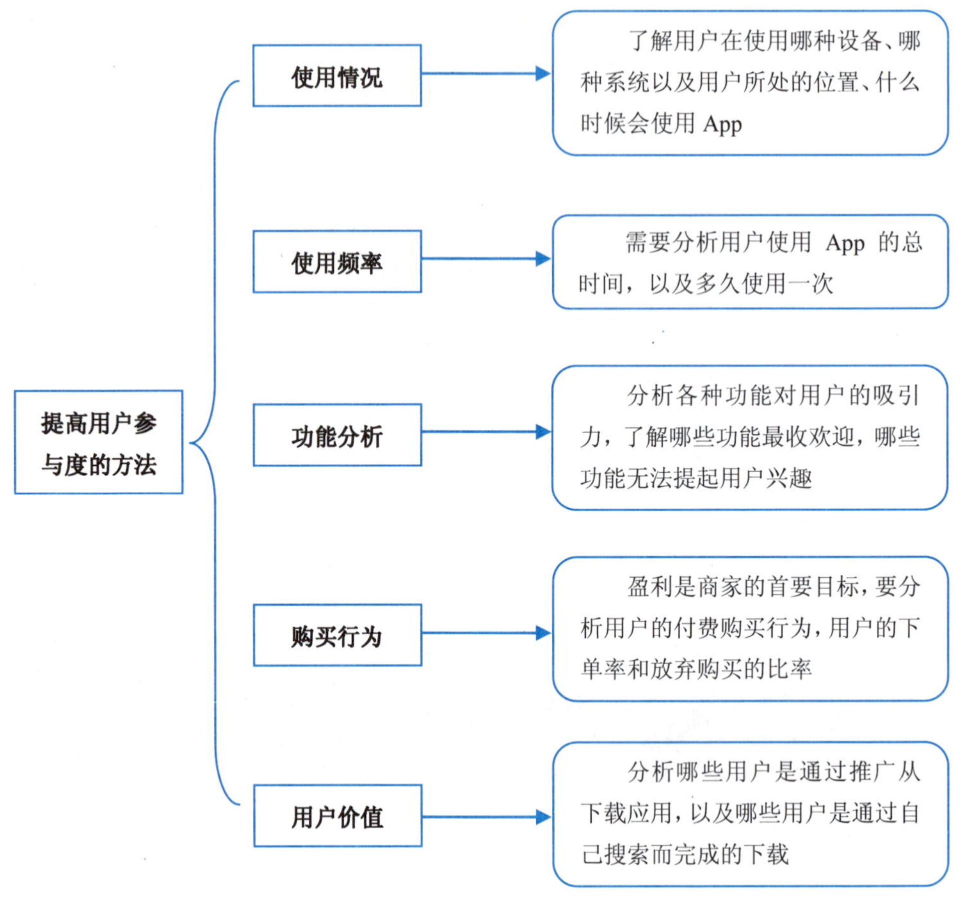

图 6-13　提高用户参与度

随着移动 4G 时代的到来，手机已实现大部分的 PC 端操作，这就无形中增加了大量的手机用户，用户对移动电子设备的依赖性也越来越强。从电商发展的角度来看，App 的运用也在 O2O 模式的运营中变得至关重要，商家可以通过独立的 App 进行商品的销售，满足用户的需求，进而形成良好的互动关系。

App 主要分为以下五大类，如图 6-14 所示。

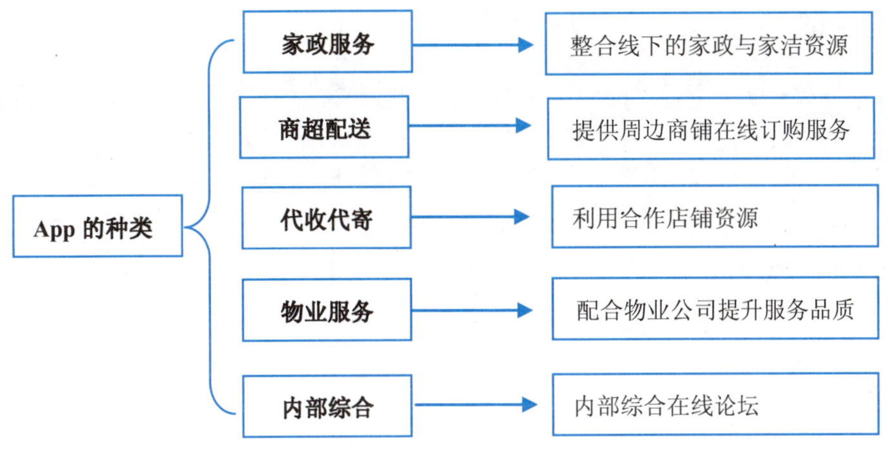

图 6-14　App 的种类

如今，社会发展的速度越来越快，人们的工作压力也越来越大，对于家政卫生方面来说，难免会觉得累，不想做，于是就衍生出了家政服务，进而涌现出了一大批家政 App。下面对家政 App 的功能与特色进行简单分析，如图 6-15 所示。

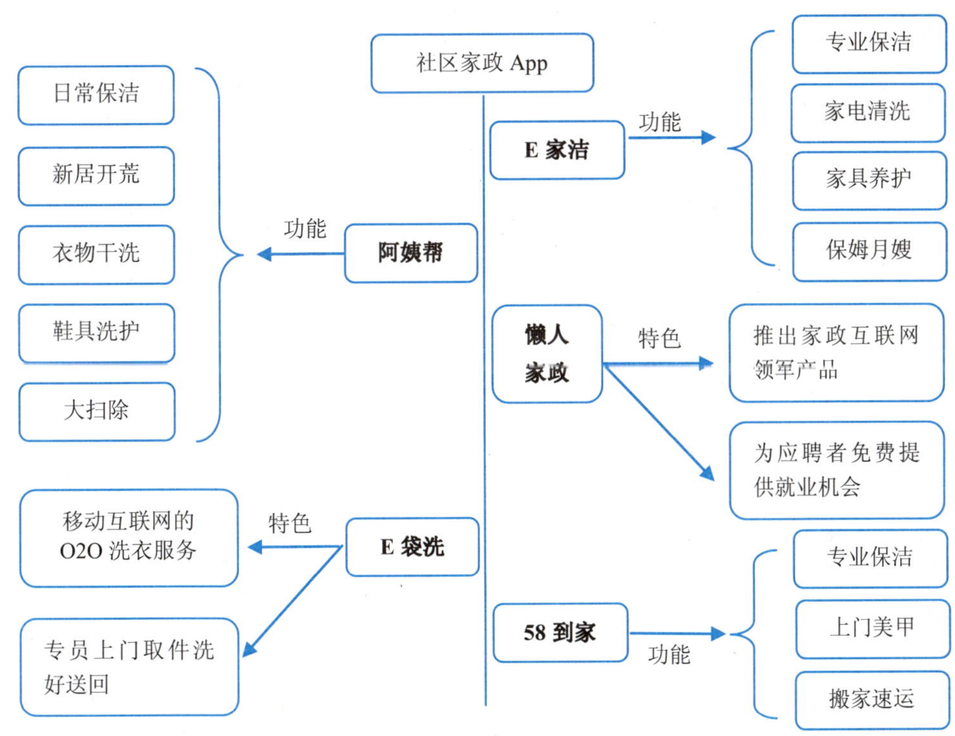

图 6-15　家政 App 的功能和特色

6.3.2 微信营销：建立微信公众号

微信公众号是一个很好的营销工具，在实现 O2O 的进程中，建造一个微信公众号是十分重要的。在微信公众号的运营中，要把握好用户的需求，掌握运营实战的策略。下面对微信公众号的运营、推广方法进行图解分析，如图 6-16 所示。

图 6-16 微信公众号运营、推广的方法

O2O 不仅仅是做餐饮、商超、生活服务送上门这样的服务，但不应只加入线上社交，而是需要加入多方的互动元素。以“考拉先生”为例，该企业的三项主营业务是物业服务、电商交易、小区社交，旨在增加用户黏性，打造用户与商户之间的互动连

接，如图 6-17 所示。

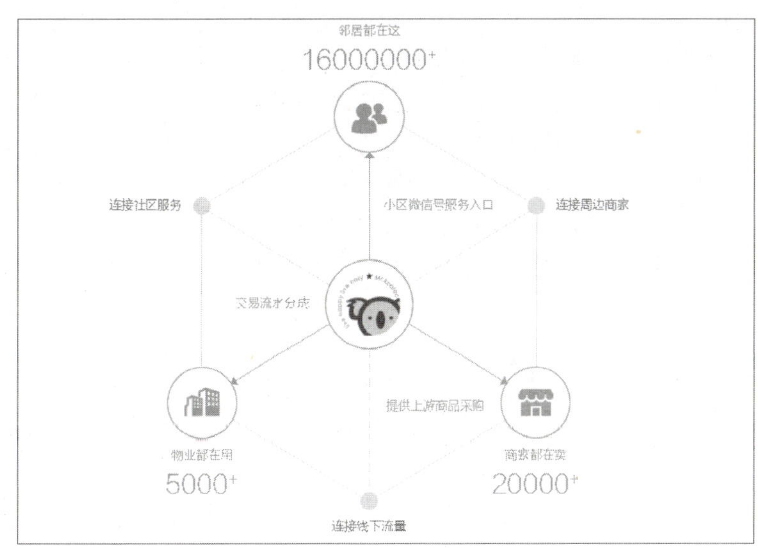

图 6-17 “考拉先生”的 O2O 模式

考拉先生的特色是定期举办类似展销会的考拉集市——为商家举办的线下展销活动，以此解决线上获客的问题。下面对“考拉先生”与微信的结合模式进行图解分析，如图 6-18 所示。

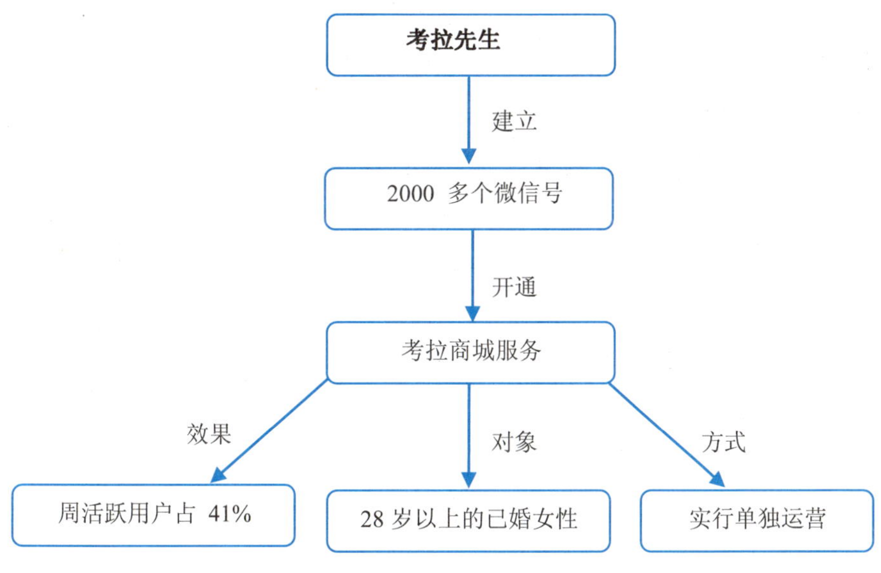

图 6-18 “考拉先生”结合微信

用户可以选择不同的支付方式来进行线上付款，比如微信支付和考拉钱包等。社区的用户如果用不惯微信支付，可以在商家处购买充值卡，让用户像充话费一样充值考拉钱包，并提供优惠补贴。

社区和商城是有机结合的，考拉先生还为商家做了 App“考拉商圈”，除了传统的店铺管理、消息功能，还开发出了“邻居都在买”板块，可以让商家看到用户在买什么、在参与哪些活动，进而促进用户的购买。

同时，商家可以在此报名参加秒杀活动、我要上头条活动、举办考拉集线下展销活动，以此来吸引用户，增加人流量。“邻居都在买”、“发现商机”、“我的店铺”界面如图 6-19 所示。

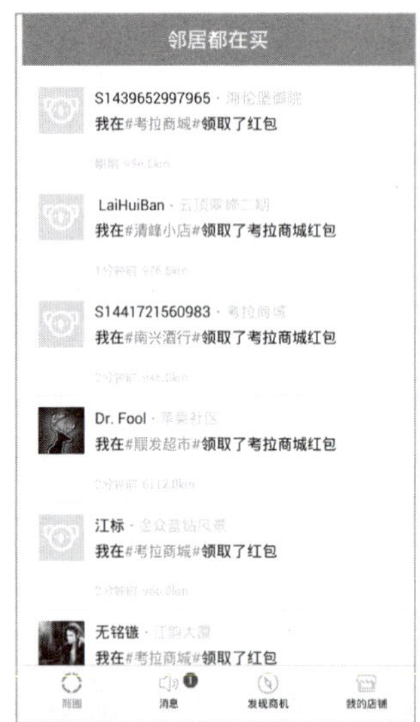

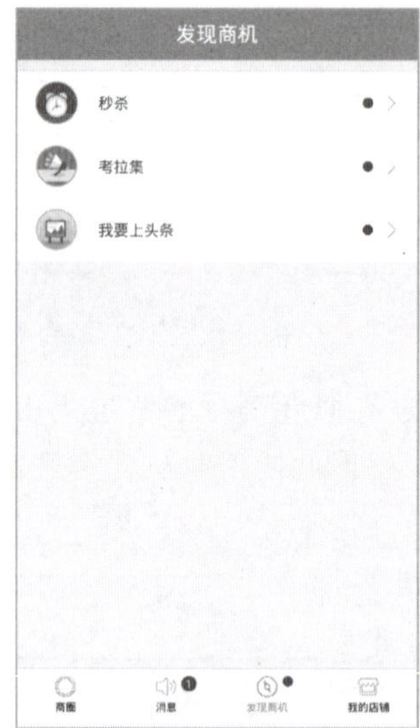

图 6-19 “考拉先生”商圈界面

第 7 章

用户体验：O2O 消费体验新角度

学前提示

随着电商的发展，O2O 早已变得无处不在，外卖、淘宝、团购等都已离不开它。可以说，O2O 已深入到人们生活的方方面面。无疑，O2O 模式不仅给商家带来了机遇，也给用户带来了全新的消费体验。本章主要从用户的角度介绍 O2O 的消费体验，读者可以带着自身的体验来学习本章内容。

要点展示

- ▶ 消费体验：开创以人为本的 O2O
- ▶ 线上线下：打造消费体验的核心
- ▶ 社区 O2O：服务“最后一公里”

7.1 消费体验：开创以人为本的 O2O

不管你所在的行业是什么，消费体验都是非常重要的，每个与人打交道的点都会和体验挂钩。在这个体验经济的时代，卖什么都是在卖体验，所有优质体验都来自“以人为本”，O2O 也不例外。

7.1.1 无所不在：消费体验的内容分析

消费体验是一份人对人的责任，这份责任，通过消费体验的过程、服务体现出来，并影响着电商(网店)或传统企业(实体店)的经营。**消费体验是指企业以服务消费者为主要形式，将商品与消费者联合起来，使消费者参与其中，体验商品性能或服务水平的活动。**

O2O 的消费体验与一般的消费体验有所区别，它是一种偏向购物前的体验，消费者可以通过自己的亲身体验来了解产品或服务的质量及售后带来的价值。这样就可以避免被不法商家欺骗误导，或者购买到不适合自己的产品。O2O 给消费者带来的体验如下。

1. 提供高效的沟通体验

商家一定要重视为顾客创建吸引人的、高效的沟通体验。创建沟通体验的每一个步骤都要把顾客列入考虑范围。重视顾客的售前体验是更好地开展 O2O 业务的关键。

2. 进行店面的交通疏导

店面的交通疏导可以说是一种责任心，它也不是什么难事，只要细心就可以做到。作为商家，要意识到店面交通疏导的重要性。在线上的店铺里，商家应该做一份街道示意图，不同方位的路线一定要细化、精准、明了，线下店铺的街边可以定制导向牌，以方便顾客前来购买。

3. 展现顾客的第一印象

顾客对商家店面形象、布局的第一印象非常重要，有时候，顾客的第一印象很大程度上决定了他是否会产生进店购买的欲望。因此，店铺的装修风格要让顾客眼前一亮，能看出此店铺经营的是什么商品，有什么特色项目。

4. 拥有真诚的顾客接待

线下接待顾客的关键点之一是顾客的精确管理。其实，线上的接待使消费者已经容纳进来了，消费者到店的目的是想确认实体店的商品是否与网上看到的商品一致而非加深体验的价值，所以商家要做的就是保持线上线下信息的对称性。

7.1.2 价值传播：消费体验的类型分析

在体验营销传播的过程中，商家通过企业特有的标志、独具风格的装修等媒介，努力营造的氛围、精心设计的产品及服务传播自己消费价值，最终通过消费者的消费体验将这种消费价值传播开来。**根据体验营销对消费者影响的程度高低，消费体验可以分为感官体验、情感体验和文化体验3种。**

1. 感官体验

感官体验，是指消费者通过各种感官刺激感受到的体验。它是让消费者在使用产品和享受服务的时候得到感官上的愉悦，是让消费者产生难忘回忆的第一步，也是产生体验的初级阶段。

2. 情感体验

情感体验是指消费者对客观事物是否符合自己需要而产生的一种主观体验。与由感官刺激产生的情绪不同的是，情感卷入深入消费者的心灵，会更持久、稳定和深刻。体验消费不能仅仅把诉求点放在产品本身上，还要将对消费者的关怀与产品利益点完美结合。只有将消费者的情感诉诸产品本身，才能获得消费者的共鸣。

3. 文化体验

对于文化体验，消费者的感受远没有感官体验来得刺激，也没有情感卷入来得真切。但是，它却让消费体验与社会文化紧密地联系在一起，并对消费者的选择和观念产生了巨大的影响。**文化体验是消费者卷入消费体验之中的高级阶段。**

7.1.3 新旧对比：消费体验的变化分析

各大电商纷纷转型O2O之后，消费者的消费习惯发生了巨大的变化，其消费体验相对于传统的体验来说有很大的不同。传统的消费体验包括买食品时的“先尝后买”，买衣服时的先试穿，买家电时的先试用等，它多指的是试用体验。但是，O2O模式带来的新的消费体验则是在此基础上加入了更多的消费元素。比如，现在有很多家居用品体验馆，高档电器、奢侈品的体验中心，这些体验中心为消费者提供的就不仅仅是试用体验，还有全方位的享受、服务体验。

这种新的消费体验，一般都会让顾客以体验的形式去选择自己喜欢的产品，进行理性的消费。这种新的体验营销方式的改变不但符合消费者的消费心理，而且也会真正地给消费者带来体验消费的乐趣。

7.1.4 特色探究：消费体验的特点分析

由前面的内容可知，O2O 模式的消费体验较之以往传统的消费体验，有很大的不同，消费者从消费心理到消费行为都发生了很大的变化。本小节从 7 个角度对其特点进行阐释。

1. 利用情感：力争与消费者产生共鸣

消费体验的情感化是指消费者逐渐开始寻求内心的想法，它要求商家的产品、服务要与消费者的心理产生共鸣。下面以星巴克为例，对其进行具体分析。

星巴克在不断的探索中做出了众多改变以适应自身的发展，具体措施主要包括以下 3 个方面。

- 星巴克合理利用社交网络，进行线上品牌推广，进而推动线下消费，实现消费方式的转化。
- 星巴克开通网上社区服务，鼓励消费者进行线上反馈，然后通过统计反馈数据来改善线下服务。
- 星巴克通过调查得知其主要的消费群集中在 25 岁到 40 岁之间，并且很多人都喜欢带笔记本。星巴克抓住这一小切入点，通过提供免费网络以及免费的上网服务来吸引线下消费。

至今，星巴克通过移动互联网采取的措施吸引并影响了越来越多的消费者，具体措施如图 7-1 所示。

图 7-1 星巴克营销的措施

专家提醒

通过以上措施，星巴克已将自身品牌推广到世界各地，并且拥有了良好的口碑，这就为其进一步扩大营销做好了准备，读者可从中加以借鉴。

2. 彰显个性：展现消费者独特的个性

消费体验的个性化主要表现在消费者在消费体验中更加追求个性，更加希望彰显自己个性的一面。目前，所有产品或服务的个性化日趋增强。其中，链家是重视消费者个性化体验的典型，它在线为客户提供的优质体验主要体现以下几个方面。

- **找房的渠道。**为了让客户找到合适的房源，链家网站为客户提供住房信息的同时也提供相应的功能和服务。链家网发布的房源信息真实可信，这就从一定程度上避免了房源障碍。
- **360 度的全景房源。**链家为客户提供了 360 度的全景图，并且附以小区各方位的信息，客户通过这个虚拟的全景就可以了解房子的相关信息。链家甚至还为客户提供室内的 360 度信息，客户不用走进房子里面就可以了解房子内部的全部信息，包括一些小的细节。显然，链家提供的这个 360 度全景图可以帮助网上找房的客户做出很好的判断。
- **地图配套服务。**客户通过链家提供的地图配套功能能够更好地了解房源所在的位置，包括小区所在的交通位置、地理环境等，通过地图帮助客户找到适合的房子，如图 7-2 所示。

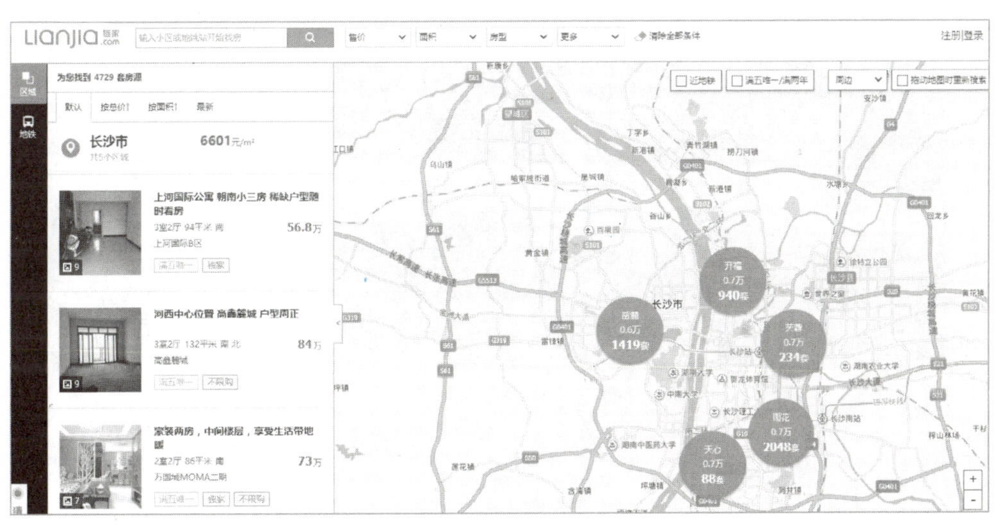

图 7-2　链家地图配套

- **真实房源，如你所见。**链家网为客户提供真实房源并不是嘴上说说而已，在其官网上专门设有这样一个版块，并标以“真实在售，真实图片，真实价格”，客户只要输入房源编号就可以查询真伪，如图 7-3 所示。

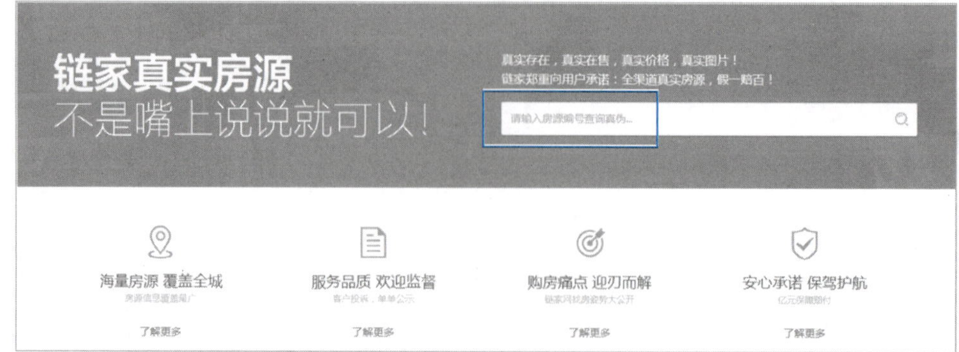

图 7-3　真实房源搜索

- **分类房源。**顾客在看房时最先考虑的一般都是房子的面积和价格，除此之外，很多人还会考虑是否靠近学校、靠近地铁。这样，学区房、地铁房便应运而生了。链家抓住了客户的这一购房心理，为顾客提供了找学区房、地铁房、二手房等的入口，如图 7-4 所示。

图 7-4　分类房源信息

- **客服在线服务。**链家推出了“链家帮帮”为客户提供在线服务功能。客户不一定要打电话和经纪人联系，在互联网上就可以与客服进行沟通。客户对房子的需求，在看房中遇到的问题、困惑，或者是建议，都可以通过在线服务与客服进行沟通，如图 7-5 所示。

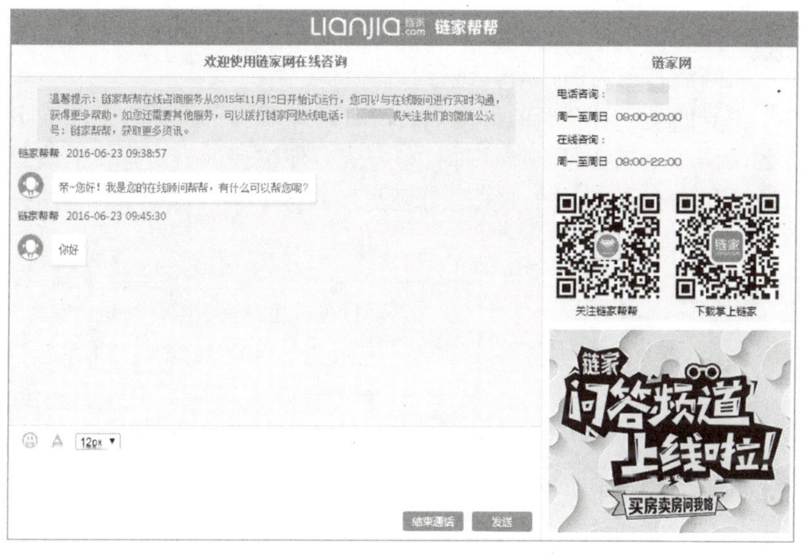

图 7-5 链家帮帮对话框

- **掌上链家。**“掌上链家”是由链家地产推出的手机客户端。它是在众多直营连锁门店和专业房地产置业顾问及支持团队为服务保障的基础上发展而来的。用户可注册账号关注房源动态、获得卡券等，如图 7-6 所示。

图 7-6 掌上链家

3. 重视过程：让消费者亲自体验营销

消费体验的过程化是商家从注重产品或服务本身向注重消费者体验过程的转化。

消费者也开始注重自己的消费过程，积极地参与到商家的营销当中，亲自体验其产品或服务。下面以滴滴打车为例，对其进行具体分析。

滴滴打车倡导的是一种全新的、优雅的生活方式，用户只要在其 App 上叫车，几分钟内附近的滴滴车辆就会赶到。这种打车方式方便快捷，一定程度上改变了人们的出行方式。滴滴用户有 3 种叫车方式，分别是屋内打车、语言打车、预约打车，下面对其进行具体分析，如图 7-7 所示。

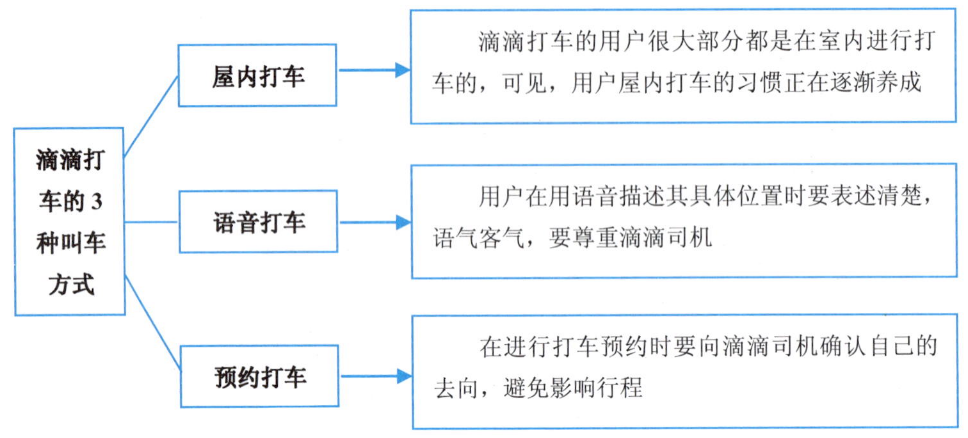

图 7-7　滴滴打车的 3 种叫车方式

4．进行互动：让消费者参与产品设计

商家让消费者参与到产品的设计中来，利用消费者体验后给出的建议设计出让人满意的产品，这就是消费体验的互动化。这种互动化包括社交互动、人与人互动以及人与品牌互动。下面对这 3 种互动进行具体分析。

- **社交互动。**社交互动是 O2O 的第一个阶段，只有利用微信、微博等建立社交互动以后，商家才能与消费者建立初步关系。如果你不先建立商家与消费者之间的信任关系，很难直接进行 O2O 的价值转化。
- **人与人的互动。**人与人之间的互动主要表现在导购与消费者之间。商家一般会设计导购的聊天场景或者微信小号与消费者进行互动。消费者一般都会在与导购一对一沟通后才决定要不要购买该产品或服务。
- **人与品牌互动。**人与品牌的互动建立在人与人的互动基础之上。要将人与人的互动转化为人与品牌的互动，树立拟人化的品牌形象是关键。此时，很多企业都会设计出可以代表公司形象的公仔动漫，或者是适合的小礼品。

5．绿色环保：提高消费者的生活质量

消费体验的绿色化是在社会不断发展，消费者的个人素质不断提高且消费观念不

断改变的基础上形成的。消费者不再一味地追求物质享受，而是开始注重生活质量，关注绿色环保，以及健康消费。茶产品“乡里乡亲”是绿色环保企业的代表，它秉承着为用户负责的态度，对产品进行严格要求，其产品包装如图 7-8 所示。

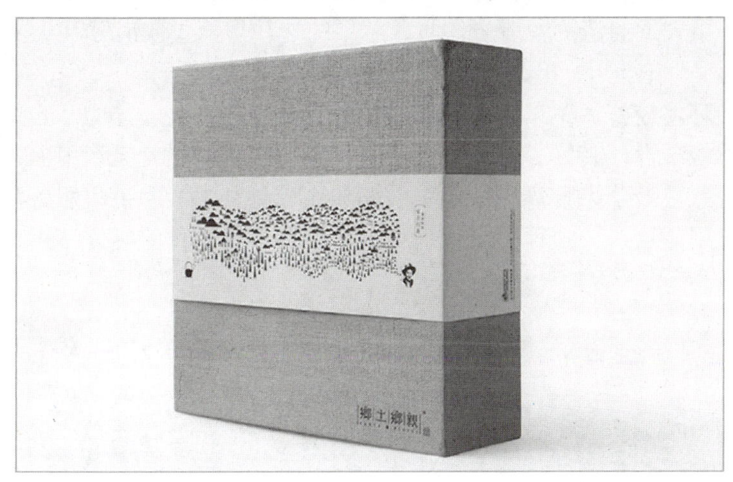

图 7-8　茶产品“乡里乡亲”包装

6．融入文化：培养消费者的文化修养

消费体验的文化性是指消费者开始自觉接近与文化相关的产品或服务，报班学习相关课程以扩大自己的知识构成和文化修养。极客学院就是一个瞄准 IT 从业者继续学习职业技能需求的 IT 职业在线教育平台，其网站的主界面如图 7-9 所示。

图 7-9　极客学院的网站主界面

7. 美感体验：注重消费者的心灵感受

消费体验的美感性是从消费者的心灵感受这一层面来说的，消费者从产品或者服务的体验中，感受到那种来自体验的美。苹果直营店就为用户带来了这种美感性的体验，进而吸引了大量的消费者前去体验。苹果的这种体验式营销可以从以下 3 个方面进行分析。

- **体验环境较好。**苹果直营店的设计风格在全球都是一样的。它们全部由美国总部统一设计装修。店里宽敞明亮，干净优雅，这就无形中保证了店面形象的一致性。苹果直营店里还有明确的区域划分，其中销售服务和售后服务专区专用，这在一定程度上保证了用户拥有良好的体验度。苹果直营店，如图 7-10 所示。

图 7-10　苹果直营店

- **购物流程便捷。**在苹果直营店里，消费者可以体验到便捷的购物流程。消费者不仅可以用“Easy Pay”设备进行付款，免去排队等候的麻烦，而且有专门的“On Point”人员递送发票，并带领消费者去私人设置区域，由 Creative 给予机器操作上的指导。
- **员工管理人性化。**苹果直营店之所以做得好，与公司对员工的人性化管理是分不开的。苹果直营店内销售人员的薪资是固定的，他们的主要职责是给予用户指导，注重用户的体验。作为销售人员，其工资不与业绩挂钩，这样的情况在国内的任何行业都是少见的。

不仅如此，苹果公司还非常尊重员工，对员工提出的建议都会进行研究考虑，对已采纳的建议，员工可以通过执行进度表来了解落实情况。然而，对那些未接纳的建议苹果公司也会给出相应的解释。正是这种人性化的员工管理制度，使得员工能够感受到强烈的被尊重感。这样，员工就更加愿意发挥他们的聪明才智，积极主动地为公司效力。在这一点上，国内的销售行业都应该向苹果公司学习借鉴。

7.2 线上线下：打造消费体验的核心

如今，走在路上，随处可见二维码的身影，随处都有 LBS 的应用。这两种作为线上线下的连接入口，蕴含在其中的潜能被商家广泛挖掘。商家利用 O2O 模式，全力打造消费体验的核心，在二维码和 LBS 火爆的时代，开辟营销新出路。本章主要对消费体验的核心进行具体分析，读者要特别注意的是“上门服务”这一概念。

7.2.1 线上消费：需要提升用户体验

消费者的消费体验来自于产品、服务、价格这 3 个方面，作为商家也应该从这 3 个方面入手，为消费者提供优质且优惠的产品与服务。从目前来看，消费者的消费体验几乎成了“亲”、“包邮”、“好评”的“淘宝体”式的消费体验。值得一提的是，这种卖家客服的语体也正向生活的其他方面延伸，如图 7-11 所示。

图 7-11 淘宝体交通安全提示牌

专家提醒

在 O2O 的线上平台进行交易时，卖家与买家面对的都是冰冷的屏幕，印象只能来源于图片与文字。然而，“亲”这样的称呼却给卖家与买家之间增添不少许温情，让人油然而生几分信任，进而使交易可以顺利展开。由此可见，适当的“亲昵”语言能够拉近人与人之间的距离，也能产生良好的交流效果。

7.2.2 O2O 消费：需要依靠线下体验

O2O 互动中的消费体验，是一种线上与线下的消费体验。消费者在网上购买产品或服务，然后再到线下去体验其产品或服务。由此可见，在 O2O 消费中，消费者也需要依靠线下体验来熟悉并了解产品的性能及其使用方法。

消费体验的方式有很多种，主要包括直接送用、免费使用、展示试用这 3 种。下面对这 3 种消费体验的方式进行图解分析，如图 7-12 所示。

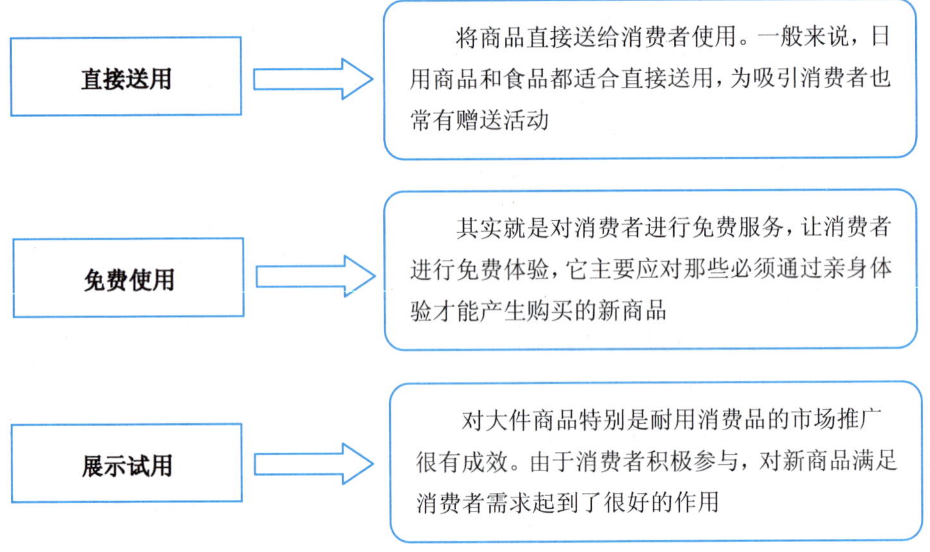

图 7-12 体验消费的 3 种方式

7.2.3 上门服务：让赚钱变得更容易

随着“懒人需求”的滋生，越来越多可以让人代劳的事变成了许多商家发展的重要项目。可以说，懒人需求催生了上门服务，促进了消费市场多元化发展的同时，也拉动了懒人经济的增长。

这里所讲的“上门服务”不同于以往餐饮等行业的“送货上门”。通俗来讲，它其实就是用代替消费者跑腿的方式来满足懒人和忙人的需求。随着人们的消费观念的改变和生活节奏的加快，人们在“上门服务”的帮助下，摆脱了线下门店的限制，可以说，这也是适应当代人生活现状的一种发展趋势。

现如今，更多的消费者愿意选择上门服务，然而，更多的商家为了营利也愿意进行上门服务。上门服务如今已渗透到消费者吃穿住行的各个方面，如图7-13所示。

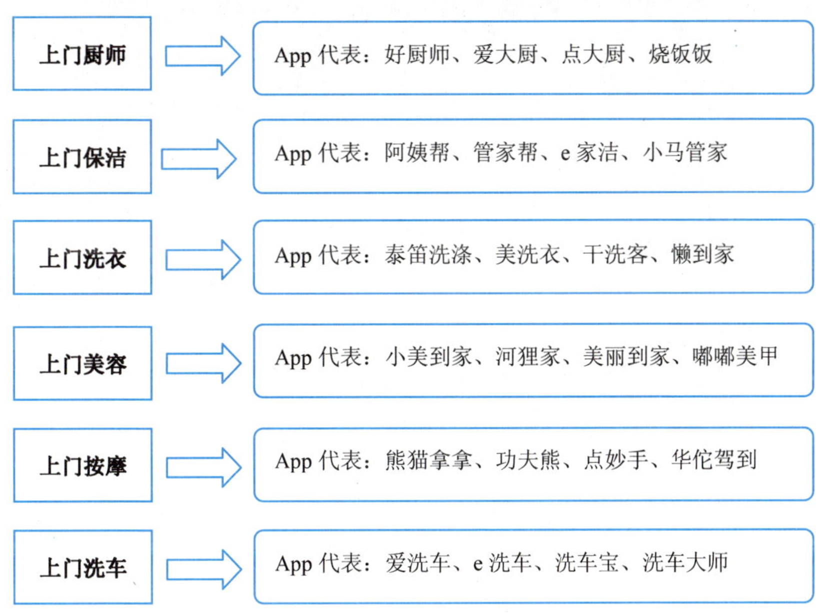

图7-13　上门服务的应用

7.3　O2O落地：贴近用户的互联网服务

O2O是商家针对某一片社区展开营销的一种模式，它也是离消费者最近的O2O，也就是人们常说的“消费者身边的O2O”。随着移动互联网的发展，O2O“最后一公里配送”以及“线上线下结合”的模式对商家企业来说蕴含着无限的价值。

7.3.1　线下应用：懒人经济扩大化

互联网与线下服务是O2O发展的必要因素，线下O2O是消费者与商家服务的连接点，关键在于如何搭建好网络平台，也就是如何利用好这个“2”字。

随着电商O2O的逐渐普及，各大电商在O2O的应用上也在发生悄然的变化，一些O2O的新势力不断涌现，下面对其进行具体分析。

1. 顺丰嘿客：地区活动物流中心

“嘿客”是顺丰线下 O2O 便利店，在顺丰看来，“嘿店”并不是个多功能的站点，而是地区活动的物流中心。它除了具有顺丰站的功能以外，还有数码预购、服饰等预购、水电缴费、电话充值等便民服务，如图 7-14 所示。

图 7-14 “嘿客店”

2. 万科物业：地区配套“五菜一汤”

万科将其所开发的社区配套称为“五菜一汤”。其中，“五菜”指的是第五食堂、超市、银行、洗衣店、药店；“一汤”是指“幸福街市”(蔬菜连锁超市)，如图 7-15 所示。

图 7-15 万科的幸福街市

3. 腾讯地图：提供地理位置解决方案

腾讯地图为微信第三方公众账号提供了一套基于地理位置的综合解决方案，开发者可以为社区街景做定制化开发，如图 7-16 所示。

图 7-16 线下街景地图

7.3.2 精准切入：成为行业大赢家

随着线下 O2O 的发展，大量创业者都选择以最基本的服务作为发展的切入点。O2O 电商发展的行业越来越广泛，其电商业务也越来越多，而且越来越细分化、垂直化。

现如今，在众多电商齐聚的浩海里，谁能先找到市场切入点，谁就是最大赢家，谁就能不被 O2O 浪潮所淹没。O2O 在生活中很多方面的应用，如图 7-17 所示。

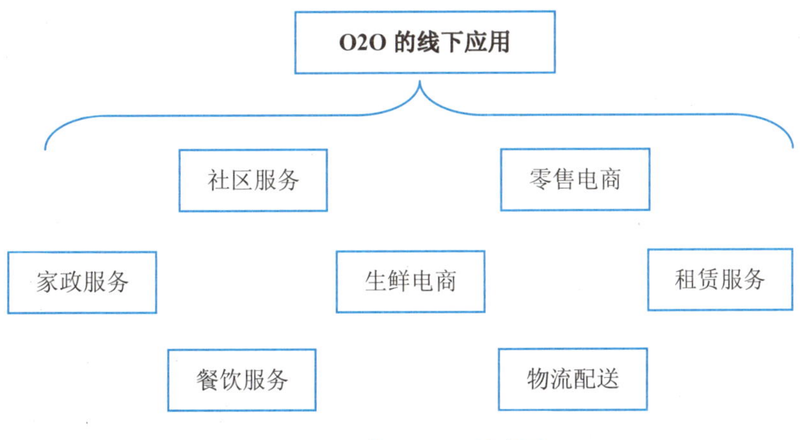

图 7-17 线下 O2O 的应用

第 8 章

入门秘籍：社区 O2O 的平台与前景

学前提示

O2O 的兴起，不仅成为各大电商行业转型的新出路，也是各大互联网企业非常重视的线下入口。为打造更大规模的消费市场，许多行业开始找寻 O2O 发展的新方向，其中，社区 O2O 更是为 O2O 模式开创了新格局。本章将向读者具体介绍社区 O2O 的基本概况以及它的平台布局和投资前景。

要点展示

- 社区 O2O 的基本概念
- 社区 O2O 的三大关键
- 社区 O2O 的平台布局
- 社区 O2O 的投资前景

8.1 社区 O2O 的基本概念

O2O 模式在电商行业的普及，给各大电商的发展带来了新的机遇。为扩大规模，获得更多利益，许多电商开始进军社区领域，使得 O2O 也随之发展起来。传统行业、IT 电商巨头、地产开发商、物流行业等群雄纷纷抢占社区 O2O 入口，例如万科、花样年华、阿里巴巴、民生银行、兴业银行等公司均有布局。

8.1.1 互动整合：社区 O2O 的概念分析

社区 O2O 是在移动互联网和电子商务普及的大背景下，商家对线上线下资源进行互动整合之后，完成服务或产品在物业社区“最后一公里”的闭环。社区 O2O 是以物业管理社区为中心构建起的交互连接平台，其参与者具体包括物业管理企业、社区居民与相关联企业和服务者。

社区 O2O 应用在社区的各个行业，包括社区生鲜、社区零售、家政服务、社区租赁、物流派送等。社区 O2O 在这些行业的应用不仅给居民提供了生活方便，也为许多小行业或者创业者提供了发展的机会。

8.1.2 必要因素：社区 O2O 的因素分析

社区 O2O 有两大必要因素，一是互联网；二是社区。只有将这两大因素紧密结合，才能使社区 O2O 进一步展开，取得更好的发展。下面对社区 O2O 这两大因素进行图解分析，如图 8-1 所示。

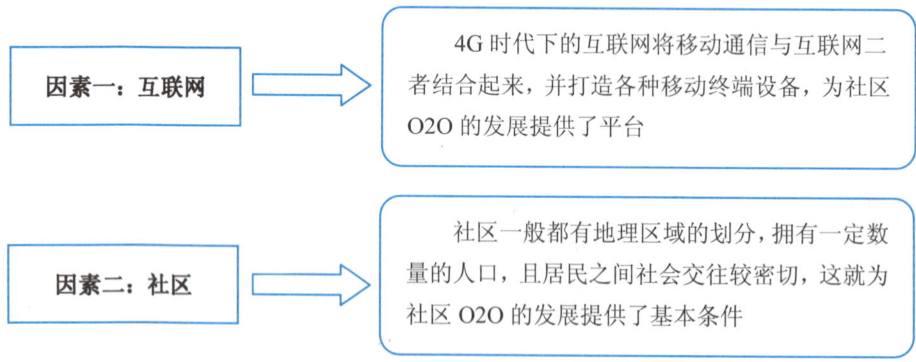

图 8-1 社区 O2O 的必要因素

8.1.3 应用案例：社区O2O的案例分析

当O2O打入社区这片“净土”之后，商业生态也发生着悄然的变化。很多商家抓住了社区小而精的特点，从不同的角度展开“最后一公里”服务，实现社区O2O最大化的完美闭环。下面以猫屋社区便利店为例，对社区O2O的发展进行具体分析。

猫屋是一个依托天猫从事“最后一公里”包裹自提和O2O社区生活服务的平台。它将旗舰店、代理店、参与店结合起来，通过加盟的方式，将众多社区便利店发展成代理店，并建造了多维度开放、便捷、自由的500米居民生活圈，如图8-2所示。

图8-2 猫屋社区便利店

与别的包裹自提点不同的是，猫屋对接了顺丰、四通一达等快递公司，这些快递公司可以将附近地区的快递送到猫屋，让用户在方便的时候自取，但是它并不依托自持物流。除了O2O式的服务，社区的代理店还可以帮助邻居代收包裹，并获得猫屋相应的补贴。

专家提醒

猫屋的主要经营地区为深圳，而且其直营店打着深圳电子商务便民工程的旗号。目前，当地政府为猫屋提供了税收及经营铺面等诸多政策优惠及资源。在政府的支持下，猫屋在深圳得到了很好的发展，并逐步走出深圳，向市外拓展。

8.2 社区 O2O 的三大关键点

当 O2O 服务越来越走进用户的生活，距离用户最近的社区便成了最好的突破口。很多电商转战社区，开启了社区 O2O 模式。作为电商，要想更好地利用社区进行 O2O 营销，就要抓住它的关键点。

社区 O2O 有三大关键点：第一，它是房地产售后市场主战场；第二，它把互联网思维植入传统社区物业服务；第三，它立足于社区居民的“核心需求”。商家只有把握好社区 O2O 这三大关键点，才能更好地开展适应社区服务的 O2O 业务。

8.2.1 主流趋势：社区 O2O 成房地产售后市场主战场

为打开房地产售后市场，易居中国在上海布局进入社区 O2O 领域，它旗下的社区增值服务集团与上海本地报刊合作推出了“实惠”App，拿出巨资回馈读者。“实惠”App 的主界面如图 8-3 所示。

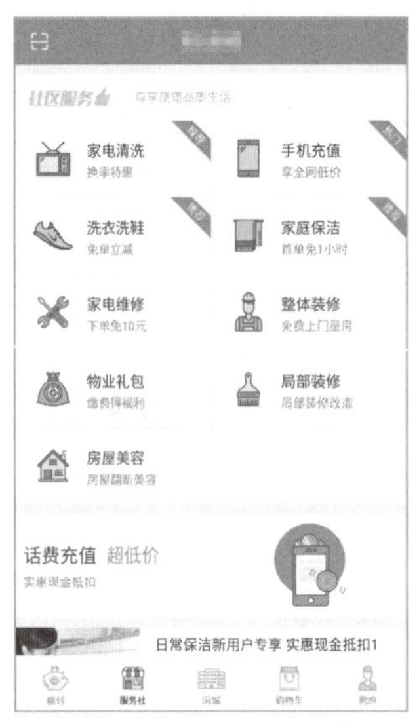

图 8-3 “实惠”App 的主界面

8.2.2 创新思维：把互联网思维植入传统社区物业服务

在社区 O2O 模式的运用中，小区管家是打造传统社区物业服务的典型代表，用户只要在 App 上输入相关的社区名称，就能够了解到社区的物业服务，如图 8-4 所示。

图 8-4　小区管家 App 界面

8.2.3　应用方案：立足社区居民 O2O 式的“核心需求”

河狸家是一种上门 O2O 项目的代表。它以美甲服务为切入点，从女性这个特定人群的需求出发打造美甲 O2O 平台。河狸家为美甲师提供平台招揽女性顾客，然后上门为居民进行美甲服务。“河狸家”App 界面，如图 8-5 所示。

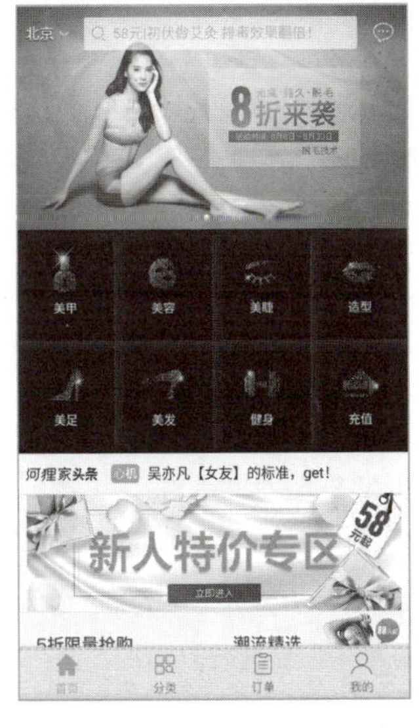

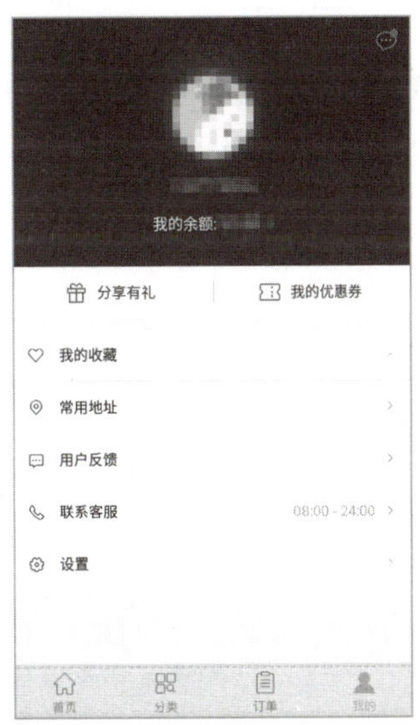

图 8-5　“河狸家”App 界面

1448.3 社区 O2O 的平台布局

由前面章节内容可知，对于 O2O 模式的运营来说，平台非常重要。没有线上线下的这样一个平台，实力再雄厚的电商也没办法实现 O2O 转型。本节主要对社区 O2O 的平台布局进行具体分析，投资人或者创业者应当对本节内容足够重视。

8.3.1 业务模式：O2O 社区服务的模式化分析

社区服务 O2O 的业务有很多种，主要包括周边生活服务、社区广告营销、社区电子商务、物业增值服务、网络社区论坛、邻里交友及服务等。下面对这 6 种业务模式进行图解分析，如图 8-6 所示。

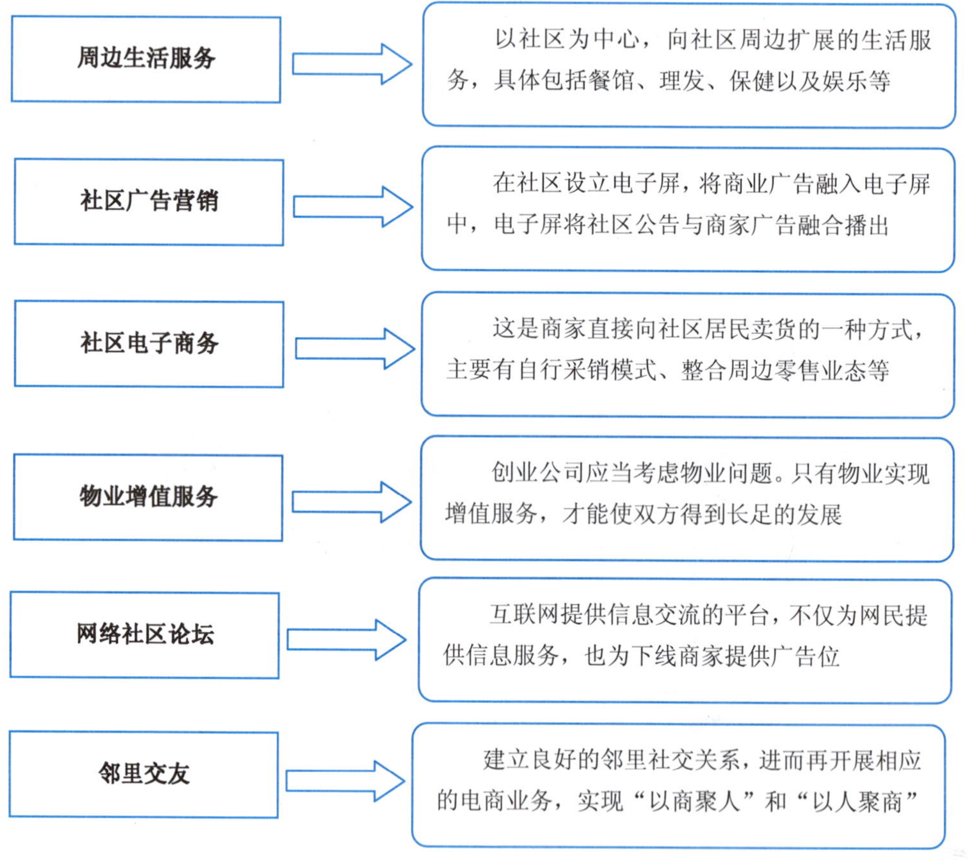

图 8-6 O2O 社区服务的业务模式

8.3.2 发展路径：O2O社区服务的平台化分析

电商发展有很多形式，其中，平台化发展是最有效的一种发展路径。平台化发展有4种类型，下面对其进行具体分析。

1. 以小区社交切入型

电商做社区 O2O 的关键是抓住小区的用户使其成为固定的消费群。电商从小区社交出发，可以在一定程度上抓住用户黏性，在获得用户的认可和支持后，顺势开展业务会容易得多。

2. “最后一公里”配送型

“最后一公里”配送并不局限于小区周边，它更要求商家具有同城配送的能力。在同一座城市进行设点服务，所有的设点相加便可以辐射整个城市。只有这样，商家才能实现订单的顺利调拨和衔接。

3. 以垂直领域切入型

平台化发展从垂直领域切入是比较容易实现的一种方式。商家利用自身的 App 或者其他运营平台，把这些能够提供外送服务的行业全部整合起来，让用户方便使用和选择，进而促进订单的形成。

4. 以物业管理切入型

物业管理的切入口包括物业费、水电煤气、维修、家政保洁等。这些切入点都可以通过物业平台来实现。用户通过物业平台完成日常所需，既能优化物业的管理，同时也能给物业增加收入。

8.3.3 模式类型：O2O社区服务的类型化分析

社区 O2O 有很多种类型，以接入内容作为划分标准，可把社区 O2O 划分为 5 种类型，分别为传统电商型、物流快递型、物业管理型、地产开发商型、电子科技型。下面对这 5 种类型分别进行介绍。

1. 传统电商型

社区 O2O 偏向于线下的产品和服务，但是，因为社区服务的地域性限制，这就需要发挥传统电商的优势来弥补线上的不足。因此，传统电商型的社区 O2O 便应运而生。传统电商的 SKU 种类繁多，物流体系强大，它所提供的标准化的产品并不能完全解决社区 O2O 目前运营的非标准化需求。

2. 物流快递型

物流快递型社区 O2O 是从物流入手，为用户提供商品的上门配送服务。它不仅能满足懒人需求，也能促进“懒人经济”的发展。虽然物流在电商 O2O 中占有一定的竞争优势，但是物流企业也面临着自己的问题，比如物流成本过高。现在有些物流企业虽然配送体系强大，但是在电商运营方面却缺乏经验，营销推广的效果较差。

3. 物业管理型

社区的物业服务主要包括门卫、绿化、停车、小区清洁、小区通知、房屋硬件维修等方面。物流管理型的社区 O2O 在这些方面颇有成效。它不仅可以利用互联网进行数据分析，提高运营效率，还可以丰富物业管理的内容，促进物业管理的发展。一个社区总离不开物业管理，因此，社区 O2O 的物业管理型的发展具有一定的优势。商家通过对居住者背景信息的了解，可以大致推算出其消费水平以及生活习性，这样就便于电商有针对性地进行 O2O 营销。

4. 地产开发型

近些年，房地产行业在市场竞争中一直占有绝对的优势，作为地产开发型的社区 O2O 自然也不甘落后，它利用房地产企业本身拥有的社区资源和业主资源，将房地产的发展推向了一个新的高度。地产开发型社区 O2O 的优势在于它可以通过平台提高业主缴费的方便性、提高业主服务的满意性。

5. 电子科技型

电子科技型社区 O2O 发展的切入点是快递代收及临时寄存自助服务平台。它的目的是为快递员和用户提供自助存取包裹服务，并以此来展开其他增值服务。

8.4 社区 O2O 的投资前景

随着移动互联网的迅速发展，O2O 模式在各大电商行业中普遍盛行。许多投资人或者创业者对其纷纷效仿，有的成功了，有的失败了。很多人会因失败而对 O2O 模式产生困惑，有的甚至根本不清楚 O2O 模式的投资前景如何。为避免盲目跟风，投资人或者创业者理应对相应行业 O2O 模式的投资前景做一个宏观的把握。

当今时代是互联网飞速发展的时代，因此，云计算、互联网金融、移动互联网、大健康产业、环保产业、生态农业成了主导未来趋势的六大产业，并且社区 O2O 将成为这六大产业的项目速递者。那么，社区 O2O 又有着怎样的发展前景呢？本节主要从六个方面对其进行分析。

8.4.1 移动互联网+：创造电商无限可能

“移动互联网+”是在“互联网+”的基础上发展起来的，然而 O2O 又在移动互联网的发展下完成了“互联网+”的突破。“移动互联网+”的应用，如图 8-7 所示。

图 8-7 “移动互联网+”的应用

“互联网+”有四大特征，具体介绍如下。

1. 跨界融合并举

“互联网+”主要体现在跨界和融合两方面。跨界可为企业的变革与创新打下基础。实现融合才能集结群体智能，发挥群体优势。跨界融合具体表现在客户从消费者转化为投资人，合作伙伴也可以参与到企业的变革创新之中。

2. 实现创新驱动

一直以来，中国以粗放的资源驱动型增长方式为主，显然，这样的方式早已不适应经济发展的需要，这就要求要有新的增长方式将之代替。“互联网+”帮助企业变革思维方式，创新企业模式，为企业的发展带来新的活力。

3. 重塑结构模式

随着经济全球化的发展，互联网打破了原有的社会结构、经济结构等，将信息革命推向了巅峰，使得权力、议事规则、话语权等都在不断地发生变化。因此，企业重塑结构便成了内部改革的重点。

4. 尊重人性力量

人性是推动社会经济发展的重要因素，互联网重视人的创造性的发挥，并为用户分享各种相关信息，可以说它的发展是一种对人性的尊重。

8.4.2 大数据：挖掘并加工大数据

大数据是在互联网迅速发展的大背景下形成的，它是指无法在可承受的时间范围内用常规软件工具进行捕捉、管理和处理的数据集合，如图 8-8 所示。

图 8-8 大数据

通常人们认为的那种拥有庞大的数据信息就是大数据的观点太过肤浅。其实大数据指的是在庞大的数据库中找寻含有意义的数据，并对其进行专业化处理的一种方式，它重在提高对数据挖掘的加工能力，进而实现数据增值。

一般来说，将数据整合到数据库并对其进行实时的数据分析会花费很多人力、物力和财力。但是，大数据和云计算联系到一起，利用特殊的技术有效地对大量数据进行处理，为其快速化操作提供了可能。

8.4.3 云计算：分析并利用大数据

云计算是通过互联网将资源虚拟化的过程。它是在互联网的相关服务的增加、使用和交付模式的基础上发展起来的，如图 8-9 所示。

图 8-9 云计算

云计算作用于数据的产生过程，它在对大数据进行深入分析之后，从其具有重要价值的结果中找寻能够反映事物本质和原貌的规律，并为传统行业提供前所未有的深度优化与智能决策，促使其形成新的运营方式，以完成产品的颠覆式的质变。“腾讯实时公交”就是这样一个“云计算+大数据”的“落地”应用，其 App 主界面如图 8-10 所示。

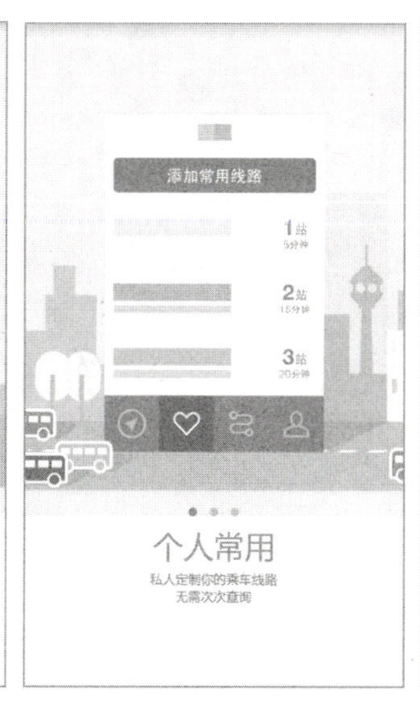

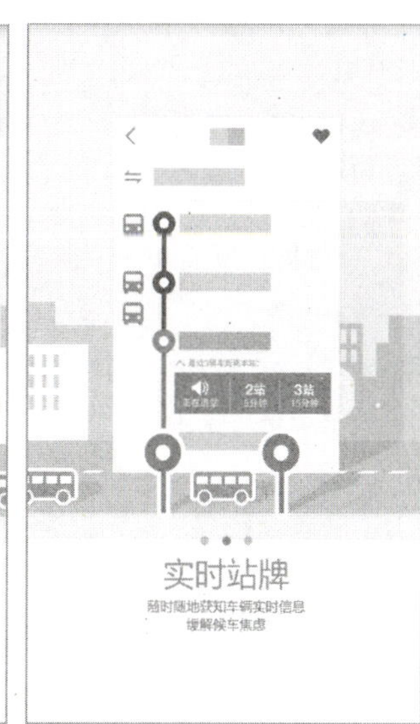

图 8-10 腾讯实时公交

“腾讯实时公交”是一款能够随时随地了解公交到站情况的 App。在这款 App 中，用户不仅可以搜索附近的公交路线，还可以添加常用线路，查找公交到站时间等，用户根本不用怕错过搭乘公交，如图 8-11 所示。

图 8-11 附近搜索与添加常用线路界面

“腾讯实时公交”不仅可以方便用户乘车，它还能在用户乘车过程中准确显示车辆位置、具体还有几个站、时间是多少。在 App 上还可以设置下车提醒，避免用户坐错和坐过站，如图 8-12 所示。

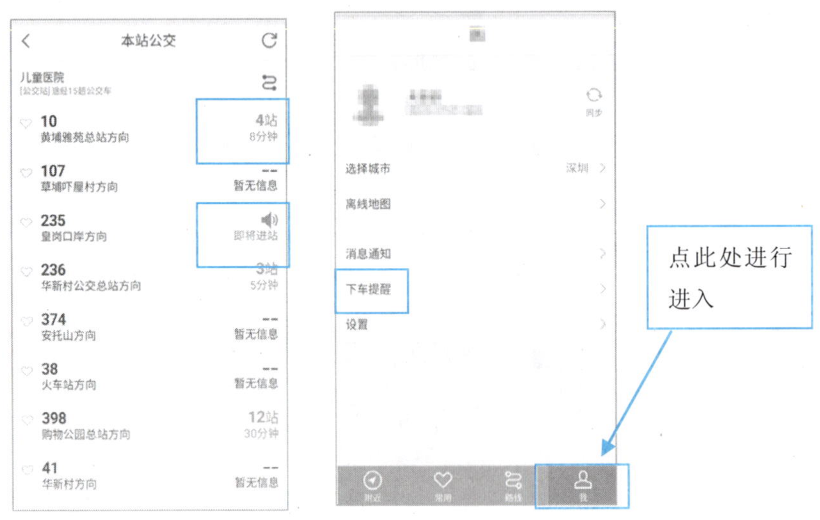

图 8-12 公交提醒界面

8.4.4 大农业：对接社区 O2O 电商

“大农业”又称“新农业”，即现在所说的现代农业。它是一种运用现代科学技术和科学的管理方法进行的社会化农业。相对于传统农业来说，它是一种高投入、高产出的农业形态。大农业 O2O 模式的应用，如图 8-13 所示。

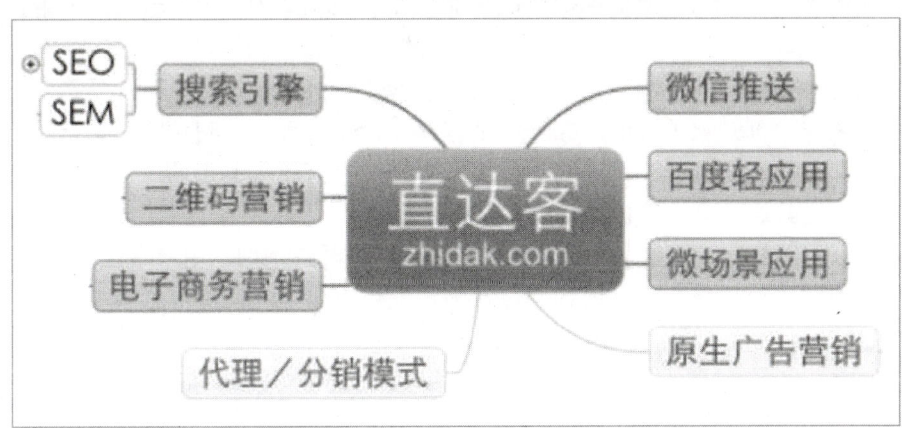

图 8-13 大农业 O2O 模式的应用

下面介绍几个发展大农业的 O2O 方向。

1. 积极打造线下实体店

社区地面店采用的是“农场基地+电子商务+连锁配送+直营店”的 O2O 模式。线下实体店将生鲜食品从合作基地直接销售或配送到消费者手中，在减少了许多环节的同时也保证了消费者能尝到更新鲜的食品。

2. 社区与互联网相结合

随着电商的不断发展，大农业也开始将对应的社区与互联网结合，打造现代农业的 O2O 平台，具体措施如下。

- **搭建互联网平台。**建立社区虚拟网店，把社区地面店打造成送货、提货的体验交互中心，把订单转移到线上，实现线下体验线上购买。
- **获取精准用户。**将目标群体锁定在“妈妈”客户群。借助这一群体在微博微信上的分享互动来推广产品本身。商家也可以利用微博微信平台进行营销，通过这些平台发布产品的信息，以此来吸引更多的消费者。
- **打造专属 App。**商家开发相应的 App，抢占手机移动端的客户。在业务扩大规模后，可开发 PC 端的 App，以实现产品营销的最大化。

8.4.5 大健康：产业 O2O 潜力无限

随着社会经济的发展，人们的生活水平的提高，人们的生活方式也发生了很大的变化。就食品而言，人们不再局限于吃大鱼大肉，更偏爱一些对身体健康有益的绿色食品。人的消费观念的改变促使健康产品的总需求急剧增加，“大健康”产业成为一大发展趋势。

“大健康”涉及的范围很广，包括人的衣食住行甚至生老病死，凡是影响健康的危险因素和误区都是它关注的对象。它是在对生命全过程全面呵护的理念指导下提出来的，提倡自我健康管理。中国的“大健康”产业拥有巨大的市场，下面以春雨掌上医生为例，对其进行具体分析。

春雨掌上医生 App 具有两大功能：症状自查与医生咨询。用户进入 App 后，点击人体界面图来选择与自己不适的部位，随后就可以出现与此部位相关的病症及对应的检查、治疗、预疗方法。春雨掌上医生的主界面，如图 8-14 所示。

图 8-14 春雨掌上医生的主界面

专家提醒

“大健康”是整个医药行业的追求，医药行业可以尝试社区 O2O 模式，将医院与移动互联网结合起来，让互联网成为药店的前台。社区消费者可以通过手机直接购买、成交、结算，还可以通过药店实行就近配送等模式。医药行业运用社区 O2O 模式来开展业务，不仅方便了医生看病，也有利于患者及时、准确地了解病情，真正地践行了“大健康”的理念。

8.4.6 大金融：虚拟与实体经济结合

“大金融”即互联网金融。它是依托各种支付、云计算、社交网络等互联网工具来开展资金融通、支付、信息中介等业务的一种新兴的金融。它是随着互联网金融的发展而发展起来的。随着电子商务的发展，各种大小企业开始出现了拥有庞大的融资需求的势头，并且这种势头还一度膨胀。正是此势头的飞速增长造就了大金融时代的来临。

但是，互联网金融并不能独立存在，它依然需要结合实体产业、融合更多有融资需求的人，当然，也离不开企业的参与。值得一提的是，互联网金融还是要以金融业务为主，业务的创新能力是其发展的重点。传统商家通过布局社区 O2O 来提升用户的增值体验，可以说是一个突破口。

8.4.7 大交通：用户身边的 O2O 业务

当前，宏观环境对城市交通 O2O 市场形成利好，“互联网+”正带动传统城市交通行业改革。交通出行生活作为最接地气的 O2O 业务，将呈现集中化、平台化、场景化的发展趋势，且唯有从“行”出发，才能对传统交通行业进行彻底改造。

AA 租车是一款为用户提供汽车短租平台的招车 App 软件，其主要功能是为用户提供尊享的出行服务，它深刻地突显了移动互联网的智能化。在租车业务中，AA 租车的用户不仅可以预约用车，还可以选择日租或者半日租两种方式进行租车。用户在完成订单后，如若需要发票还可以在线申请，如图 8-15 所示。

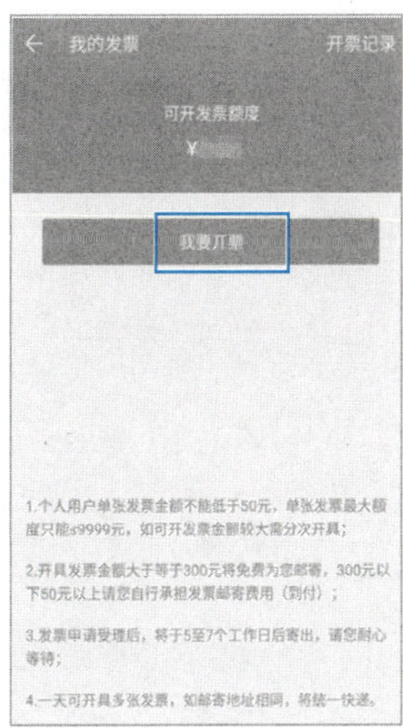

图 8-15 AA 租车 App 界面

第9章

创新营销：社区 O2O 营销工具与技巧

学前提示

对于电商行业的发展来说，只有将产品或服务营销出去，才算是真正完成了营销。O2O 在社区的应用本就是电商大佬们挖掘出的新市场，其在营销方式上的创新是使社区 O2O 得以发展的动力。本章主要向读者介绍了社区 O2O 创新的营销方式，在探究用户黏性的同时，也从营销工具上入手分析社区 O2O 的营销现状。

要点展示

- ▶ 用户黏性：社区 O2O 的切入点
- ▶ 二维码：社区 O2O 的营销工具
- ▶ 吸引用户：社区 O2O 的用户需求
- ▶ 国际展望：社区 O2O 的营销现状

9.1 用户黏性：社区 O2O 的切入点

社区 O2O 的发展，带动了许多人走向创业之路。因此，电商行业越来越多，各行业的业务也越来越繁重。其中，业务的细分化、垂直化成为电商发展的趋势，找准业务发展的切入点更是电商发展的首要条件。毫无疑问，发展社区 O2O 应从服务入手，抓住用户的黏性是关键。

9.1.1 线上体验："亲"方式打破屏幕冰冷

社区 O2O 的线上平台面对的客户年龄、性格、职业等各不相同，面对不同客户的不同需求，线上平台要做好客户的消费体验，给客户留下良好的印象，留住各类客户，以此带动线下店铺的销售业绩。

在线上平台中，消费体验包括产品、服务、价格这 3 方面的体验。对消费者而言，他想要的大多是物美价廉且服务贴心的消费体验。但是，由于中国的商家喜欢打价格战，并配以优质的服务以吸引消费的青睐。时下最火的要算是具有"亲"、"包邮"、"好评"等特点的"淘宝体"了，如图 9-1 所示。

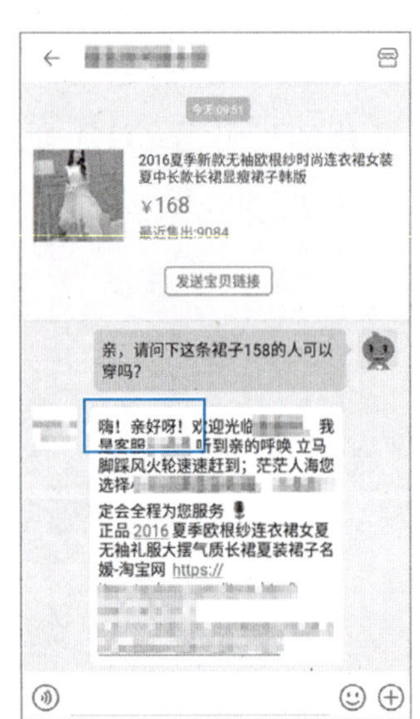

图 9-1 "淘宝体"

商家利用"淘宝体"与消费者进行线上交流，不仅可以打破屏幕的冰冷增强双方的信任，而且也是促进线上交易成功的辅助手段，作为优惠条件的包邮更是完成交易的一大法宝。总之，"淘宝体"不仅是商家与消费者之间交流的方式，也是买卖双方利益的直接博弈，从社区O2O的角度来看，它也是社区居民的一大福音。

但是，目前来看，许多线上平台还存在很多不足之处，比如卖家诚信度不高，以次充好，致使很多消费者对网上购物还存在很多的疑虑。要想打消这些疑虑，得到消费者完全的肯定与信赖，获得固定消费群，商家在运用“淘宝体”时也要注意诚信经营，毕竟，不是一个“亲”字就能够真的亲近了。

9.1.2 线下体验：“试吃试用”更直观消费

从线下消费体验来看，许多商家为了对产品进行促销，免费为消费者提供“试吃试用”活动，这就会让消费者对产品产生更直观的感受，以此来吸引消费者，进而拉动消费的增长。如图9-2所示为百万美食免费试吃的线下体验活动。

图9-2 百万美食免费试吃的线下体验活动

O2O线下的这种促销方式，多出现在大型超市或者各种零售行业。比如在一些水果摊上，卖家为了促销切开水果让顾客在买之前品尝，又比如许多超市常出现的饮料促销点、酸奶促销点。当然，这种线下体验在其他行业也有应用，比如买衣服之前的试衣，买车之前的试车等，这都是从消费者的消费体验出发进行的促销方式。

体验消费这种新颖的消费模式，给消费者和生产者都产生了巨大的作用。下面对消费体验的作用进行图解分析，如图9-3所示。

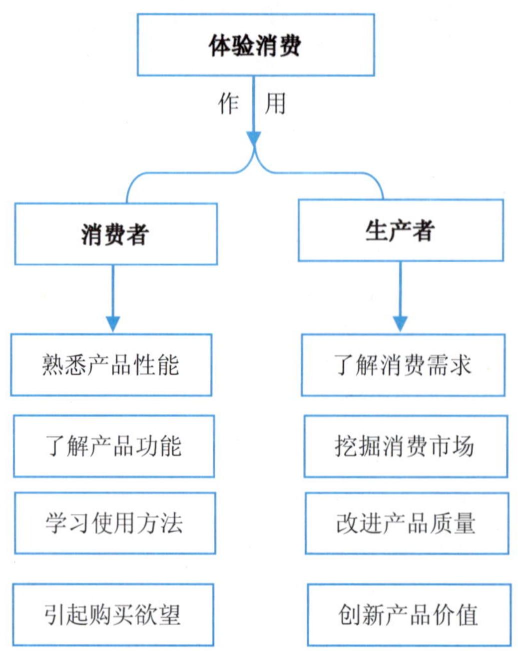

图 9-3　体验消费的作用

9.1.3　线下配送："高频定制"还是大方向

在社区 O2O 模式中，商家线下服务是与消费者直接对接的，好的线下服务往往会给消费者带来不一样的体验，进而拉动商家的线下发展。其中，上门服务是众多商家为开展线下业务采取的服务方式之一。线下的上门服务可以分为实物配送和服务配送两大类型，下面对这两大类型进行具体介绍。

1. 实物配送模式

实物配送模式是一种主要针对居民日常生活消费的模式，下面对其主要代表和主要业务进行简单介绍。

- 主要代表：爱鲜蜂、社区 001、雅各库克等。
- 主要业务：配送居民日常生活所需要的米面油、蔬菜肉类、牛奶饮料等。

2. 服务配送模式

服务配送模式是一种主要为居民日常生活服务的模式，下面对其主要代表和主要业务进行简单介绍。

- 主要代表：爱大厨、阿姨帮、河狸家、卡拉丁等。
- 主要业务：上门提供做饭、保洁、汽车保养、美甲等。

由上可知，实物配送模式的商品都是人们生活中的必修品，而且是人们经常使用的商品，大部分小区里的便利店和居民楼底下的商铺都有出售。因此，对实物配送这一块的上门服务，特别适合高频且容易定制化的创业项目。

9.1.4 服务配送：“性价比”是消费的关键

服务配送模式还处在缓慢发展阶段，由于服务价格较高导致交易次数偏少。因此，对这一类创业项目，提供服务和接受服务的双方必须性价比足够高才能持续。在服务配送的过程中，性价比是关键。从国内首家提供专业厨师上门服务的 App“爱大厨”来看，商家的服务配送主要通过地理位置预约厨师进行上门服务，它是一个典型的服务配送平台，如图 9-4 所示。

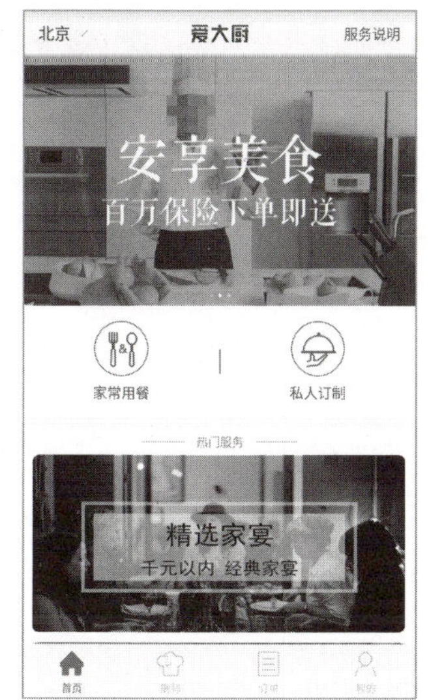

图 9-4 “爱大厨”App 界面

用户除了利用“爱大厨”的 App 来预约厨师以外，还可以通过电话、“爱大厨”微博、“爱大厨”微信平台预约厨师。“爱大厨”的预约方式有两种，包括指定具体的某个厨师和由“爱大厨”平台为用户推荐的厨师。

用户通过下载“爱大厨”的 App，根据自己的喜好来选择不同的菜系。用户可以选择家庭用餐，也可以选择私人定制，足不出户就可以享受到世界各地的人间美味。对于外乡朋友来说，还可以找个擅于做家乡菜的厨师，一饱乡愁之苦。当然，对“爱大厨”上门厨师的水平更是不用怀疑，他们均通过严格的身份审核与试菜考评。

9.2 二维码：社区 O2O 的营销工具

二维码不仅改变了人们的消费习惯，也成了各大电商普遍采用的营销手段。它门槛低、成本少、可塑性强，在各大行业之中均可应用。它不仅是各大行业进军移动互联网营销的必备手段，也是社区 O2O 模式中最有潜力的营销方式之一。本节主要以二维码为例对社区 O2O 的营销工具进行简单介绍。

9.2.1 二维码现状

移动互联网的快速发展，在推动电商发展的同时，也催生了二维码的兴起。二维码在餐厅、电影院、公交、机场等生活的方方面面，如图 9-5 所示。

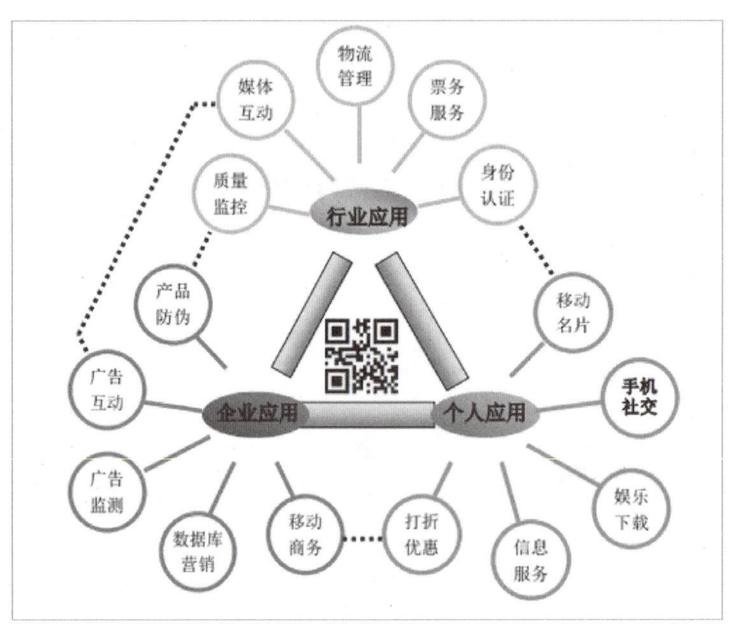

图 9-5 二维码的应用范围

9.2.2 二维码运营模式分析

随着电商的不断发展，二维码也开启了成长之路。作为电商发展的营销工具，二维码利用它独特的优势帮助很多商家成功地进行了营销推广，满足了人们大量的信息需求。二维码的发展，也给那些社区 O2O 创业者们提供了更好的营销工具。

目前，中国二维码运营模式可分为 5 类，包括网络社交类、服务提供类、电商购物类、媒体阅读类以及应用工具类。

1. 网络社交类

网络社交类主要以微博和微信为主。例如，微信 App 中的二维码为用户提供了多种服务功能，例如用户通过扫描二维码添加好友、进行微信支付等。

2. 服务提供类

服务提供类的二维码应用范围较广，例如为客户提供从票证检验到物品信息二维码化的一整套运营解决方案。

3. 电商购物类

二维码的移动电子商务平台将成为电子商务发展的重要方向，消费者只要扫描二维码就可以实现购物，可不必在 PC 端进行网购，如图 9-6 所示。

图 9-6　扫描二维码购物

4. 应用工具类

二维码的应用，可以分为主读和被读类应用，下面进行简单介绍。

- **被读类应用。**用于电子票务和消费打折等方面，以二维码作为电子交易或支付凭证。
- **主读类应用。**识读各种二维码，主要作用是查询信息、防伪溯源、购物付款、执法检查等。

5．媒体阅读类

众所周知，在手机上编辑网址十分费力，但是使用二维码就会方例很多，只要一拍就可以进入相关阅读页了。

9.2.3 二维码消费：让产品大卖特卖

现在，很多营销人员都学会了将二维码与社区 O2O 模式进行结合，即利用二维码的读取功能将线上的用户引流给线下的商家。

Joe 咖啡在报纸上刊登了大版面的含有二维码的广告，消费者用手机对准二维码进行扫描就可以获知近距离的有关 Joe 的咖啡信息，包括通往 Joe 咖啡路线和一杯免费咖啡的优惠券，以此来吸引消费者。Joe 咖啡进行二维码营销的具体操作步骤，如图 9-7 所示。

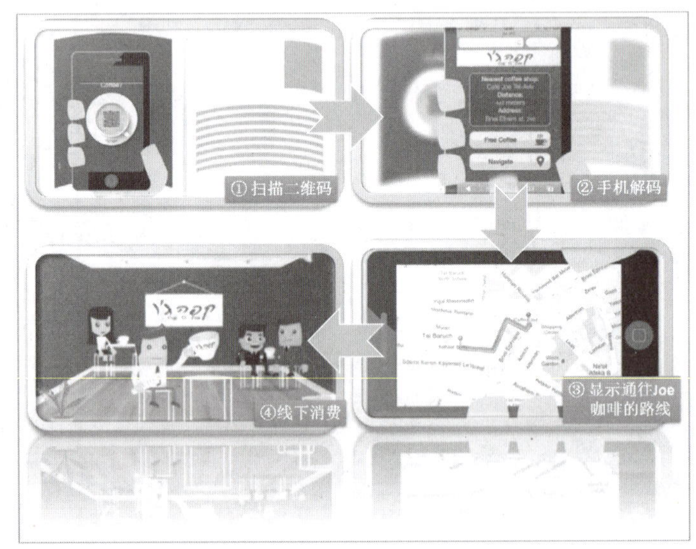

图 9-7　Joe 咖啡的二维码消费步骤

专家提醒

商家加强与消费者之间的互动，有利用商家进行品牌推广以及培养用户的品牌忠诚度。Joe 咖啡的营销案例就是商家加强与消费者互动的典型代表。投资人或者创业者应该很好地借鉴一下 Joe 咖啡的营销策略，找出适合自身发展的模式，将二维码的营销价值发挥到最大。

9.2.4 二维码营销：最强的营销利器

随着微信扫一扫功能的不断发展，微信不再局限于打造单纯的社交软件，它也成了各大电商的营销利器。微信用户只要扫描二维码，就能够了解商家发布的信息和一些不定时的优惠活动，如图 9-8 所示。

图 9-8　扫描二维码了解相关信息

二维码不仅可以帮助商家进行营销推广，对消费者来说也有很多好处，具体表现在以下 3 个方面。

- 当用户在浏览商家官方网站时，只需要扫描二维码就可以浏览商家所有的产品及信息。
- 在浏览商家微博时，用户只要扫描二维码就能快速对其进行关注。
- 部分实体商城商品也能够做到“一拍即买”，用户只要用手机扫描二维码就能实现购物。

9.2.5 二维码市场：开拓 O2O 模式新市场

移动互联网推动了电商业务发展的同时也促进了 O2O 模式的兴起，其中，社区 O2O 是发展潜力最大的业务之一。作为移动时代的营销工具，二维码被看作是进入移动互联网以及社区 O2O 的重要入口，因而受到众多企业的重视。

由前几章的介绍可知，要想生成一个二维码并不难，关键是企业该如何把二维码结合到自己的营销中，并充分挖掘它的营销价值，以实现 O2O 闭环。其中，“盒子支付”是实现二维码支付的典型。它通过手机识别带刷卡信息的二维码，直接利用盒子刷卡器完成支付，如图 9-9 所示。

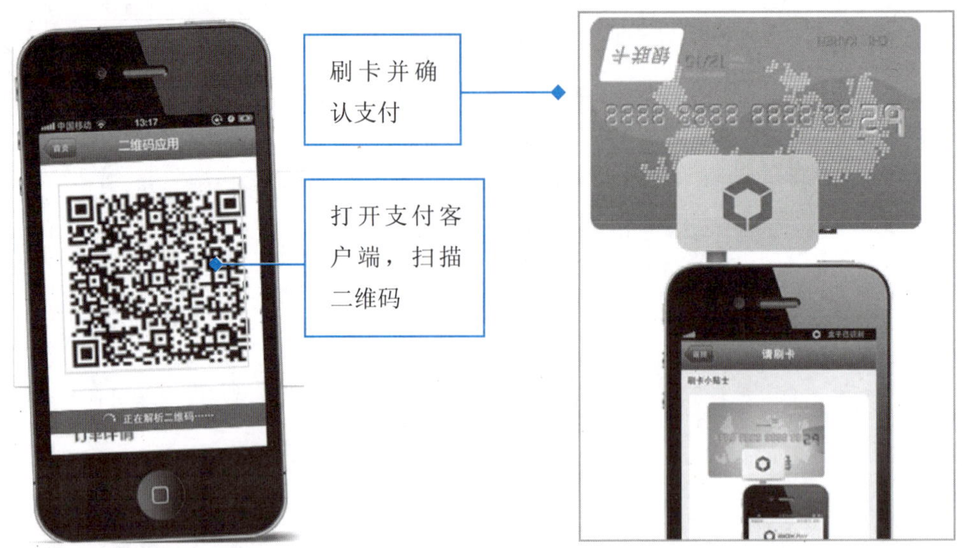

图 9-9　盒子二维码支付

从“盒子支付”来看，二维码已经成为线上支付的重要手段。但是，它与之前所说的本地服务还有所区别的。二维码可以随时随地完成商品的购物体验，但是本地服务则只限于在本地进行。

以往所有的营销手段大部分都采用短信、彩信以及微信等形式进行营销推广，随着手机用户的不断增加，手机二维码营销成了营销的主流趋势。企业与商家可以在现有的任何形式的广告中设置二维码，而用户也只要用手机对准二维码进行扫描就可以获知商家发布的所有信息，甚至完成购买。

9.2.6　二维码设计：拥有个性设计更吸引人

在智能手机越发普及的今天，人们对手机的依赖性也越来越大，各种“低头族”、“手机党”层出不穷。各大电商也纷纷开始利用手机用户的这一特点对消费者展开移动二维码营销，加强商家与消费者之间线上与线下的互动。

但是，二维码本身非常简单，只有黑白格子，所以很难吸引消费者。作为需要利用二维码进行营销的商家就要在二维码的设计上做出一些创新，独特的设计才能使二维码获得更高的关注度。例如，有人就将流行的二维码穿在了身上，用这种方式来表达爱意，如图 9-10 所示。

图 9-10　二维码 T 恤

二维码虽然给消费者带来了便捷，但是铺天盖地的二维码也会容易使其心生厌倦。因此，对商家而言，设计出一个具有独特风格的二维码不仅能够彰显个性，也是吸引消费者的一种有效手段。

9.3　吸引用户：社区 O2O 的用户需求

商家采用社区 O2O 的模式对其产品或服务进行营销推广，最直接的目的就是吸引用户，进而扩大消费群。作为商家应该注意的是，在吸引用户之前要先对用户的具体需求进行充分的了解，这样才能有针对性地开启营销战略。

9.3.1　LBS 营销：引导社区内的移动顾客

在 O2O 模式的营销中，LBS 是一个很重要的营销方式。可以说，它既是一种搜索营销也是一种即时营销，商家可以从中挖掘出很多为自身的产品或服务进行营销推广的机会。作为当下移动互联网最热门的应用，LBS 不仅吸引了越来越多的企业或商家，也受到了很多消费者的青睐。

通过签到这种方式，LBS 可以让用户对企业的产品和服务进行深入了解，进而加强对企业的宣传推广。LBS 旨在线下营销，它不仅可以将线上用户引导到线下消费，也可以即时地激发线下用户的购买行为，它最大的挑战就是培养用户签到的习惯。

街旁网是基于真实位置的社区，下面以街旁网为例，对 LBS 的营销模式进行具体分析。用户在登录 LBS 客户端之后，LBS 会自动检索用户当前所在的具体位置，并显示出附近正在举行或即将举行的活动，街旁 App 界面如图 9-11 所示。

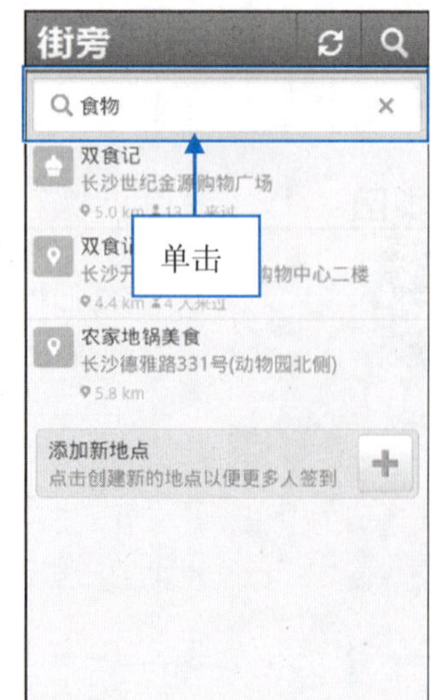

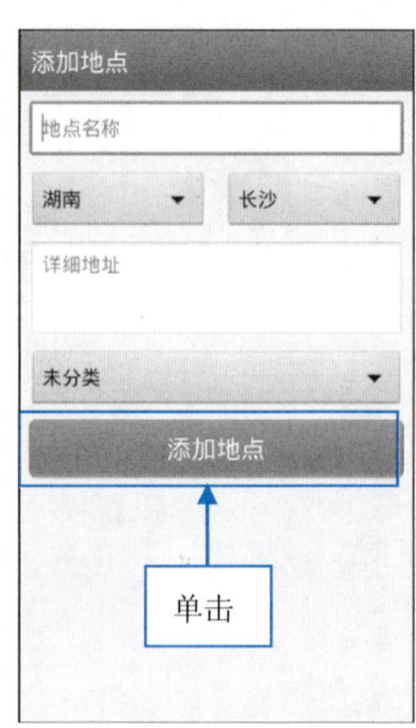

图 9-11　“街旁”App

由此可见，“签到”模式不是只基于“位置”的营销，企业要在位置、营销、行动三方面进行全面展开。企业不只是要了解用户的具体去向，更要知道用户为什么选择这种去向的原因。只有对原因了解清楚了，才能做到对用户的真正把握。

9.3.2　精致内容：用图片故事吸引消费者

“提供价值，而非吸引眼球”，这是运营社区 O2O 平台的态度，也是能否留住顾客的关键，应该引起社区商家的重视。商家必须在 O2O 平台上提供精致的互动内容，才能真正地为顾客们提供价值。营销要求内容为王，不管是以前的线下营销，还是现在的线上营销，这都是一个永恒不变的真理。

在进行内容营销之前，社区商家必须懂得一些内容策略。社区商家的营销人员进行的最直接且最重要的一项工作，就是通过微信发布信息，而商家所发布的信息必须经过认真的思考和衡量。为了吸引其他用户的注意，社区 O2O 平台发布的营销信息必须遵循趣味化、利益化、个性化这 3 个原则，具体分析如下。

1. 趣味化

商家发布的信息要有新意，有趣味，能够足够吸引消费者眼球。特别应该注意的是，不要发布硬性广告，因为这样的广告不仅得不到关注，反而会引起普通用户的强烈反感。

2. 利益化

用户一般都会对那些有实际用途的，有价值的内容感兴趣。因为，用户不仅可以从这些内容中获得帮助，还可以获得一些折扣凭证或奖品，这些信息对用户和商家都是与利益相关的。

3. 个性化

商家在发布信息时，在内容和形式上都要具有个性，这样才能够方便用户对产品信息产生直观感受，进而更容易识别产品本身。个性化的营销方式还可以增强用户的黏性，使用户持久关注。

9.3.3 互动活动：快速吸引消费者的关注

为了进一步展开社区 O2O 营销，商家可以进行一些互动活动，以引起消费的关注。比如，商家可以将漂流瓶打造成真心话分享站，并随机赠送礼品，让消费者用自己的故事为品牌传递影响力，调动消费者参与活动的积极性。

活动营销的成功与否在于它是否符合用户的需求，是否能够从此活动中通过消费者的传播获得较好的口碑。所以，在举办营销活动之前，商家应该针对用户的需求，制定符合用户兴趣的商业活动，这样才能获得更好的传播效果。

当然，社区商家在推出这样的商业活动时，需要考虑一个适度的问题，太频繁的活动推送只会让用户感到厌烦。因此，商家需要制定合理的广告推送频率，坚持适度原则。

9.3.4 利益让渡：让消费者乐于移动支付

移动互联网的发展不仅推动了电商行业的发展，也促进了移动支付的兴起。移动支付不仅改变了人们的支付方式，也改变了人们的消费行为，对于社区居民来说，这也是一种生活方式的改变。

在社区 O2O 领域，移动支付业务不仅可以刺激用户产生更多的数据业务需求，还可以促进其他社区移动互联网业务的发展，更有利于社区商家稳定现有用户并吸纳新的用户，提高自己的竞争力。

随着移动支付时代的到来，传统企业开始转型，抢滩移动支付市场。新潮的手机付款，给传统线下企业带来品牌提升效应，同时也方便用户购物消费，形成社区 O2O 营销闭环。社区 O2O 的主要功能在于可以在线支付，如果没有这个功能，社区 O2O 中的成交节点就无法形成，企业则很难看到自己的营销效果。

9.4 国际展望：社区 O2O 的营销现状

在这个社交媒体迅速发展的时代，传统媒体、新媒体、自媒体都在不同程度上成为各大企业或商家对其产品或服务进行营销推广的工具。因此，这些媒体也成为用户连接产品或服务最直接的渠道。在移动互联网时代，到底怎么做“社交+社区”营销才能最有效？下面通过国外与国内社区 O2O 的案例为读者解惑。

9.4.1 Nextdoor：邻里关系实现反向 O2O

Nextdoor 是美国最大的“社交+社区”型 App，它最大的特点就是社区社交切入。只有能够提供相应的社区家庭住址证明的用户才能进行注册，仅仅只有该小区的用户才能看到社区内发布的消息。该平台上的用户只需几分钟就能找到自己丢失的东西，还有人在上面发帖把手中没用的东西转手卖掉，如图 9-12 所示。

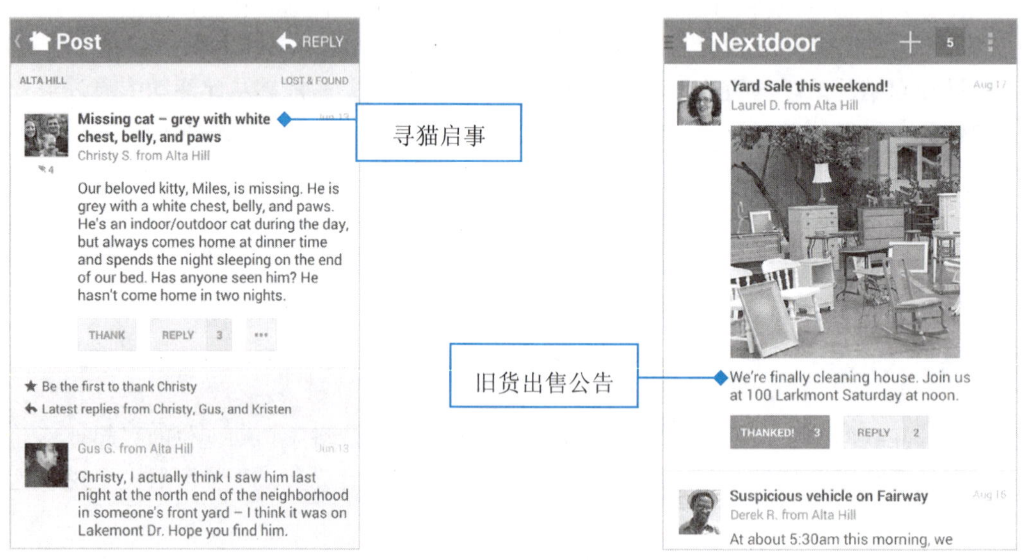

图 9-12 Nextdoor App 的邻居社交模式

Nextdoor 重在打造邻里关系，它主要以隐私保护政策来吸引更多用户。该平台分享的共享信息都设有密码，只有社区内的用户才能够对其进行查看。社区用户还可以在该平台上找到其他邻居，与其进行交流与分享。甚至网上邻居也有可能成为现实生活中的朋友。

9.4.2 Instacart：实现 1 小时送货上门

Instacart 作为共享经济的领头公司，它主要负责给居民运送日常食品杂货。买家在该软件上下单，相应的采购者对其进行接单，帮助买家去购买商品，然后将商品送至买家处，采购者获得报酬，如图 9-13 所示。

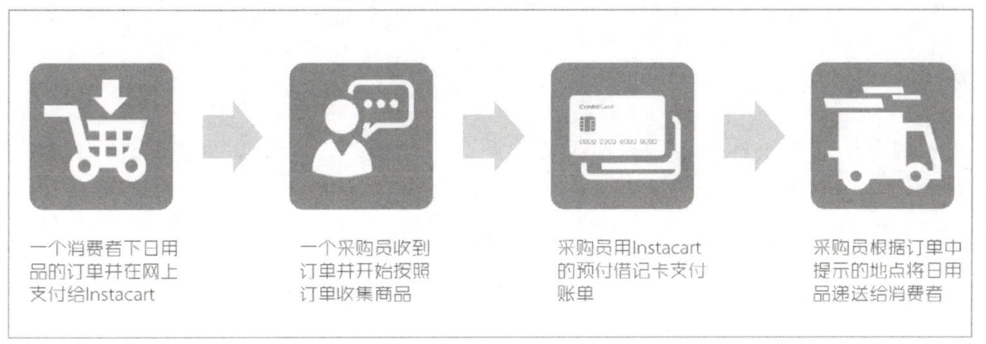

图 9-13　Instacart 的流程

Instacart 的独特之处在于它没有自建仓库和车队，在采购和配送方面都是采用众包的方式，并与采购者独立签单，人们只要有一部手机和一辆汽车便能够成为 Instacart 中的一员。目前，Instacart 的业务主要集中在食品和日用杂货方面。

9.4.3　爱豆生活：打造 500 米生活圈

爱豆生活的业务开展主要从便利店入手，帮助便利店供货、卖货和送货，实现“一条龙”服务，旨在打造以超市为核心的 500 米生活圈。爱豆生活的运营模式有以下 3 个特点。

1. “点线面”相结合，构建社区生态

“点”指模式核心围绕便利店，“线”指便利店产业链。下面从供货和卖货两个方面进行分析。

- 供货：包括爱豆生活与和鑫便利店的合作和授信这两种形式。
- 卖货：包括物业合作和寻找社区合伙人这两种形式。

“面”指社区生态圈。主要是为便利店提供生鲜、快递、移动洗车、社区旅游等增值服务。

2. 社区 O2O 的前端重产品，后端重 IT

爱豆生活在打造高品质的产品和服务的同时，也利用互联网因素进一步提升工作效率，运用发散性思维来展开社区 O2O 营销，进而扩大品牌推广。

3. 利用多元化路线打造贴合自身的优势

爱豆生活通过多元化路线打造了以下 3 个优势。

- 为社区合伙人解决“最后一公里”配送问题。
- 社区生态圈通过跨界整合，打造一个多方共赢的社区生态系统。
- 郑州目前是社区 O2O 项目的洼地，没有太多竞争，因此也具有地域优势。

9.4.4 懒人生活：按需求打造懒人社区

“懒人生活”是利用各种科技手段为用户提供产品，为商家提供营销的 O2O 生活服务平台。它的主要特点是按需定制，其产品信息以 App、微信、网站等方式发布。懒人生活 App 界面如图 9-14 所示。

图 9-14 “懒人生活”App

“懒人生活”的 O2O 运营有以下两大特点，下面对这两大特点进行具体分析。

1. 垂直上门特色 O2O 交易平台

“懒人生活”的业务专注于小超市。它除了为社区居民提供日常所需，它主要负责社区 O2O 的“最后一公里”配送。

2. 社区 O2O 仍然处于蓝海中

社区 O2O 起步时间晚、扩展速度慢，具有一定的地域限制，与一般的电商平台相比，是一个发展相对缓慢的行业。目前，企业之间的竞争主要集中在外卖领域，其他的基本还处于蓝海。当然，“懒人生活”也逃不出这样的命运。下面对目前“懒人生活”的主要盈利途径进行图解分析，如图 9-15 所示。

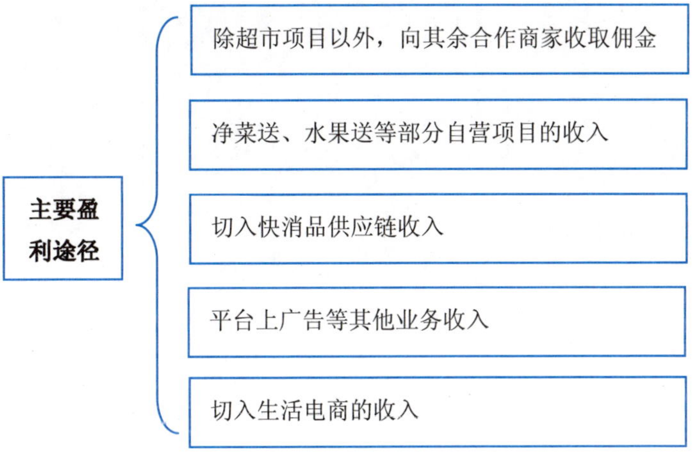

图 9-15　“懒人生活”的主要盈利途径

第 10 章

生活服务：社区 O2O 迎来服务新挑战

学前提示

虽然说社区 O2O 已成为许多电商发展的新出路，也是 O2O 发展的一大趋势，但是它的起步相对来说比较晚，发展比较缓慢，在发展的过程中自然也面临许多挑战，这种挑战尤其表现在生活服务方面。本章主要向读者介绍生活服务类 O2O 面临的挑战以及用户的需求。

要点展示

- 生活服务类 O2O 的五大挑战
- 生活服务类 O2O 的用户需求
- 生活服务类 O2O 的平台优势

10.1 生活服务类 O2O 的五大挑战

目前，生活服务类 O2O 品牌越来越多，其中社区服务类、零售类、上门美甲类等行业的发展尤为突出。但是，生活服务类 O2O 品牌在发展的同时，也面临着很多挑战。本节将对生活服务类 O2O 面临的挑战进行分析，从中探究生活服务类 O2O 的发展之路。

10.1.1 挑战一：提升用户的消费黏性

生活服务类 O2O 品牌面临的首要问题是由于某些生活服务不方便在网上进行预约导致用户黏性不够。很多用户还没有习惯线上预约、线下消费这种消费方式。由此可见，生活服务类 O2O 在提升用户消费黏性方面面临着很多挑战，主要表现在以下 3 个方面。

1. 试用率较低

就生活服务行业来说，消费者更偏向于线下体验，他们更愿意邀请三五好友一起在实体店享受生活服务，在这一点上，生活服务类 O2O 是没办法满足消费者的。再者，消费者对生活服务类 O2O 还不太了解，没有养成完全接受线上服务的习惯。所以，从整体来说，生活服务类 O2O 的使用率还是偏低的。

2. 重购率较低

生活服务大多是指生活日常事务，包括家政、美甲、美妆等行业。消费者进实体后就可以享受到相应的服务。显然，需要用户提前预订、提前告知的生活服务类 O2O 消费与实体店的线下消费没得比，并且，它根本保证不了可以让用户满意。自然，消费者重复消费的次数是不多，这样就不容易扩大稳定的消费群了。

3. 服务表达弱

生活服务类 O2O 在特色服务这方面的发展还比较慢，各行业拥有的特色服务还比较少，商家没办法将那些特色服务清楚地表达出来。所以，在这方面电商的发展缺乏核心竞争力。

商家要想解决用户消费黏性这一问题，应抓住消费黏性的关键，进而找出解决问题的办法。下面对解决用户消费黏性的关键进行图解分析，如图 10-1 所示。

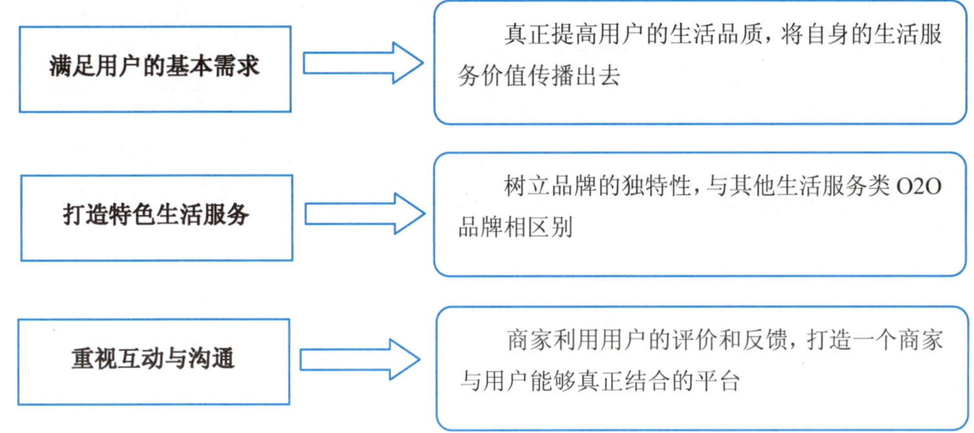

图 10-1 解决用户消费黏性问题的关键

10.1.2 挑战二：提供强化的服务管理

线下服务提供者主要负责向用户提供相应的服务。但是，它作为一个独立的商业个体，也有着自己的利益诉求。电商平台该如何满足线下服务的提供者在薪酬、福利、职业发展等方面的要求，是生活服务类 O2O 平台的又一项重大挑战。在这方面的挑战主要表现在以下 3 个方面。

1. 订单不稳定

目前，生活服务类 O2O 平台还处于快速成长时期，它在各方面的发展都还不够稳定，最终导致服务订单的不稳定，进而也会引发出一系列的不稳定。没有稳定而持续的订单再多的服务说教、品牌教育等也是徒劳的。

2. 品牌向心力不强

生活服务行业主要依靠商家对用户的劳动服务来获取相应的报酬。由于电商的品牌黏性大大降低，因此，赢得消费者信任，增强品牌的向心力就显得尤为重要。

3. 潜在“自组织”对抗

这里的“自组织”主要包括线下服务者建立的“小团体”、“朋友圈”、“同乡会”等。这些“自组织”成长起来后，也许会对商家提出更多的要求，比如薪资或提成等，有的甚至会领导服务从业者开展对抗活动，这是对生活服务类 O2O 平台发展提出的重大挑战之一。

商家要想强化对服务从业者的管理、提升服务从业者的平台黏性就需要抓住服务提供者解决问题的关键，如图 10-2 所示。

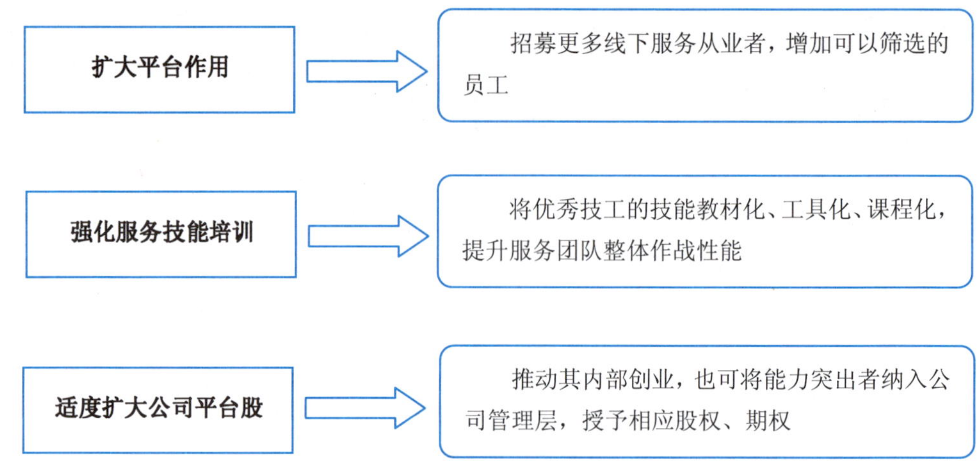

图 10-2 服务提供者解决问题的关键

10.1.3 挑战三：规避模式的闭环漏洞

生活服务类 O2O 拥有健全的流程，且闭环完整，这是它得以发展的前提。但是，它也有许多运作漏洞，面临着很多挑战，主要表现在以下两个方面。

1. 规避服务风险

由于消费者在进行生活服务方面的消费时更看重个人的短期利益，对已有订单很容易转让，甚至是直接取消订单。所以，生活服务类 O2O 电商平台一般都会以低价服务吸引用户，有时还会提供体验券、优惠卡等。除此之外，电商还应该提高自己的服务质量，以规避服务风险，提高用户的服务消费体验。

2. 推进支付闭环

生活服务类 O2O 一般都采取网上预订、线下支付的方式进行，这种方式很可能出现两种情况：一是因为服务质量导致用户不满而引发价格争议，二是因为服务质量好导致用户和服务商进行私下成交。不管是哪种情况都会导致平台的用户流失或者营业额下降。所以，商家不仅要提升 O2O 的生活服务质量，对线下的服务也要进行有效的管理和控制。

商家要解决规避 O2O 闭环漏洞问题也要抓住其关键。下面对解决规避 O2O 闭环漏洞问题的关键进行图解分析，如图 10-3 所示。

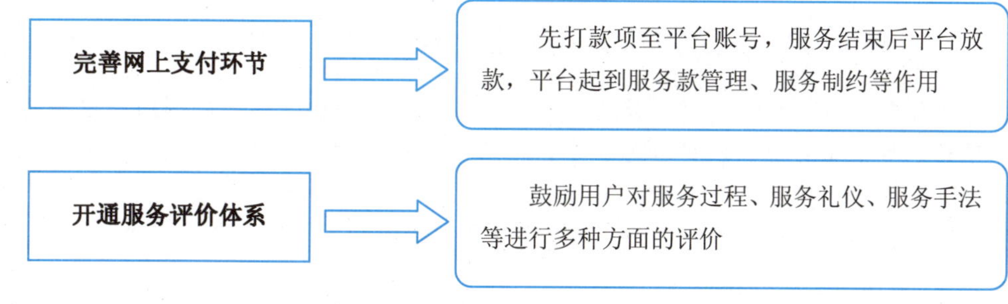

图 10-3　解决规避 O2O 闭环漏洞问题的关键

10.1.4　挑战四：提升线下活动成功率

多数生活服务类 O2O 企业对线下活动的重视度不够高，在极少的线下活动中，大部分企业的活动效果都比较差，这是生活服务类 O2O 未来快速发展将要面临的重要挑战。这方面的挑战主要表现在以下两个方面。

1. 线下活动举办难

生活服务类 O2O 平台更加注重平台建设，很少举办线下活动，对用户的关注度也并不高，实际举办的活动更是少之甚少，缺乏深度的线下沟通。

2. 聚会时指责多于沟通

多数生活服务类 O2O 企业为了招揽用户、招募线下服务者，有时会举办聚会。但是，这样的聚会并不能达到企业想要的结果。开会时，商家与用户之间的指责多于赞赏，这样用户很难有更好的消费体验，商家也没办法获得良好的口碑。

由此可见，商家提升线下活动对生活服务类平台的发展来说确实是一大挑战。那么商家怎么样解决这一问题呢？下面对商家解决提升线下活动成功率问题的关键进行图解分析，如图 10-4 所示。

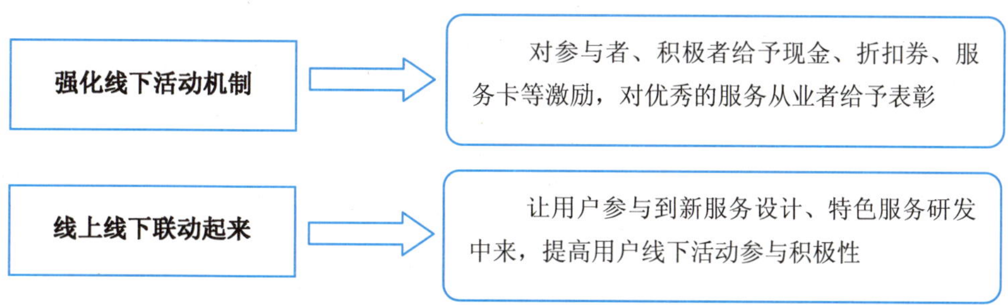

图 10-4　解决提升线下活动成功率问题的关键

10.1.5 挑战五：强化品牌的社群建设

生活服务类 O2O 行业对“品牌社群”要求比较高，加强品牌社群建设是平台发展的重点。如何强化品牌社群建设、提供更好的互动沟通平台是生活服务类 O2O 电商品牌面临的重大挑战。

在社群建设方面的挑战主要表现在以下两个方面。

1. 没有形成社群意识

生活服务类 O2O 大部分没有独立品牌社群，电商将业务的重点大都放在了市场开拓，扩大用户群等方面。平台的互动功能比较弱，其社群建设更是远远滞后。

2. 用户的活跃度较低

某些生活服务类 O2O 电商也开始重视“品牌社群建设”，利用品牌优势打造“微社区”、“微群落”等。但是，平台发布的信息以客户投诉、服务纠纷为主，用户关注的信息发布得较少，致使用户的活跃度偏低。

总之，生活服务类 O2O 只有打造更好的“品牌社群建设”，才能更好地扩大平台营销，彰显品牌特色，进而推动 O2O 服务平台的持续发展。那么，作为商家到底该怎么样做呢？下面对商家解决强化品牌社群建设问题的关键进行图解分析，如图 10-5 所示。

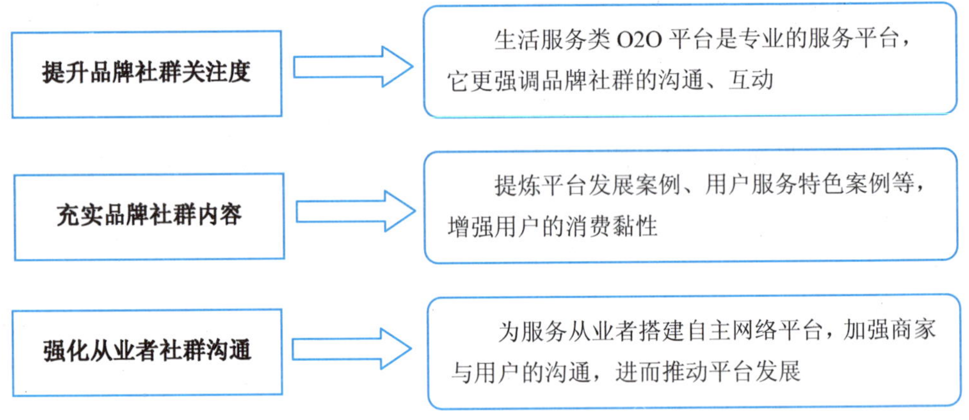

图 10-5 解决强化品牌社群建设问题的关键

10.2 生活服务类 O2O 的用户需求

生活服务类 O2O 大多满足于用户的生活需求，主要包括家政、家居、美食、教育、医疗等多个方面，而用户的消费也多与生活需求密切相关。因此，生活服务类

O2O应该以用户的需求为核心来为其提供相应的服务。

10.2.1 价格合理，商品优惠

价格合理是用户在生活服务类O2O平台上选择服务的首要条件。对商家来说，生活服务类O2O平台如果不能提供一个合理的服务价格，甚至比市场价格还高的话，显然这毫无竞争优势。

商品优惠活动是生活服务类O2O开展营销战略的基本方式，商家经常以特价优惠活动来吸引消费者。其中，优惠活动一般包括"下单有礼"、"分享有礼"以及"消费卡购买优惠"等。

10.2.2 创新服务，性价比高

生活服务类O2O平台应该提供特色服务，这样才能吸引消费者。平台的优势是用户可定制服务时间、选择服务场所，商家应提供有较高水平的技师以满足用户在服务质量上的要求，为用户提供更好的O2O生活服务。只有这样，才能吸引更多的用户来关注。

除了提供特色服务，商家还应该考虑服务的性价比问题。商家应该利用平台优势，使用户用同样的价格享受到更多、更好的相应的服务。只有这样，生活服务类O2O才能吸引更多的用户。

10.2.3 企业靠谱，评价较好

生活服务类O2O的沟通是在网上进行的，用户因为对商家品牌的实际情况不了解，所以缺乏对品牌的信任。这时，作为企业就要让用户感觉到自身是靠谱的，是具有实力的。只有让用户对企业充满信任，企业才能够更好地完成彼此的交易，获得良好的口碑。

生活服务类O2O用户以网民居多，这类人群大多对网上购物流程非常熟悉，网络的表达欲很强。毫无疑问，他们对服务的评价欲也很强。生活服务消费是否满意，他们大多都会对其进行评价。这对商家而言，既是机遇也是挑战。好的"评价"可以让商家获得良好口碑，但也会因某些不好的评价而影响企业自身的发展。因此，**商家应该对"服务评价"高度关注。**企业可以在平台开放"服务评价"系统，给用户提供一个参与的机会，进而提升平台的活跃度，进而争取更多用户的认可。

10.2.4 服务内容，精细专业

生活服务类O2O企业的服务内容要求精细且专业，只有这样，才能让用户更充

分地了解企业服务的具体信息。一般来说，用户大多通过企业网页提供的信息来决定是否要在这个平台进行消费。企业应该将服务的每个环节都有特色地表达出来，比如插入精美的图片，加入生动的案例展现。

10.2.5 线上线下，感触一致

生活服务类 O2O 运作的重点是使用户在线上和线下的感触一致。只有使用户在线下感受到的生活服务与线上描述的大体一致，用户才不会因此产生失落感。对商家而言，也只有这样才能让用户满意，进而一定程度上避免用户的流失。

目前很多生活服务类 O2O 企业都没办法做到使用户在线上线下的感触一致，这是行业发展缓慢的重要原因之一。因此，企业应该从用户的角度出发，进一步改善平台的经营管理，进一步完善线上线下的服务。

10.2.6 可以反馈，付款制约

生活服务类 O2O 行业还处在发展的初期，很多发展条件都不成熟。因此，用户对平台的信任度不高。基于这样的现实情况，企业应该加强用户的参与度，设立一些反馈渠道，给用户提供一个可以对生活服务进行评价的平台。企业还可以利用用户的反馈，有针对性地对平台自身进行改造。

从目前生活服务类 O2O 的运作来看，大部分企业都是采用“先下单、再体验、最后支付”的模式，这种模式在制约生活服务类 O2O 企业的同时，也给用户自身带来积分换物、优惠服务等相关实惠。

10.3 生活服务类 O2O 的优势体现

生活服务类 O2O 作为一个新兴的行业，一直备受很多从业者的关注。它虽然存在很多不足，在发展的过程中也遇到很多挑战，但是，作为一个新兴的行业，它本身也具有很多的优势。正因为具有这些优势，生活服务类 O2O 才能进一步发展。

本节主要对生活服务类 O2O 的平台优势进行分析，投资人或者创业者可对这些优势进行借鉴，找到适合自己发展的出路。

10.3.1 优势一：服务用户的生活

社区 O2O 的价值主要体现在流量入口方面，包括社区内的用户数量、密度以及用户黏性。虽然，流量入口对社区 O2O 平台很重要，但是平台自身也要培养能够产生流量并且可以黏住用户的“第一推动力”，进而服务用户的生活。

例如，“小区管家”是一款专为小区业主服务的App，拥有手机开门、物业报修、通知告示、物业管家、生活管家、智能管家等核心功能，如图10-6所示。

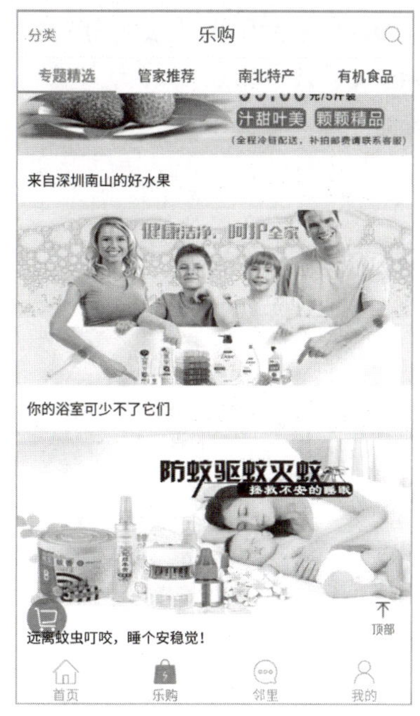

图10-6 “小区管家”App界面

“小区管家”App有很多功能，主要包括以下几个方面。

- **小区通知。**小区管家会及时把小区管理处的通知发送给用户，使其不错过小区内的任何通知。
- **投诉建议。**业主可以通过App参与小区互动，并与管理处进行交流，甚至可以通过它向管理处投诉或者提建议。
- **物业账单。**用户不仅可以通过App接收管理处每月的物业费、水费等账单，还可以对历史账单进行查询。
- **安全监控。**用户可以通过App对家里的情况进行远程视频监控，使用户在社区里住得更安全、更放心。
- **便民服务。**用户可以通过App搜索到周边的服务信息，避免了上网查询，使用户在平时的生活服务中得到更多的方便。
- **生活精选。**小区管家还有非常有趣的生活百科以及各种吃喝玩乐的消费指南，为用户的闲暇时光提供丰富的生活内容。

10.3.2 优势二：服务本地的居民

社区 O2O 生活服务主要是针对本地居民而言的。由于地域的限制，它对本地居民的服务也成了其自身发展的一大优势，它是为本地市民提供的一种“量身定制”的贴心服务。

例如，“智慧社区”App 就是一款致力于服务本地居民、提升社区生活品质的社区服务 O2O 应用，其业务以提供物业服务为主。用户可以在 App 上租房、进行家政服务、物业管理等，如图 10-7 所示。

图 10-7 “智慧社区”App

“智慧社区”专注于本地化服务。它为用户提供许多高品质的应用，包括饮食、购物、养老、医疗、教育等。除此之外，它还为用户提供相应的个性化页面设置，用户可以将自己常用的几个应用订阅到首页，让用户真正地感受到“智慧生活”的便捷性。

10.3.3 优势三：“一站式”社区服务

社区 O2O 可为社区用户带来“一站式服务”。它在网络技术的推动下，以社区服务为基础，对各种资源进行优化配置，并与业主及时沟通，以提高物业服务的工作效率。社区 O2O 的这种“一站式”服务不仅为居民提供了便捷的社区生活服务体验，也为公司注入了新的活力。

例如，彩生活的“彩之云”就是一款专注社区服务的 App。用户不仅可以在这个 App 上进行投诉和报修，也可以实现各种缴费，比如物业费、停车费、水电煤气费等。彩生活是将资源从线下向线上导入，使其成为在线交易的潜在用户。彩生活的商业模式，如图 10-8 所示。

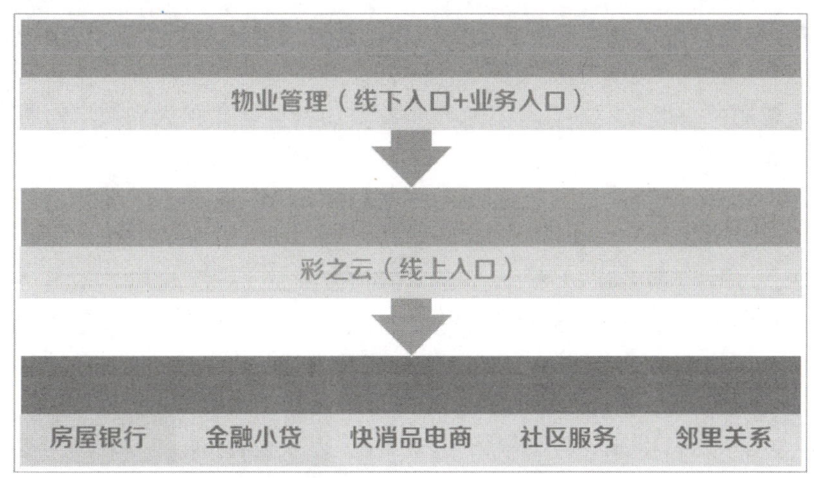

图 10-8　彩生活的商业模式

彩生活和某些行业的商家进行合作，为社区服务争取供应商，业主打电话或登录彩生活社区服务平台就可以享受相应的服务。“彩之云”App 的界面，如图 10-9 所示。

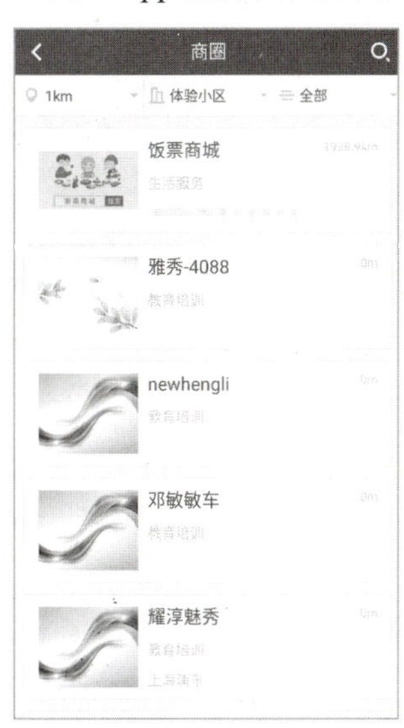

图 10-9　“彩之云”App

彩生活通过对业主的一些及时性、特殊性的公共需求进行及时识别，然后，与外界的合作供应商进行联系，并及时解决用户在电脑维修、开锁、通下水道等方面的困难。

10.3.4 优势四：三城社区 O2O 服务

三城社区 O2O 指的是在三个相邻的城市同时开展社区 O2O 的一种新的模式。三城社区 O2O 将社区 O2O 的范围扩大化，将针对小区的一些服务扩展到三个城市之中，以实现资源共享以及利益互惠。它将目标群由社区居民扩大到城市的所有用户，便于用户形成规模化。

例如，“365 小区宝”通过挖掘小区及周边的商业资源，打造 B2F 的范围模式，进而构建多体系的融合，形成整个小区宝的用户链、服务链和供应链，完成社区 O2O 的服务闭环。

“365 小区宝”是由“365 网”推出的一款基于小区创建的、满足业主日常生活服务需求的社区生活 App，它的主要服务范围是南京、合肥、芜湖。三城通过“365 宝小区”App 同时打造社区 O2O 生活服务平台，如图 10-10 所示。

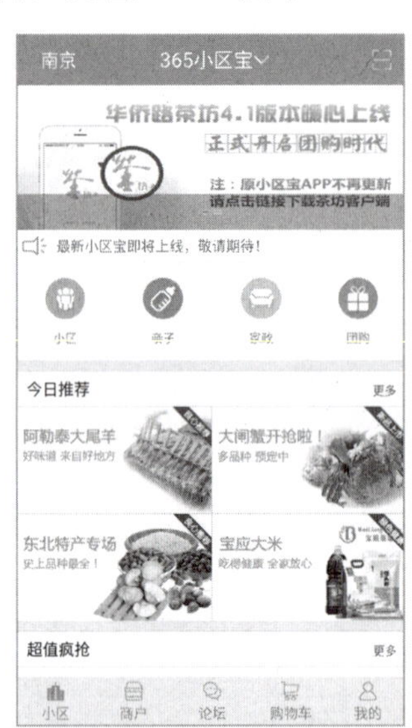

图 10-10 “365 小区宝”App

“365 小区宝”是邻里综合的好管家，它旨在给三个城市的广大市民提供方便的综合服务。它不仅为用户提供各种优惠和团购，也为其提供兴趣圈和及时通信，它的目标是满足用户生活各个方面的需求。“365 小区宝”主要的业务是整合商户资源、整理优惠信息、满足业主的生活需求。一切是围绕社区生活，一切也是为了社区生活。

“365 小区宝”拥有以下五大特色功能，下面对其进行简单介绍。

- **最小区：**包括二手市场、拼车上下班、宠物约会、亲子等贴心社区服务，如图 10-11 所示。

图 10-11　“最小区”功能

- **最优惠：**指的是最有价值的电商网站和商超的信息，如图 10-12 所示。

图 10-12　“最优购”功能

- **最家政：**为小区用户提供最真正的互联网家政平台，提供最优质的厨房、室内以及卫生间各种服务，如钟点工、月嫂、保洁、住家保姆等，是用户的家庭好帮手，如图 10-13 所示。

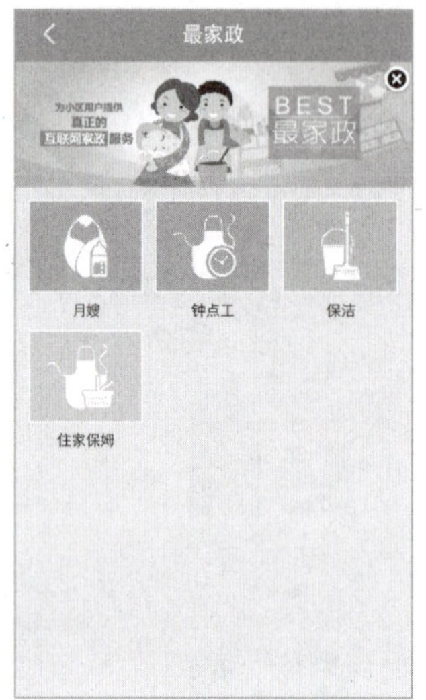

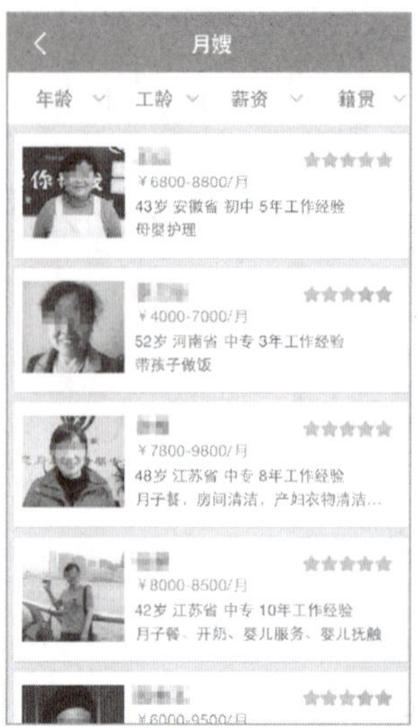

图 10-13 “最家政”功能

- **最团购：**用户可以在此参加各种团购活动，享受优惠，如图 10-14 所示。

图 10-14 “最团购”功能

- **在线支付：**用户可以通过 App 低价抢购千余种生活消费用品，拥有 3000 余家联盟商家，线下消费时出示手机凭证即可享受优惠，如图 10-15 所示。

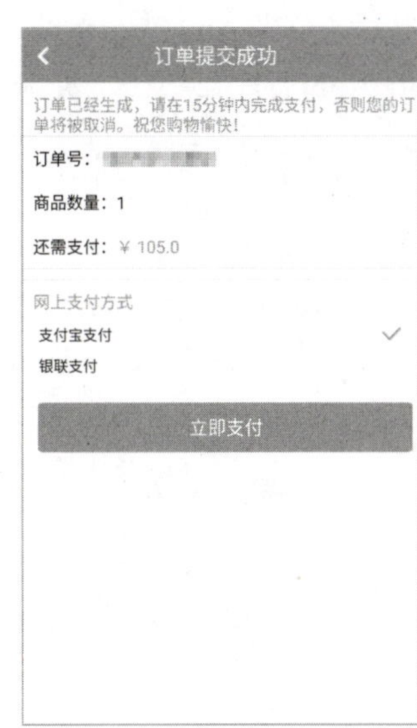

图 10-15 “在线支付”功能

10.3.5 优势五：让洗车不再是烦恼

随着生活节奏的加快，大部分的有车一族都没有时间去洗车，就算有时间了可是又要排很长的队。很多商家从有车族“洗车难”这一现状中发现了商机，各种洗车应用也随之出现。例如，“就爱洗车”App，如图 10-16 所示。

图 10-16 “就爱洗车”App

用户使用“就爱洗车”App 洗车的步骤如下。

- 用户打开 App 后，找到“一键洗车”，然后选择洗车门店。
- 下订单，进行洗车预约。
- 完成支付。
- 洗车员工上门清洗车辆。

在“就爱洗车”App 的首页，用户点击“发现”功能之后，还可以了解交通的路况直播，或者一些汽车保养的常识或技巧，如图 10-17 所示。

图 10-17 “发现”界面

第 11 章

行业应用：社区 O2O 模式的应用案例

学前提示

在学习了社区 O2O 模式的相关理论后，作为商家最重要的就是将理论运用到实际之中，这才是 O2O 发展的根本目的。那么，商家该如何恰当地将 O2O 模式运用到企业的发展之中呢？本章主要从行业应用方面对社区 O2O 模式进行案例分析，读者可从这些案例中寻找适合自身发展的方向。

要点展示

- 社区零售案例分析
- 社区生鲜案例分析
- 社区家政案例分析
- 社区租赁案例分析
- 社区物流案例分析

11.1 社区零售案例分析

随着 O2O 模式在各大电商中的普及，传统的零售行业也加入了 O2O 的队伍，社区 O2O 逐渐成为各大零售巨头打通线上线下的重要渠道。可以说，社区电商不仅成功地让传统电商实现了转型，也让各大零售行业、物流行业提供了一个新的发展机遇。本节主要对社区零售行业的 O2O 模式进行简单介绍，并以案例的形式向读者介绍社区 O2O 在社区零售行业应用。

11.1.1 四维支撑：社区电商 O2O 模式分析

社区电商模式的发展不仅仅依赖模式本身，它还需要一些可以支撑它发展的东西，比如供应链、服务配送等。具体来讲，社区电商模式的发展需要四个维度的支撑，如图 11-1 所示。

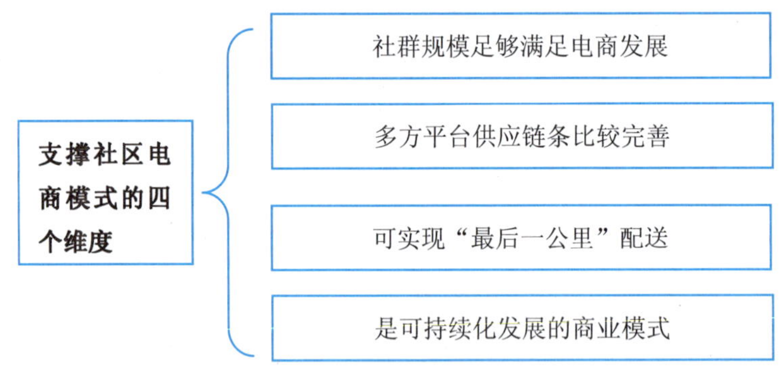

图 11-1 支撑社区电商模式的四个维度

下面从模式的运营和业务两方面分别对社区电商模式进行相应的解读。

从运营方面来看，社区电商模式最具有代表性的有社区 001、拉卡拉社区小店、顺丰嘿客等，这些模式引领着中国社区电商的发展。

从业务方面来看，社区电商模式主要针对的是本地化的社区物流配送。具体来讲，它主要利用社区周边的超市或商店，以物流配送为主要方式，进而实现“最后一公里”的配送。

11.1.2 盈利方式：社区零售 O2O 盈利分析

电子商务的发展对实体零售店的冲击越来越大，许多社区零售店也开始发展 O2O，开辟新的营销渠道。相信很多创业者会有这样的困惑，社区零售店针对的范围那么小，它们是如何实现盈利的呢？下面就对社区O2O实现盈利的方式进行分析。

1. 零售商掘金O2O

零售商掘金O2O主要有以下三大步骤，如图11-2所示。

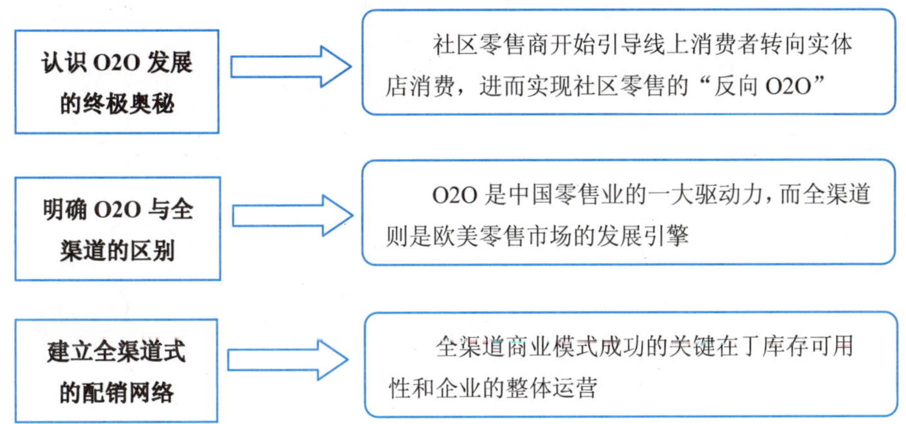

图11-2 零售商掘金O2O的步骤

2. 小而美的经营方式

“1号店”、“我买网”等电商网站以销售食品和快速消费品为主，它们的发展体现了网上超市的巨大潜力。这种小而美的经营方式，也是零售商成功经营的基础。值得一提的是，网上超市有两种货源，包括合作的大型超市和自行招募的供货商，如图11-3所示。

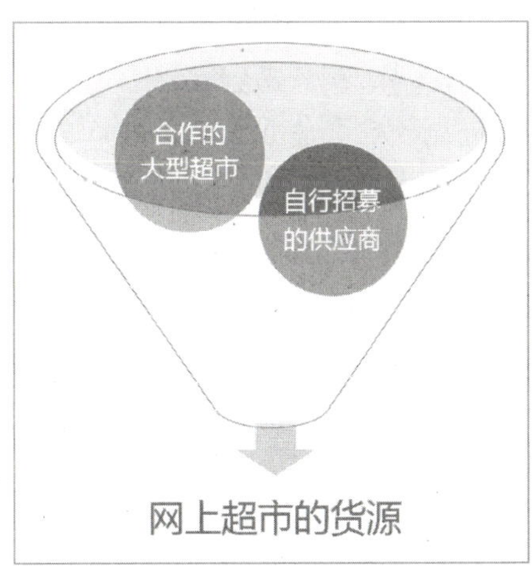

图11-3 网上超市进货途径

3．便捷是核心竞争力

消费者选择在网上进行购物，与实体店相比，大部分人看重的是网上购物的便捷性。但是，社区零售店因其商品种类繁杂又不具备品牌效应，所以并不具备在网上开设超市，打造线上平台的优势。社区零售店应从方便居民这一角度出发来创新经营模式。比如在社区内开自提点，做到配送快捷即可。

例如，“任我在线”就是采用在社区内开设自提点来展开经营的。如图 11-4 所示为“任我在线”的官网界面。

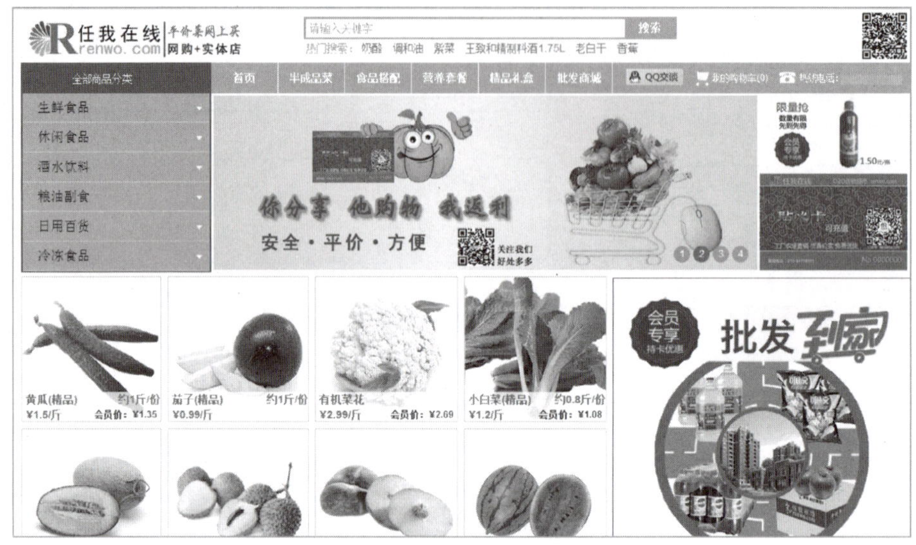

图 11-4　“任我在线”官网

它有菜农提供生鲜农产品，然后统一送到农民专业合作社，最后再送到指定的配送中心。“任我在线”的自提点一般会营业到晚上九点左右。无疑，这为上班族买菜提供了方便，解决了上班族买菜难的问题。

4．培养用户对产品的忠诚度

社区 O2O 的发展，离不开商家和买家之间的双向互动。也就是说，社区 O2O 平台的线上交易建立在双方需求之上。作为商家应该加强与用户的互动，不断满足用户需求的同时，培养用户对产品的忠诚度。只有这样，才能获得更多的固定用户群，便于社区零售 O2O 模式的展开。

随着电商的发展，电商行业内的竞争也越来越大，所以，商家培养用户对产品的忠诚度也越来越重要，越来越有难度。**培养用户对产品的忠诚度可从两个方面着手，第一，创新经营模式；第二，提高产品质量。**

5. 选好盈利模式是关键

对于小型的社区零售店来说，它既没有产品的价格优势，也不具备品牌优势，要想将其做大做强的话，就需要改善盈利模式。比如加强与大型零售超市的合作或者直接从厂家订购产品，开展一些优惠活动进行促销，以此来吸引更多的消费者。

11.1.3 案例：社区 001——打造社区的网上超市

“社区 001”是一款服务社区居民购物的 App，小区附近的超市是其开展业务的合作点。客户下单后，商家就会将 5 公里范围内的货物在 1 小时之内送给客户。“社区 001”的 App 界面，如图 11-5 所示。

图 11-5 “社区 001” App 界面

在对“社区 001”有了初步的了解后，下面从其收入来源、目标用户以及宣传推广这 3 个方面对其进行具体分析。

“社区 001”的收入主要来源于对客户订单的扣点，它在与供应商或者厂家合作的时候，对其是不收取任何费用的。正因为没有任何所谓的平台费、推广费、广告费等，很多供应商和厂家都愿意与其合作。

“社区 001”上的商品分类众多，包括天天鲜菜、粮油副食、日化美户、母婴用品、家居清洁、宠物专区等方面。因此，它的目标用户群主要集中在 35~55 岁之间的家庭主妇。

11.1.4 案例：天虹微喔——实现微信支付社区化

“天虹微喔”是天虹商城开的便利店，店内中部放有圆形的商品展架，并且在相同位置摆放的货物一致，如图 11-6 所示。

图 11-6 “天虹微喔”内部摆设

在某店内，消费者可以享受免费 Wi-Fi，在天虹商城官网、微信、微店上可以搜索和预订更多商品。值得一提的是，微喔店除了销售各种商品，还开设了餐厅式的休闲区，不仅为客户提供一些包括公共事业缴费、银行开卡、证券开户、理财等的金融服务，还提供一些包括衣物干洗、照片冲洗、家政预约等的社区生活服务。

在支付方面，“微喔”店已在社区内实现了移动支付的功能。消费者通过微信支付等线上方式可顺利完成支付。但是，由于店内的客流量多，且流动快速，微信支付并没有能够完全推广开来。

11.1.5 案例：比邻店——创新线上线下新平台

“比邻”店是一种线下便利店的线上售货平台，店铺类型主要以中小型的社区便利店为主，其中，夫妻二人店最为典型。用户可以在线购买离他最近便利店的商品，便利店 20 分钟内免费送货上门，如图 11-7 所示。

目前，“比邻”店线上商品主要集中在饮料、零食等方面。它在营销推广方面主要采取的是传统的线下推广方式，即发放海报、在便利店放置名片等形式，当然，也包括一些在小区里进行的不定期的活动路演。

图 11-7　"比邻"店

11.1.6　案例：拉卡拉——进行社区本地化服务

拉卡拉为发展社区 O2O 开创了"开店宝"，为社区小店提供电商服务和金融服务，帮助社区小店更好地进行线上线下经营。拉卡拉开店宝的用途如图 11-8 所示。

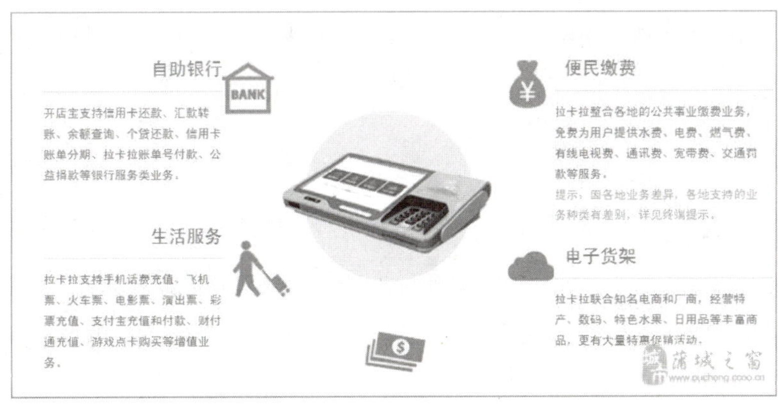

图 11-8　拉卡拉开店宝的用途

拉卡拉对社区小店的主要作用表现在以下 3 个方面。

- 帮助社区小店用更低的价格采购到品类更多的商品，进而解决一些进货问题。
- 帮助社区小店拓展交易场景，让用户使用基于社区小店的电商服务。
- 为社区小店店主提供一系列配套金融服务，例如信用卡支付、供应链融资、简单的理财产品购买等。

与其他的社区 O2O 相比，拉卡拉具有以下 3 点优势。

- 覆盖的社区小店规模庞大，覆盖了 80%以上的社区。

- 社区小店与社区居民之间基于体验、基于信任的关系。
- 拉卡拉与银行具有多年的合作关系，在金融服务上占有一定的优势。

11.2 社区生鲜案例分析

生鲜 O2O 这个领域，有别于其他行业，它最后还要回归到线下供应链管理。社区生鲜行业的 O2O 应用，不仅可以加快生鲜产品的运送速度，也可以方便用户品尝到更新鲜的产品。本节主要对社区生鲜 O2O 进行简单介绍。

11.2.1 核心要素：社区生鲜 O2O 构成要素

社区生鲜 O2O 实际是就是“社区+O2O+生鲜”的有机结构的组合体。其中，社区、O2O、生鲜是社区生鲜 O2O 的 3 大核心要素，并且三者缺一不可。社区生鲜 O2O 模式的运营中，只有将这三者真正统一起来，才能进一步推进社区生鲜的发展。

11.2.2 供应链条：社区生鲜 O2O 进驻住宅社区

社区生鲜 O2O 打通了线上线下的供应链条，将产品进驻住宅社区是商家实现业务发展的必然之路。下面对社区生鲜进驻住宅社区的作用进行图解分析，如图 11-9 所示。

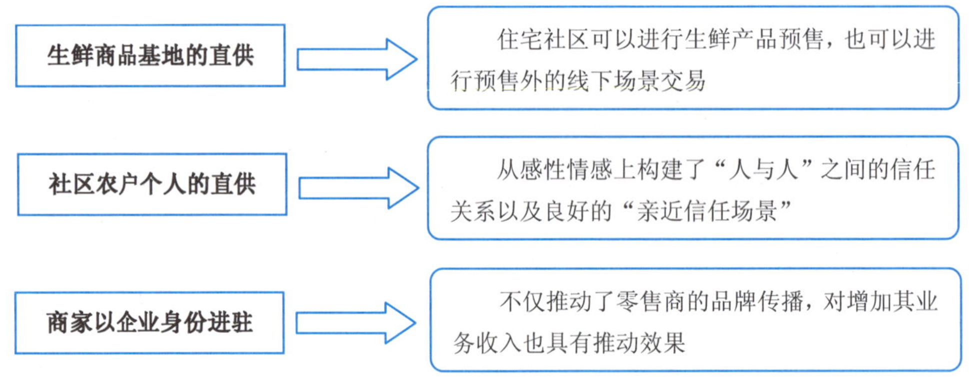

图 11-9　社区生鲜进驻住宅社区的作用

11.2.3 运营模式：社区生鲜 O2O 三大模式

社区生鲜 O2O 具有三大模式，包括“会员+直配”模式、“门店+直配”模式、“物流+终端”模式。下面对这三大模式进行具体介绍。

1. “会员+直配”模式

商家将用户发展成会员，并通过会员定制的方式，将农民最新生产的新鲜食材通过冷链物流直接配送到顾客家中。主要代表有多利农庄、一亩田、正谷等。

2. “门店+平台”模式

商家既有自己的电商平台又有社区门店，消费者既可以线上交易也可以进行线下交易，即消费者既可以网络购买，也可以到店内购买，这在一定程度上保证了顾客的不外流。主要代表有康品汇、日照农夫田歌、广州鲜素达等。

3. “物流+终端”模式

主要依托平台自有的物流渠道，通过此渠道并借助遍布社区的连锁便利店来完成整个配送流程，可以说它是一种合作模式。

11.2.4 案例：Farmigo——走进高端“食物社区”

Farmigo 是一种连接农场和用户的平台，专注于高端食品市场。它凭借独特的商业模式，现已发展成为全美最大的农产品在线交易平台，如图 11-10 所示。

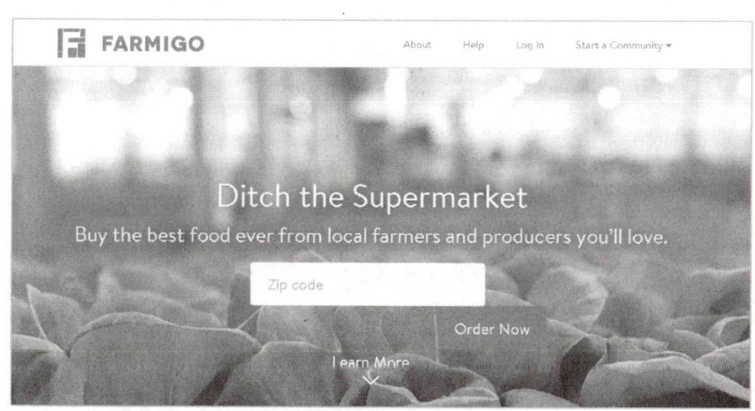

图 11-10 Farmigo 主页

Farmigo 以用户需求为导向，会为每一个社区制作专门的购物网页，打造产品的交易平台。它的这种以人为核心的社会化电商思维模式，可以说是一种“私人定制”模式，让平台的发展更加个性化。

11.2.5 案例：聚土地——实现用户“田园农夫梦”

淘宝聚划算平台曾推出过一个关于“互联网私人订制农场”的帮农、惠农项目，即“聚土地”。该项目在推出后 3 天内浏览量就达 34 万次，项目的总曝光量超过 5

亿，当时在全国范围内引起了很大的轰动。“聚土地”首页，如图 11-11 所示。

图 11-11 “聚土地”首页

随着人们生活水平的提高，越来越多的人开始关注自身的健康问题，很多人都想尝试亲手种植瓜果蔬菜，过田园生活，而“聚土地”正好提供了这样一个条件。

11.2.6 案例：日日鲜——打造社区生鲜大厨房

“日日鲜”实体店采用的是线上预定和现场购买的运营方式，属于一种 O2O 社区生鲜电商模式。消费者既可以到店里选购，也可以登录网站对产品进行预定，这就为消费者提供了更多的选择产品的机会，如图 11-12 所示。

图 11-12 “日日鲜”实体店内线上购物

从店名“日日鲜”就可以看出，该生鲜店主打的口号是“每日新鲜”。它旨在将其生鲜店打造成社区生鲜里的大厨房，为消费者提供更新鲜、更安全的农鲜产品，以及一种更优质的服务。

11.2.7 案例：青年菜君——饿出来的生鲜 O2O

“青年菜君”是一家以售卖半成品净菜为主的 O2O 企业，青年人是其主要的目标消费人群。青年菜君针对消费者不同的消费习惯在营销推广上分别采用了微信营销和 App 营销两种营销渠道。青年菜君 App 界面如图 11-13 所示。

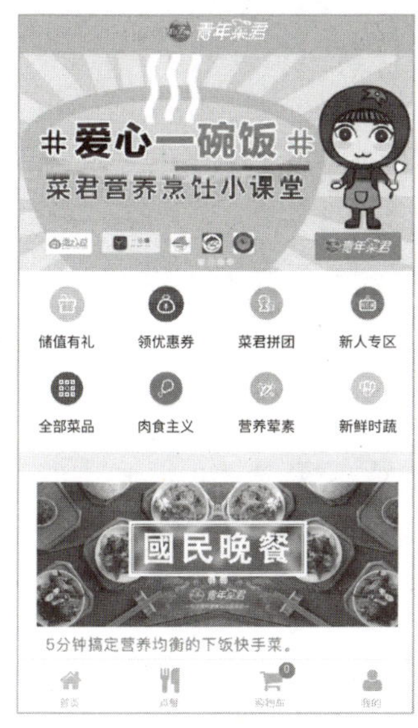

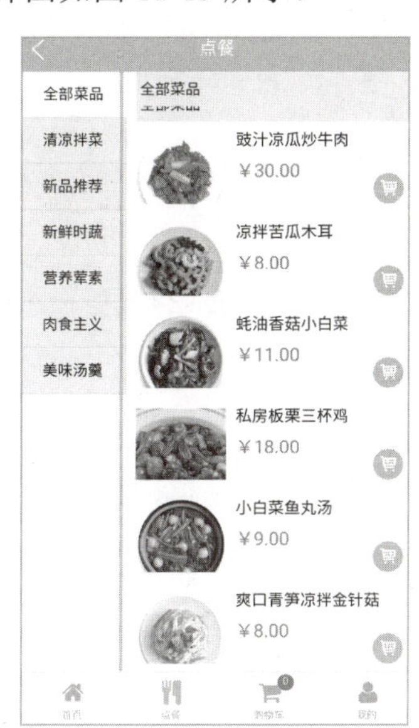

图 11-13 “青年菜君”App 界面

“青年菜君”这种通过线上预订、线下提货、线上反馈互动的方式，符合时代热潮，非常精确地击中了现代都市白领的生活痛点。虽然目前店面很小，但如果将这种模式规范化和标准化，复制更多的这种分店将不成问题。

11.3 社区家政案例分析

在大量 O2O 公司的帮助下，许多家政服务人员也开始把个人信息和工作时间放在互联网上供用户查看，以寻找一个自己满意的东家。这种方式的改变，使得家政服务人员获得了更多的主动权。本节主要向读者介绍社区家政的市场指向及其平台作用，并对社区家政的行业应用进行分析。

11.3.1 市场指向：家政 O2O 的市场前景

在过去，家政行业使用 App 来发展业务，显然这是不合理的。用户寻找的大多数是月嫂、育儿、日常保姆等，若一旦找到合适的人员，一般数月内不会再打开 App。因此，这样一个 App 便失去了它本该有的意义。然而现在，在这个资本狂热的时代，许多人想要创业，许多企业也在躁动，很多家政 O2O 企业在城市区域拓展上走过不少弯路。在未来，家政 O2O 将迎来新的爆发，用户通过二维码扫描或者其他高科技手段，就可以继续完善家政行业支付、点评、信息化等环节。

11.3.2 平台作用：家政 O2O 平台的作用

社区 O2O 家政平台主要有以下 5 个作用。

1. 增加雇主选择余地

把所有家政人员所能提供的服务做成“产品”放在网上供雇主选择，这样可以解决大量雇主找不到家政服务人员和担心黑中介的问题。

2. 评价真实，信息透明化

在家政 O2O 平台上，所有的有效信息都是公开透明的，雇主的评价以及家政人员被雇佣的次数都可以很直观地展现在用户面前。

3. 交易担保可缓解纠纷

雇主可对交易进行担保，在确认家政人员的服务让雇主满意之后再进行支付。

4. 实现家政人员价值最大化

家政平台可帮助家政人员提供更多的就业机会，实现价值的最大化。比如可帮助家政人员错开时间点来为不同的雇主进行服务。

5. 实现服务价格的公正性

家政人员的价格是不固定的。一般来说，评价好的，服务内容多的，价格也会偏高。这种以能力来论价格的方式，体现了服务价格的公正性特点。

11.3.3 案例：小马管家——重新定义家政服务

“小马管家”是一款以地理位置为基础，向用户提供家政服务的 App，如图 11-14 所示。

图 11-14　“小马管家” App 界面

“小马管家”里的所有管家都是经过严格的专业培训的，他们同以往的小时工不一样，这就在一定程度上确保了管家的服务质量。在 App 上，所有管家的信息都是真实透明的，方便客户直接挑选。

“小马管家”不仅在服务质量上过硬，在运营模式上也有很多创新之处。下面对其运营模式进行具体分析。

- 激励性薪酬管理：“小马管家”雇佣的家政人员还负责销售，其工资是按照“底薪+提成”的方式来发放工资的。
- 按照户型进行收费：“小马管家”按照户型的大小来收费，具体情况，如图 11-15 所示。

基础服务价格表

每2周服务1次　每周服务1次　每周服务2次　每周服务3次　（单位：元）

户　型	1居室	2居室	大2居	3居室	四居室 (200平米以下)	大户型 (200-300平米)
4周价格	188	208	248	288	388	488
12周价格	588	618	738	858	1158	1458
48周价格	2348	2368	2948	3428	4628	5828

图 11-15　“小马管家”的服务价格表

- 内部重视线上管理：“小马管家”只在线上接单，线下门店主要负责培训员工、业务管理等，线下的服务只针对周边住宅区。

11.3.4 案例：小跑生活——预约家政的好助手

“小跑生活”是一款致力于打造本地化生活服务的移动 App，它服务的种类主要包括家政、维修、搬家、小时工、回收等。新的搬家模块上线后，用户只要在 App 中填写相关信息，就可以进行预定支付等环节。“小跑生活”的 App 界面如图 11-16 所示。

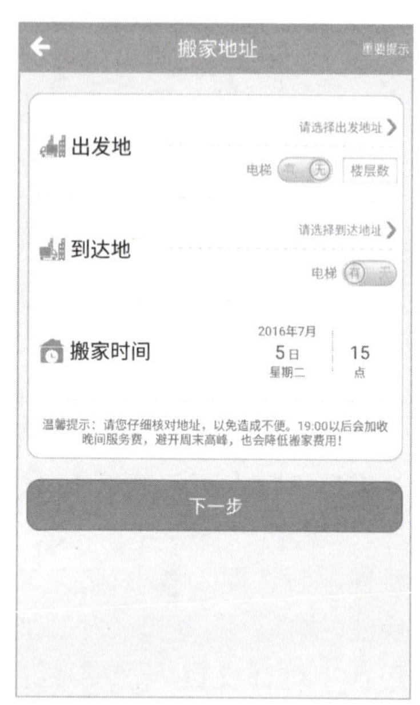

图 11-16 “小跑生活”App 界面

在小跑团队看来，我国的家政 O2O 市场还不成熟，尤其在可行的盈利模式方面比较缺乏。但是，传统的家政公司在经营、发展的过程中却具有以下 4 点优势。

- 拥有比较丰富的业务经验。
- 能够对服务人员进行更强的管控。
- 拥有相对完善的售后服务保障。
- 具有成熟的培训机构和培训机制。

因此，“小跑生活”在开展业务时与线下的家政进行合作是一种比较好的发展模式，利用线下家政的优势，用比较好的家政服务来获取用户黏性，进而实现盈利。但是这样的话，家政服务的中间环节会增多，家政本身的利润将会减少。

专家提醒

“小跑生活”在商家入住时会对商家收取相应的年费和保证金，并且在未来，它还会对每单的交易佣金进行抽成以获取一定的利益。由此可见，“小跑生活”也在为自身的盈利寻找新的出路。

11.3.5 案例：云家政——打造家政领域的淘宝

“云家政”是一个家政服务公司及用户管理的信息化平台，主要专注于家庭家政的生活服务。“云家政”的 App 界面如图 11-17 所示。

图 11-17 “云家政”App 界面

下面从 6 个方面对“云家政”进行简单介绍。

1. 云家政的运营模式

云家政采用的是“淘宝+大众点评”的运营模式，在大数据的支撑下为用户提供专业的服务。在云家政中，所有的家政公司都是独立的个体，与商家入驻淘宝的模式有些类似。

2. 云家政的服务对象

云家政主要的服务人员包括有家政需求的用户和一些传统家政公司。家政人员想要进入“云家政”就要接受身份证、培训证、健康证等从业证件的核查。用户可以利用云家政的点评功能查看所有的历史评价。

3. 云家政的盈利模式

云家政的盈利模式和淘宝非常相似。云家政不仅为用户提供免费的在线服务信息，也为用户提供了一个挑选、下单、预约、评价的平台。在交易完成后，用户给家政公司支付一定的中介费，云家政抽取部分佣金。

4. 云家政的推广方式

云家政不仅利用 SaaS 系统来提高管理效率，也对各地方家政协会资源进行整合。当然，云家政也并没有放弃地推模式，只是运用得比较少。

5. 云家政面临的困难

云家政是一个以人为本的家政服务平台，但是在线下的实际操作过程中却没有为以人为本划定一个清晰明了的标准。所以，云家政在线下服务的把控上会有些力不从心，具有一定的运营难度。

6. 云家政的发展方向

在移动互联网迅速发展的当下，云家政不仅会继续与传统家政公司进行合作，也会利用二维码来实现移动支付、在线点评等操作。

11.4 社区租赁案例分析

租赁是指消费者花费一定的费用实现借贷的经济行为。然而，租赁 O2O 则是社区 O2O 在租赁行业的应用。简单来说，它是传统的租赁行业为拓展业务在互联网的支持下寻找的一种新的商业模式。本节对租赁 O2O 的行业应用进行简单介绍。

11.4.1 行业现状：社区 O2O 模式的行业改造

租赁 O2O 主要包括租房 O2O 和租车 O2O。随着移动互联网的发展，租赁 O2O 实现了对传统租赁行业的改造。其中，租房 O2O 商业模式的不断发展，不仅为用户解决了找房、租房的困难，也为许多创业者和投资人提供了发展方向。但是，租车 O2O 还处于初步发展阶段，各地的限牌政策客观上也促进了租车 O2O 的发展。

11.4.2 案例：蘑菇公寓——实现高品质的居住生活

“蘑菇公寓”是一款打造优质公寓的租房服务平台的 App，它主要的业务是为上海都市白领寻找优质的合租公寓，实现高品质居住生活。蘑菇公寓的手机 App 界面如图 11-18 所示。

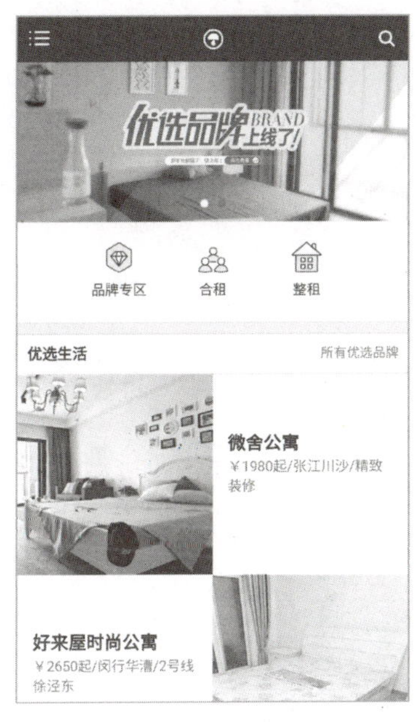

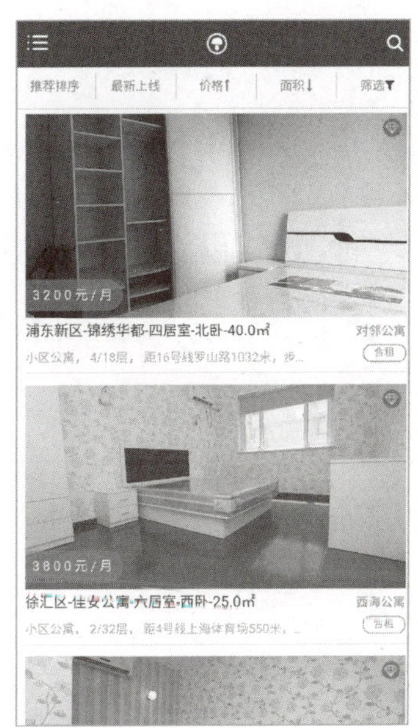

图 11-18 “蘑菇公寓”App 界面

“蘑菇公寓”主要采用的是“房屋托管+标准化装修+租后服务”的模式，为消费者打造品质租住生活。“蘑菇公寓”一般会先租下大面积的成套公寓，再将其装修升级为能够达到白领公寓标准，再向外出租。这样就一定程度上保证了房子的质量。

“蘑菇公寓”利用社区 O2O 模式开创了租房市场的新格局，完成了对租房体系的重构。它通过线上线下的活动建立了一个名为“蘑菇圈”的趣味社交圈，都市男女可以在这个平台上进行交流，彼此分享。“蘑菇圈”页面如图 11-19 所示。

图 11-19 “蘑菇社区”线下活动

11.4.3 案例：爱屋吉屋——创新多维度的经营模式

“爱屋吉屋”是一个为用户提供租房信息的平台。它不仅为用户提供透明化的租房流程，还有热门的新房推荐，为用户提供优质的用户体验以及高效率的服务。“爱屋吉屋”的 App 界面如图 11-20 所示。

图 11-20 “爱屋吉屋”App 界面

“爱屋吉屋”不仅有租房网站，还有自己的经纪人和地推队伍。在“爱屋吉屋”看来，租房受很多因素的影响，从业者很难将业务实现标准化。对租赁行业的从业者来说，公司打造一支具有强有力的地推能力的经纪人队伍，不仅可以弥补线上信息发布平台的短板，也有利于进一步打通线下服务流程。

11.4.4 案例：YOU+公寓——打造年轻人的交友圈

“YOU+国际青年社区”是一个面向现代都市青年的连锁生活社区，它的门店主要设在北京、上海、广州、深圳这些大城市。其中，各大门店以“青年生活和青年创业”为主题。“YOU+国际青年社区”的主页如图 11-21 所示。

图 11-21　YOU+国际青年社区主页

"YOU+国际青年公寓"以用户为核心，以社交为出发点，它一般都会将公寓中的一层打造成所有租客的客厅，居住者还可以对居住空间进行改造。可以说，它融合了生活中的众多积极元素，使都市青年可以在这里感受到真诚、快乐、分享、奉献等，更是众多在都市打拼的青年停泊的港湾。

11.5　社区物流案例分析

物流不仅是连接商品与用户的桥梁，也是撬动社区 O2O 的得力杠杆。所以，社区 O2O 在物流派送这方面的发展相当重要。

本节主要是对物流派送的相关知识做相应的简单介绍，并对其进行案例分析，让读者对物流派送有一个进一步的了解。

11.5.1　物流构建：社区 O2O 底层建筑

社区 O2O 的发展，关键是要打造坚实的底层建筑。社区 O2O 的底层建筑包括 Wi-Fi、物业、物流这三方面内容，如图 11-22 所示。

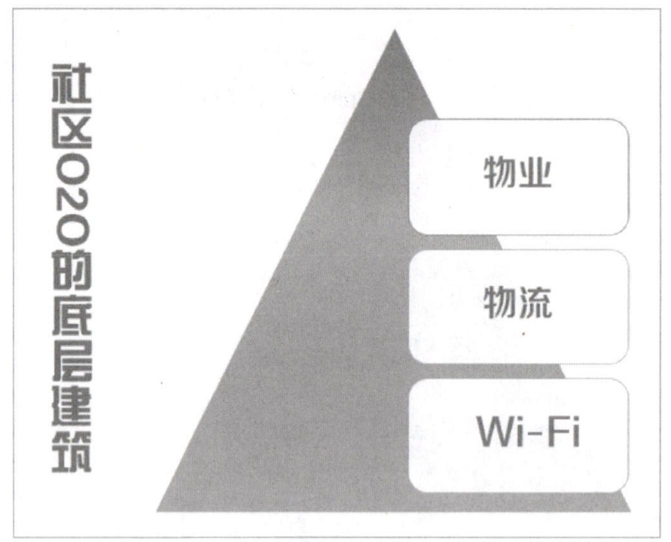

图 11-22　社区 O2O 底层建筑的三个方面

11.5.2　物流方式：社区 O2O 的差异化物流

谈到社区 O2O 建设物流的方法，相信大家最先想到就是成本问题。在物流配送中，如果单价低，数次又多，这样成本投入就会偏大。但是，如果单价高的话，前来购买产品的顾客又会减少。

除了考虑成本问题，为发展社区 O2O，商家也应该考虑做延时配送，延时期间积累商品以便批量处理。此外，物流配送虽然实质上大同小异，但是在形式上却可以追求个性化，进而打造差异化物流服务。

11.5.3　案例：人人快递——智慧快递物流服务平台

“人人快递”是在移动互联网技术的支持下搭建的信息管理平台。它通过对社会闲散资源进行整合来实现同城的物流配送。如图 11-23 所示为人人快递 App 界面。

人人快递的快递员是不隶属于人人快递的，只要经过实名认证、绑定银行卡、拍照存档等一系列操作验证后，人人都可以成为其快递人。

图 11-23　人人快递 App 界面

11.5.4　案例：楼下 100——烘焙 O2O 里的配送专家

“楼下 100”是中国首家订购并配送甜品的预订服务平台。但是，它并不自营糕饼店，主要负责扩大流量和产品的配送。“楼下 100”App 界面如图 11-24 所示。

图 11-24　“楼下 100”App 界面

在物流配送方面，“楼下 100”采用的是“自建物流+冷链配送”的模式，在这一模式的基础上实行配送员抢单制。这种配送模式不仅体现了平台模式的垂直化，也体现了订购、配送和大数据的有效结合，使生产商和消费者进行对接。

11.5.5 案例：爱鲜蜂——“掌上一小时速达便利店”

“爱鲜蜂”是以众包微物流配送为核心模式，基于移动终端定位的 O2O 社区品牌。爱鲜蜂定位为“掌上一小时速达便利店”，专为各种“懒人”服务，主打“新鲜美食，闪电送达”。

爱鲜蜂的主要用户定位为年轻白领，为用户提供 O2O 运营服务的 App。可以说，它是商家为将供应商、社区商店和消费者三者联合起来搭建的一个平台。“爱鲜蜂”App 界面如图 11-25 所示。

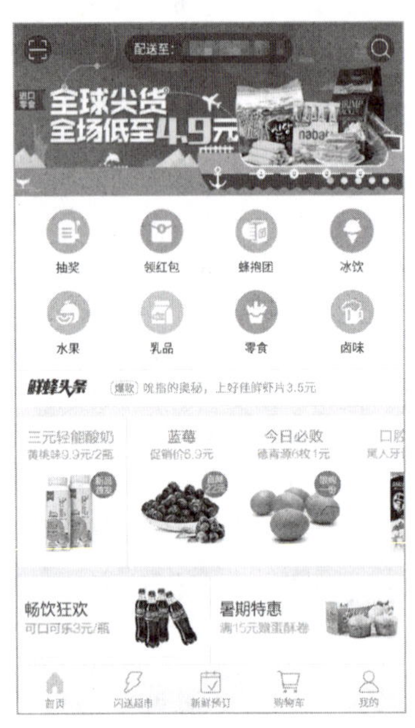

图 11-25 “爱鲜蜂”App 界面

“爱鲜蜂”主要为用户提供有机蔬菜、水果、生活用品等。从其配送范围来看，用户的生活住宅区及办公区域是其主要的覆盖区域。从其名称可知，“爱鲜蜂”的“鲜”强调的是食品的新鲜，而“蜂”则代表配送人员的数量多、速度快。

第 12 章

入门秘籍：餐饮 O2O 模式现状与发展

学前提示

移动互联网的蓬勃发展，也带动了 O2O 的经济发展。目前，融资接连不断，新创企业粉墨登场。愈来愈多的行业开始涉足 O2O，而餐饮 O2O 更是首当其冲，如火如荼地展开。本章将讲述餐饮 O2O 的发展，走进餐饮 O2O 的世界。

要点展示

- 餐饮 O2O 的基本概念
- 餐饮 O2O 的六大模式
- 餐饮 O2O 的注意事项

12.1 餐饮 O2O 的基本概念

在互联网和移动互联网迅速发展的环境下，餐饮行业实现了营销的全面升级，以链接消费者为主要目的的 O2O 模式得到了大范围、深层次的应用，创造了餐饮行业的发展与运营新气象。

餐饮 O2O 本地生活服务是比较重要的行业之一，因此受到了相当高的关注，对我们生活的影响也越来越大。本节将揭开餐饮 O2O 的神秘面纱，向读者介绍餐饮 O2O 的基本概念及其现状和发展趋势。

12.1.1 基本概念：餐饮 O2O 的概念

O2O 本身描述的是客户和商家之间交易的场景，但是，在“移动互联网”和“大数据”的推动下，O2O 也上升到了一个新的阶段。简单来说，餐饮 O2O 就是 O2O 模式在餐饮行业的应用，如图 12-1 所示。

图 12-1 餐饮 O2O

12.1.2 基本概况：餐饮 O2O 的现状及其发展

餐饮 O2O 的发展势头一片大好，团购、餐饮外卖等仍在盛行，并且餐饮预订、美食交友等也在继续“生根发芽”，有不少餐饮企业甚至开始开发自己的线上平台。餐饮 O2O 的现状主要表现在以下 5 个方面，如图 12-2 所示。

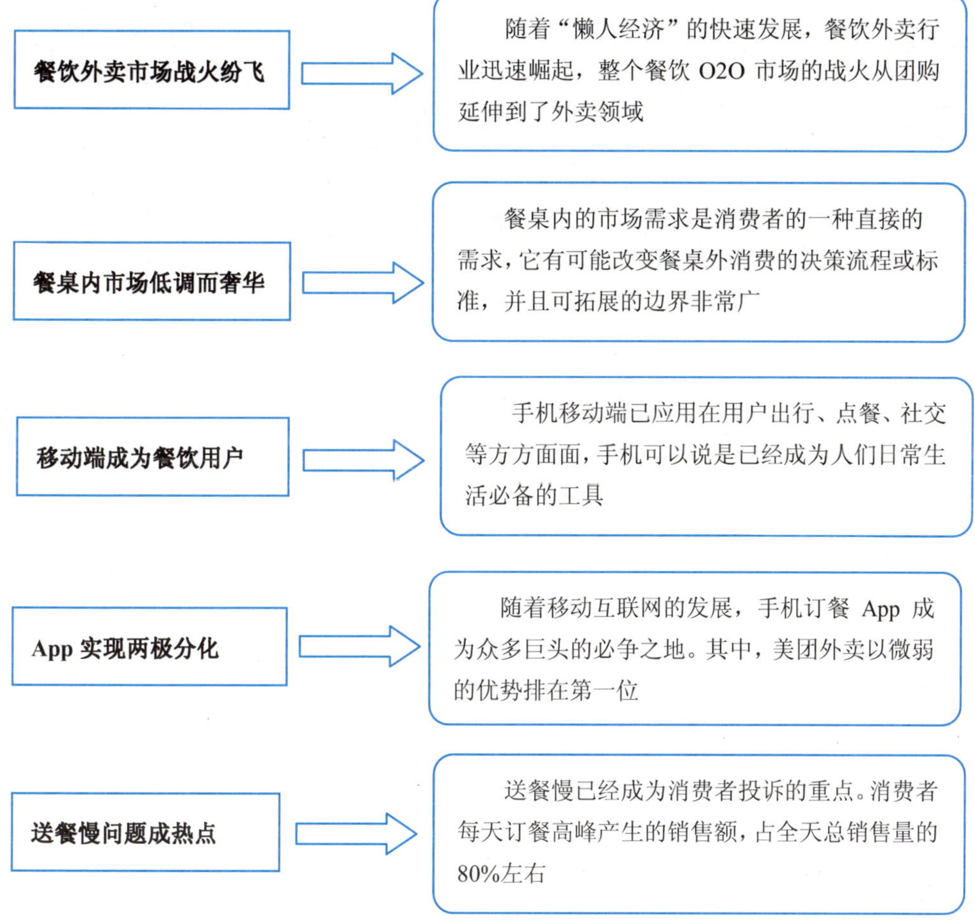

图 12-2　餐饮 O2O 的现状

由于互联网在一线城市的发展较快，移动用户的普及率较高，再加上产业的支撑能力较强等，目前，餐饮 O2O 在一线城市的发展速度很快，但是它在二三线城市并没有完全发展起来。

由于一线城市的 O2O 用户规模的已接近最大化，未来的增长速度也将逐步放缓。因此，O2O 在未来发展的过程中，要想进一步实现业务的发展，餐饮 O2O 需要打入二三线城市，开辟新的战地。

在外卖市场狼烟四起的现状下，餐饮 O2O 迎来了发展的新高潮。在国内市场的发展趋势上主要体现在以下 5 个方面，如图 12-3 所示。

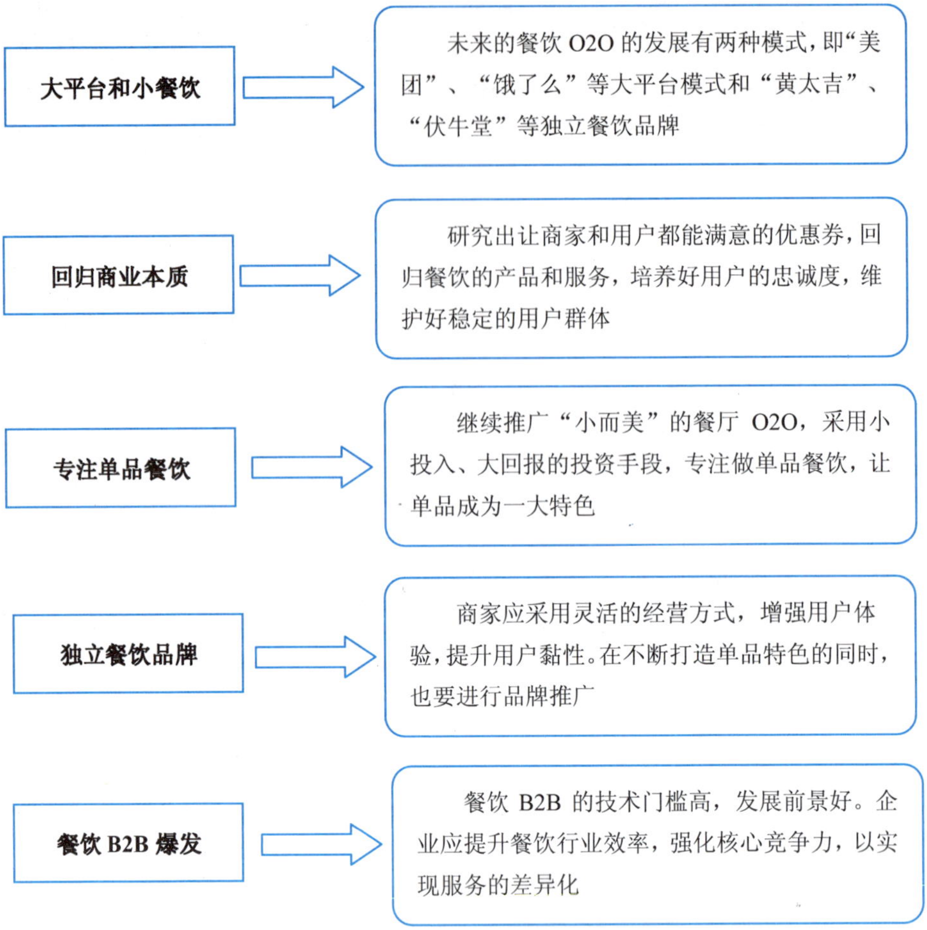

大平台和小餐饮	未来的餐饮 O2O 的发展有两种模式，即“美团”、“饿了么”等大平台模式和“黄太吉”、“伏牛堂”等独立餐饮品牌
回归商业本质	研究出让商家和用户都能满意的优惠券，回归餐饮的产品和服务，培养好用户的忠诚度，维护好稳定的用户群体
专注单品餐饮	继续推广“小而美”的餐厅 O2O，采用小投入、大回报的投资手段，专注做单品餐饮，让单品成为一大特色
独立餐饮品牌	商家应采用灵活的经营方式，增强用户体验，提升用户黏性。在不断打造单品特色的同时，也要进行品牌推广
餐饮 B2B 爆发	餐饮 B2B 的技术门槛高，发展前景好。企业应提升餐饮行业效率，强化核心竞争力，以实现服务的差异化

图 12-3　餐饮 O2O 的发展趋势

12.2　餐饮 O2O 的六大模式

餐饮行业一直在消费市场上占领着大片领域，成为 O2O 行业内的佼佼者。很多企业或商家都想在这片领域开拓出属于自己的市场。要想进军餐饮 O2O，首先必须对餐饮 O2O 的模式有所了解。**餐饮 O2O 有六大模式，主要包括餐饮点评、餐饮团购、餐饮外卖、餐饮预订、美食交友、私人定制。**

本节主要对这六大模式进行简单介绍，投资人或创业者应对本节内容高度重视，在了解六大模式之后，可结合自身的实际情况进行相应的借鉴。

12.2.1 餐厅点评：餐饮行业的最初模式

对餐厅进行点评是餐饮行业发展之初的一种模式，至今已有近 10 年的历史。10 年里，餐厅点评不仅积累了很多点评数据，在一定程度上也推动了市场的发展。与其他模式相比，或许它已不能称之为模式，但是，它对餐饮行业的贡献是有目共睹的。如图 12-4 所示为顾客在 App 客户端中对于餐厅的点评信息。

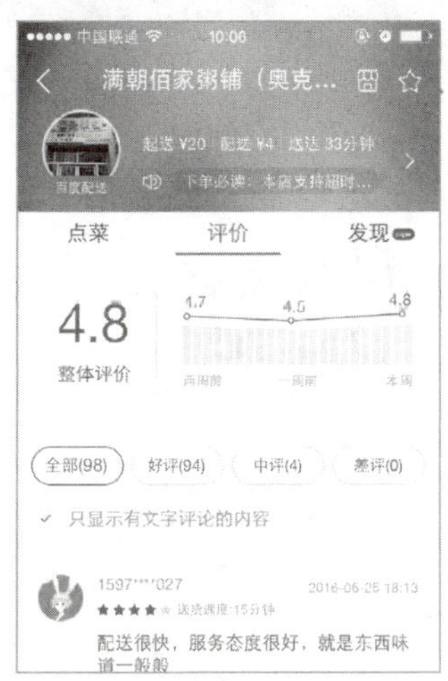

图 12-4　顾客在 App 客户端中对于餐厅的点评信息

顾客不仅可以在 App 中对餐厅的服务进行点评，还可以在电脑端对餐厅的服务进行点评，如图 12-5 所示。

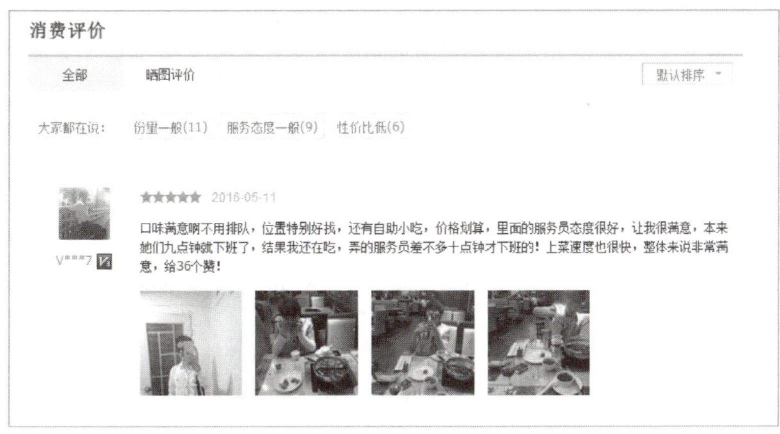

图 12-5　在电脑端对餐厅的服务进行点评

12.2.2 餐饮团购：餐饮行业的突出模式

随着团购市场的不断发展，各大行业也纷纷采用团购模式，其中，餐饮行业表现得尤为突出。在美团外卖、百度外卖、饿了么的推动下，餐饮团购受到消费者的热捧，成为餐饮 O2O 的主要收入来源，大规模地改变了餐饮市场的发展现状。餐饮团购，如图 12-6 所示。

图 12-6 餐饮团购

12.2.3 餐饮外卖：餐饮行业的主要模式

外卖是实现餐饮 O2O 模式的主要形式。近几年，随着美团外卖、饿了么、大众点评等 App 的火热发展，外卖点餐已成为许多年轻人的消费选择。尤其是当“饿了么”在一年内完成了超过 12 亿的交易额后，餐饮外卖更加得到了行业的广泛关注，很多电商巨头纷纷开拓外卖市场，打造属于自己的餐饮 O2O 平台。如图 12-7 所示为“饿了么”App 上的餐饮外卖。

12.2.4 餐饮预订：餐饮行业的大众模式

网络餐饮预订的典型代表是国外的 OpenTable，我国餐饮行业在发展餐饮 O2O 的时候，对 OpenTable 进行相应的借鉴。用户一般可以在官网、App、微信公众平台上进行餐饮预订，满足大众需求。餐饮预订一般包括对酒桌的预订和对外卖的预订等。在我国，餐饮预订发展较好的平台仍然是美团、大众点评、饿了么等。这些行业巨头掀起了新一轮的餐饮O2O布局。如图12-8所示为餐饮预订界面。

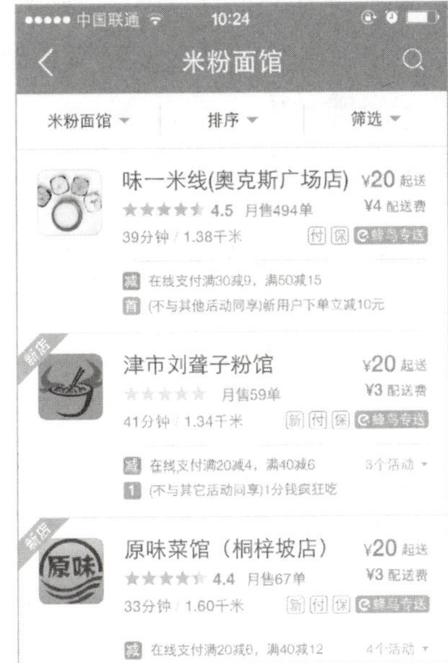

图12-7 “饿了么”App上的餐饮外卖

图12-8 餐饮预订界面

12.2.5 美食交友：餐饮行业的年轻模式

美食交友模式是美食网站或美食运营平台为了营销推广结合餐厅特色进行的适合

年轻人参与的美食交友活动。用户在活动中，不仅可以试吃各种美食，也可以结交各种吃货朋友。该模式连接了商家与用户，不仅对美食网站和美食平台可以起到很好的宣传推广的目的，也拓展了用户的社交关系。由此可见，美食交友是实现平台、商家与用户三方共赢的有效方式，它很可能成为以后的发展趋势。

12.2.6 私人订制：餐饮行业的创新模式

私人定制模式追求的是产品的个性化，它是根据用户的需求推出的一种发展模式。本书在前部分已经对私人定制做过简单的介绍，比如私人定制个性化的服装以及“大厨上门”等。由前面的介绍可知，私人定制虽然是一项人性化的服务，但是，受客观条件的影响目前还是没有能够得到大规模的发展。

12.3 餐饮 O2O 的注意事项

虽然餐饮 O2O 在行业内的发展很快，但是，它也有很多需要面临的挑战和应对的难点。企业或商家只有迎接挑战、解决难点，才能够使餐饮 O2O 得到长足的发展。本节将对餐饮 O2O 的挑战和难点进行简单分析。

12.3.1 餐饮 O2O 的四大挑战

虽然饿了么、美团外卖、百度外卖等平台发展火热，但是，它们在发展的过程中暴露出很多不容忽视的问题。餐饮 O2O 面临着四大方面的挑战，下面对其进行具体分析。

1. 行业本身的复杂性与特殊性

餐饮行业的复杂性主要表现在产业链方面。从产业链来看，商家要实现一次对用户的餐饮服务，需要经过很多步骤。比如，在线平台要与企业进行信息对接，商家要对菜品的制作质量把关，物流配送人员也要有很强的时间敏感度等。

餐饮行业的特殊性主要表现在口味的众口难调。用户会因地域、习俗、文化、年龄、经历等的不同对餐饮的需求会产生很大的差别。正因为餐饮会受很多方面的影响，所以尽管餐饮行业层出不穷，但是仍然不能够满足市场的需求。

2. O2O 模式仍处混战之中

餐饮 O2O 的营销方式主要包括团购、电子优惠券、在线预订、移动点餐与支付等。企业用这些方式进行营销主要是为了把线上用户导引到线下实体店来进行消费，另一种是把线下的用户吸引到线上为其做线上推广。

目前，从餐饮 O2O 的发展现状来看，大部分还处在半闭环状态，离理想的 O2O

闭环状态还有一段距离。

3. 消费者对产品接受度有限

现阶段，从整个网民的数量来看，餐饮在线用户所占的比重并不多。然而，从整个餐饮行业来看，在线交易的规模也不大。由此可见，消费者对餐饮 O2O 的产品接受度还是有限的。

产生这种问题的主要原因有以下 3 点。

- **用户使用习惯未形成。**从大部分人的消费习惯来看，更多的人还是喜欢直接到线下实体店去用餐。在线预订更多的是在时间紧迫，或者是不方便去实体店就餐的情况下选择的。
- **社会诚信体系不健全。**因整个社会诚信的缺失，用户与商家之间缺乏必要的信任，这在一定程度上也阻碍了在线交易的进行。
- **企业基础设施不完善。**商家提供的各种基础设施不完善，再加上支付工具不统一，这些都会影响用户体验的流畅。

4. 企业对互联网思维仍谨慎

目前，企业的实际收益大部分收入还是来源于线下的经营管理，市面上还没有出现一个可以供众多企业普遍使用的 O2O 餐饮实践，大部分餐饮企业都处于各自的摸索阶段。有的餐饮企业虽然知道餐饮 O2O 的发展模式，但是却缺乏 O2O 的思维，这些因素导致餐饮企业对互联网的谨慎态度。

12.3.2 餐饮 O2O 的三大难题

O2O 推动餐饮行业发展不假，但是企业在实现餐饮 O2O 时也会遇见很多难题。餐饮企业在采用 O2O 模式之前，首先需要解决以下 3 个问题。

1. 行业规范和标准体系不完善

O2O 模式的发展离不开行业规范和标准化体系的建设。近几年，餐饮 O2O 虽然得到了很大的发展，但是与国外相比还是比较落后。原因就在于我国的行业规范和标准体系不够完善，在流程改造和企业管理方面还有待突破。

2. 复合型人才或者团队严重缺乏

餐饮企业发展 O2O 需要的是综合能力较强的复合型人才或团队。但是，就目前我国餐饮 O2O 的现状来看，餐饮企业缺乏那种既懂餐饮又懂互联网的高素质人才或团队。

3．互联网不熟悉，O2O 平台不完善

O2O 模式是一种线上与线下的营销模式，它需要利用互联网因素来对餐饮 O2O 平台进行线上线下的营销。但是，很多餐饮企业对互联网并不熟悉，既不懂得平台的规划设计，又不能正确地估计互联网用户的需求，更不懂得怎么样进行网络营销，由此致使 O2O 平台建设并不完善。

第 13 章

移动平台：餐饮 O2O 实现移动新支付

学前提示

随着移动互联网的发展，O2O 电商模式在各行业全面展开，人们的消费习惯也随之发生了巨大的变化。很多人开始偏向于选择移动支付。本章主要从移动支付平台的角度对 O2O 的类型、难点以及支付方式进行介绍。

要点展示

- 餐饮 O2O 平台的类型
- 餐饮 O2O 平台的难点
- 餐饮 O2O 移动支付的发展

13.1 餐饮 O2O 平台的类型

餐饮 O2O 的发展，只有用好了平台才能跑得快。那么，餐饮 O2O 平台主要有哪些呢？餐饮 O2O 平台主要有三大类型，即社交平台、团购平台、外卖平台。本节主要对这三大平台进行简单介绍。

13.1.1 社交平台：满足用户个性化需求

在互联网时代，有的人坚持产品为王，有的人信奉服务，有的人选择社群路线。要想创建社群，就离不开社交平台的巧妙运用。对社交平台是选择小试牛刀还是深度融合，直接决定平台的成败。

所有 O2O 平台的发展，都是先有社交需求，后有社交平台。随着信息技术的飞速发展，社交平台经历了多次更新迭代。当下社交平台主要有微信、微博、贴吧、论坛、社交网站等，可满足用户个性化的社交需求。商户可根据各自特色自由选择社交平台。如图 13-1 所示为新浪微博在餐饮行业的社交体现。

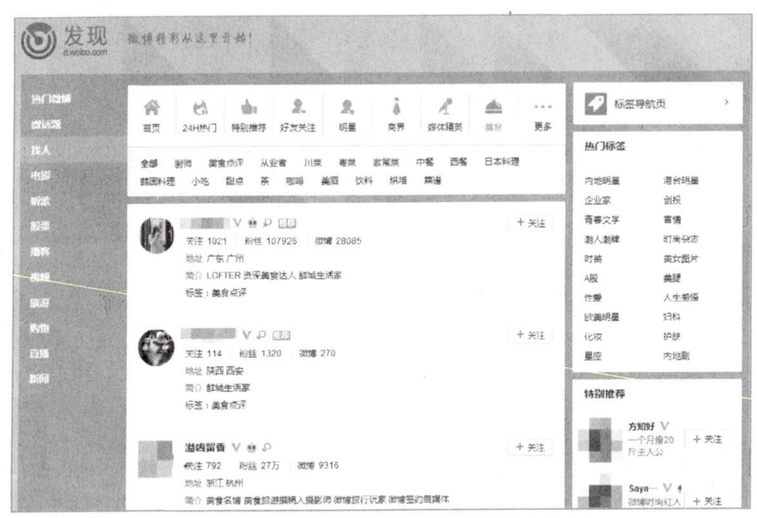

图 13-1 新浪微博在餐饮行业的社交体现

一般而言，搭建社交平台的目的有以下四点。

1. 产品宣传

搭建社交平台，定位与产品介绍、品牌推广，是许多商家的共同选择。过去的店家大多是靠发送传单、广播电视广告以及设立大型展板等形式，将产品的最新资讯、促销活动等讯息传达给顾客。但是，**对于刚刚起步的企业来说，低成本的社交渠道是不错的选择，只要付出些人力与时间成本，一旦成功，效果令人惊喜。**

不同于一般的宣传手段，利用社交平台，故事营销模式显然更胜一筹，容易将传播效果发挥到极致。

2. 用户体验

尽管营销手段一定程度上稀释了顾客对于口味的迷恋，但是，品质始终是决定餐饮企业命运的关键因素。对于用户的意见反馈需要及时做出反应，发现问题后及时处理，从完善流程入手，尽量避免下次出现同类问题。一般的善意提醒还好说，社交平台上如果遭遇差评、恶评的话一定要妥善处理，不要置之不理或者给用户很高冷的感觉。只有这样，才能给予用户较好的消费体验。图 13-2 是商家对于差评的妥善处理，增强了用户的消费体验和感觉。

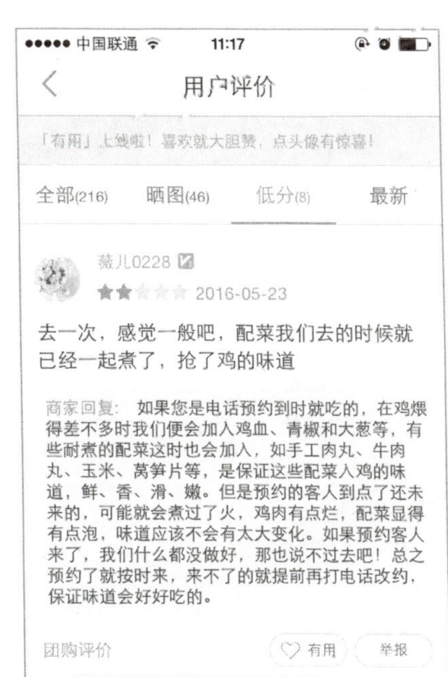

图 13-2　商家对于差评的妥善处理

3. 品牌人格化

未来的商业世界，一切品牌都将人格化。**品牌人格化，指的是商品被赋予了情怀，在未来更能捕获用户的心。**所以，企业或商家在推广品牌时要尽量将品牌人格化。在创造产品过程中，一开始就要给它定调，突出个性、塑造灵魂，这样用户在体验的过程中，才能逐渐感受到商品的个性，久而久之会成为他们的精神信仰。

4. 扩充人脉

在搭建社交平台初级阶段，商户往往追求规模效益，“招兵买马”成为刚性需求。为了开拓受众，一般由创始人直接与粉丝互动，扮演着精神领袖的角色，通过组织活动增加相互间的信任度和认同感。所以，扩充人脉对于企业或商家 O2O 平台的发展来说也非常重要。

13.1.2 团购平台：打造价格的突出优势

“团购”又称团体购买和集体采购，它是将具有相同购买意愿的消费者聚集起来，集体向商家进行购买的行为。目前，团购的主要消费群体是年龄在 25 岁到 35 岁的年轻群体，主要在北、上、广、深等大城市发展较快。

优惠的价格是团购最突出的优势，商家会根据团购的人数和订购产品的数量来对其进行相应的优惠。大批量的交易使商家也得到了很多好处。那么，商家参加团购会得到哪些好处呢？下面对其进行图解分析，如图 13-3 所示。

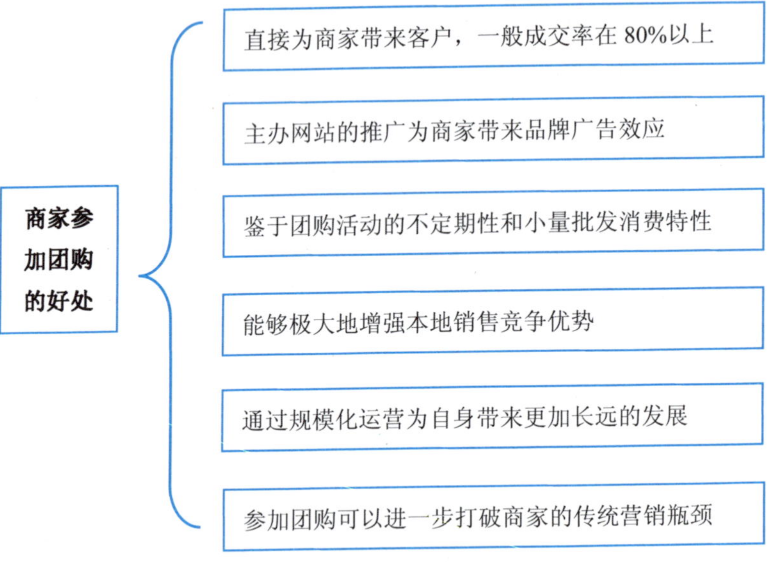

图 13-3 商家参加团购的好处

团购不仅对商家有好处，对买家也有好处。团购对买家的好处主要体现在以下两个方面。

- 团购价格低于产品市场最低零售价。
- 产品的质量和服务能够得到有效的保证。

团购除了能够给买家和卖家带来以上好处外，对于其自身而言也有很多好处，其原因主要表现在以下两个方面。

- 团购其实相当于批发。因此，团购交易可以降低消费者的交易成本，使消费者在购买同样质量的产品之时，可以享受到更低的价格和更优质的服务。
- 转变消费者在传统消费中的弱势地位。在购买的过程中，消费者变被动选择为主动购买，在购买和服务过程中占据主动地位。

13.1.3 外卖平台：实现盈利的方式

随着快节奏的生活方式，越来越多的人会选择外卖，这也是餐饮 O2O 的表现。外卖平台最火的有饿了么、百度外卖、美团外卖等。

每个外卖平台在刚刚开始做的时候，基本上都是靠烧钱补贴来引起用户关注。那么，外卖平台又是如何实现盈利的呢？下面主要从 5 个方面对外卖平台实现盈利的方式进行分析。

1. 收取服务费

“饿了么”、“我有外卖”等部分平台已经开始向部分商家收取服务费，但是不可能面向全部的商家。因为，即使商家给了服务费，也不能保证服务就会变得更好。平台应该有选择地向商家收费服务费，比如服务质量优秀的商家和用户点击率高的商家等。

2. 流水抽提成

根据流水抽提成，是一种互相默认的双赢模式，但商家的配合十分重要。当商家的推广得到成效后，用户关注度高了，可能就不愿意再依靠平台推广了。然而，每个商家的用户群都相对比较固定，当商家有了忠实的用户之后，会选择和用户建立良好的交流平台，不再以平台为桥梁。

3. 外卖附加费

外卖平台还可以自己打造物流配送团队，以此来增强自己的市场地位，从中得到配送费，如图 13-4 所示。

如果被服务的商家是品牌商家，比如类似必胜客或者肯德基的餐饮店，将门店的外卖订单分给平台去配送，这样不仅可以减轻门店配送压力，外卖单品的价格也会比较高，用户不会太介意商家收取配送费。

然而，如果不是价格稍高的品牌商家，订餐时要收取配送费，用户大多不愿意接受，就会避开有配送费的商家。

4. 做竞价排名

淘宝和百度喜欢做竞价排名，对他们来说，信息流非常庞大，用户不会因为前面几个搜索被付费了，就不往下面翻了，正是因为信息量大，用户会一直找，直到找到自己想要的信息。如图 13-5 所示为通过百度竞价排名的商家和企业。

图 13-4　商家的外卖配送费

图 13-5　百度竞价排名的商家和企业

而作为被采纳的网站，他们被百度采纳了，之后被淘宝采纳对他们并不会产生不好的影响，可以在多个平台上存在。

但外卖店就存在平台竞争，比如商家会同时和百度外卖、饿了么、大众点评合作。如果在某家上收到的订单少，在其他几个平台收到的订单多，会影响门店的人力分配，订单多的平台会优先分配，这当中就会存在竞争关系，此时竞价排名就会非常有用。商家可以通过自身的财力和物力，选择是否对企业进行竞价排名。

5. 错开押金和结款

支付宝在移动支付方面占了非常重要的位置，支付宝建立了模拟银行，它能够快速结款。用户或者商户把钱存放在支付宝，可以快速地提取、转入，非常方便快捷，很省时。但是，商家把钱放在平台里面就不一定能实现快速结算。这样一来，商家不放心把资金放在平台，因为资金周转对于他们来说至关重要。

但要是平台变得足够大，能够有庞大的现金流的时候，商家存放在里面的资金是可以产生利润的。如图 13-6 所示为支付宝的账户界面和余额宝界面，在其中还可以对资金进行适当的理财操作，将资金转入余额宝也可以产生利润。

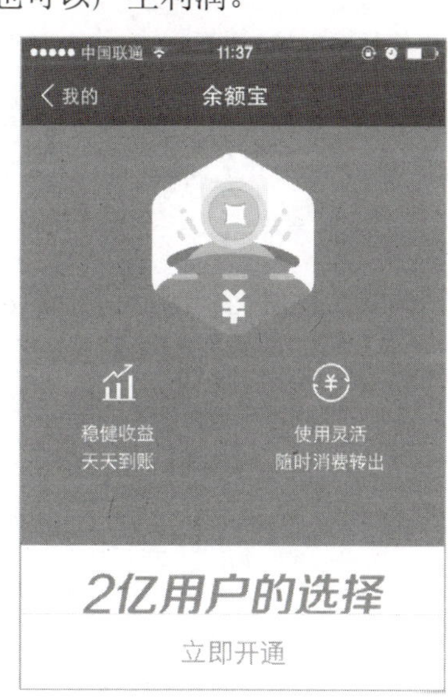

图 13-6 支付宝的账户界面和理财界面

13.2 餐饮 O2O 平台解析

本节将深入解析餐饮 O2O 平台，主要内容包括难点解析、行业需求分析、行业发展现状分析、行业策略分析等。

13.2.1 行业难点：餐饮 O2O 平台难点

随着餐饮 O2O 的大规模发展，行业内的竞争也越来越大，因此，餐饮 O2O 平台也越来越难做。餐饮 O2O 平台之所以难做是因为有以下 3 个方面的难点，如图 13-7

所示。

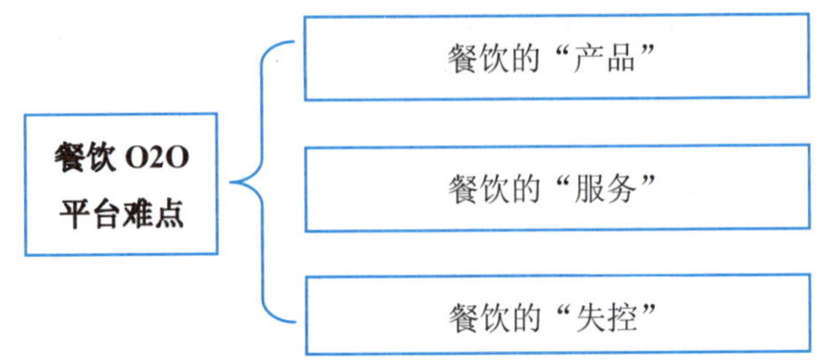

图 13-7　餐饮 O2O 平台的难点

对餐饮 O2O 平台难点的具体分析如下。

1. 餐饮的“产品”

用户享用到的美食，都是餐饮企业通过很多道工序完成的。在整个产品链中，如果有一个地方出了错，就会加大完成产品的难度，甚至使产品没办法完成。

2. 餐饮的“服务”

餐饮行业的发展不只是表现在产品的质量上，还包括餐饮企业对用户给予的服务。

餐饮企业提供的服务，主要包括餐厅的环境、服务质量、停车服务、Wi-Fi 服务、上菜速度以及顾客的其他特殊要求等。

服务差会直接使用户对产品产生不好的感受。如图 13-8 所示为顾客对于服务差的餐饮企业进行的差评，它将直接影响餐厅的营业额和顾客到店率。

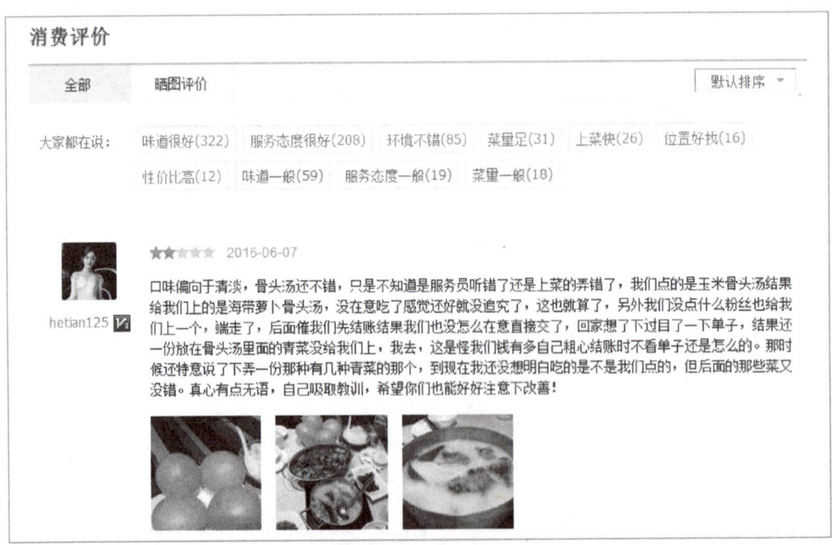

图 13-8　顾客的差评

如图 13-9 所示为顾客对于服务好的餐饮企业进行的好评，它会提高其他顾客对于餐厅的印象，提高顾客的到店率。

图 13-9　顾客的好评

3. 餐饮 O2O 平台的“失控”

餐饮 O2O 平台是很难对线下商家进行控制的。用户一般会在线上平台对产品提出相应的要求。但是，作为一个线上的平台，在很多时候是没办法要求线下餐饮企业来满足用户需求的，这致使餐饮 O2O 在服务上显得有些失控。

13.2.2　行业需求：餐饮 O2O 平台需要行家

虽然现在餐饮 O2O 处在火爆发展之中，但它还是有很多空白的领域等着企业或商家去探寻和挖掘。因此，餐饮 O2O 在平台的发展之中，需要更多有能力之人去创新平台模式，挖掘行业更深层次的内容。企业或商家在提升自身的线下推广能力时，也要打造一支精锐队伍，培养业内行家。

13.2.3　行业发展：餐饮 O2O 平台量变分析

发展餐饮 O2O 不仅要抓住质变更要抓住量变。只有将量变转为质变，才能够使餐饮 O2O 实现很好的发展。那么，对企业和商家来说，如何抓住量变呢？下面以营销工具和品牌为例进行简单分析。

1. 拥有营销工具才拥有量

所谓工欲善其事，必先利其器，没有营销工具，就是灾难。尤其是对于那些想开连锁店的餐饮店来说，拥有较好的营销工具是打开消费市场的一大优势。比如，餐饮店可以自建网站、成立呼叫中心等，如图 13-10 所示为某餐饮店自建的网站。

图 13-10　餐饮店自建的网站

2. 拥有品牌才能拥有持续的量

品牌不仅代表着企业的形象，也是企业打造知名度的窗口。因此，品牌的基本规划不可少，比如 LOGO、单页等基础设计承载最基本的品牌信息。当然不要指望完成系统的品牌整合，那需要相对专业的品牌策划公司去完成。**虽然品牌的形象只是表面，企业的发展最终还是体现在产品上，但是，具有一定知名度的品牌会给产品带来源源不断的客流量。**作为企业，如果拥有一个具有良好口碑的品牌，那么，可以说，它也就拥有了持续发展的可能。

移动互联网的发展，不仅促进了餐饮行业转型 O2O，也大大加速了餐饮业的革新。餐饮 O2O 平台不仅提高商家的销量，也会给产品运营带来很多好处，如图 13-11 所示。

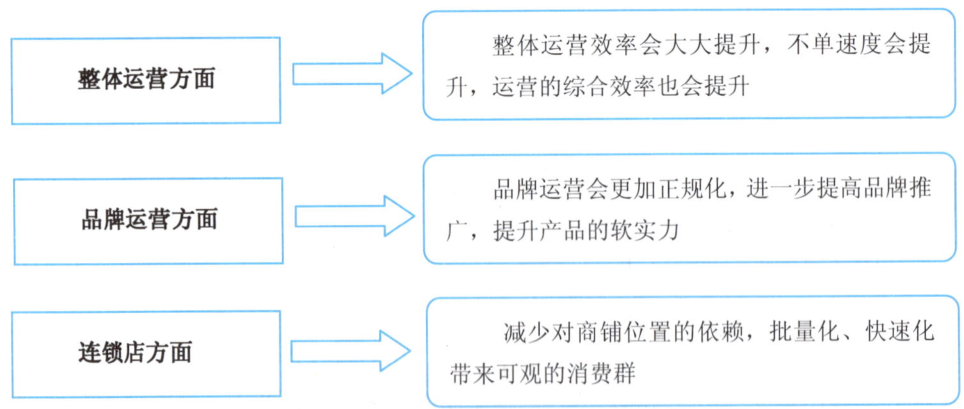

图 13-11　餐饮 O2O 平台给产品运营带来的好处

13.2.4 行业策略：餐饮O2O平台战略分析

餐饮O2O为推动平台的发展，实行三步走战略，下面对其进行具体分析。

1. 采用多渠道吸引会员

为吸引更多的消费者，企业或商家可以采取多渠道的方式增加自己的会员。比如，进行新会员招募、办理会员卡等，消费者可以通过会员卡享受会员价以及个人积分等优惠。用办理会员可享优惠的方式吸引消费者，帮助企业或商家拉回头客，促进用户的二次消费。

2. 利用大数据整合会员信息

在这个大数据时代，餐饮企业可以通过会员的消费记录了解消费者的消费行为，进而总结出消费数据为企业的发展提供数据支持。企业可以通过这些数据对会员的社会属性、消费频次以及消费偏好等信息进行整合，为企业下一步的发展作出规划。

3. 精准营销“吃定”会员

在餐饮这个行业中，要想吸引顾客并不难，只要进行会员优惠，在菜品上更加有特色就没多大问题。但是，在激烈的竞争中，想要留住顾客，那还是有一定难度的。

对餐饮行业来说，要想抓住商机，必先抓住顾客。因此，企业或商家就应该精准定位，然后进行精准营销。只有这样，才能真正地“吃定”会员，进而吸引更多的消费者，从而为企业争取更多的“回头客”。

13.3 餐饮O2O的支付方式

移动支付是在移动互联网迅速发展，各大电商成功转型O2O的基础上逐渐形成的。它不仅是消费者消费习惯改变的一种体现，也是电商O2O得到进一步发展的标志。本节主要向读者介绍了餐饮O2O在移动支付方面的发展情况，投资人或创业者应该对其进行相应的了解。

13.3.1 餐饮O2O的支付方式

餐饮O2O的发展不仅改变着人们的消费方式，也一定程度上改变着人们的支付方式。众所周知，移动支付正在冲击着餐饮行业传统的支付市场，未来银行卡刷卡手续费将取消行业分类、降低费率水平，餐饮业高费率刷卡有望终结。

目前，支付宝、微信支付与京东钱包都在开拓支付市场。这些支付方式不仅给消费者带来了支付的方便，也适应了许多移动手机用户的消费习惯。它们创新而又灵活的运作方式，对传统的刷卡业务造成了剧烈的冲击。

现阶段，餐饮 O2O 移动支付的方式主要包括短信支付、扫码支付、指纹支付、声波支付等。其中，移动支付主要有远程支付与近场支付两种方式。

- **远程支付：**是指通过发送支付指令或借助支付工具进行的支付方式，通常需要连接网络。
- **近场支付：**是指采用移动设备刷卡支付，无须联网的方式。

目前，我国以远程支付为主。但是，与远程相比支付，近场支付更加方便快捷，使用起来也更加放心。智能手机旗舰新品中不少产品都搭载了 NFC 支付功能，预计进场支付将逐渐在国内流行。

13.3.2 移动支付：餐饮 O2O 支付作用分析

在移动互联网迅速发展的今天，移动支付早已不再只是一种支付方式。它不再仅限于完成消费者的消费，对于企业或商家来说，它也是一种营销方式。企业或商家不仅可以从中获取客户资源，也可以利用用户的消费记录进行大数据分析，进而为产品的营销做准备。

那么，移动支付是怎样打造营销平台的呢？下面主要从新方向、新内涵、新价值三个方面着手，对移动支付打造营销平台的方式进行图解分析，如图 13-12 所示。

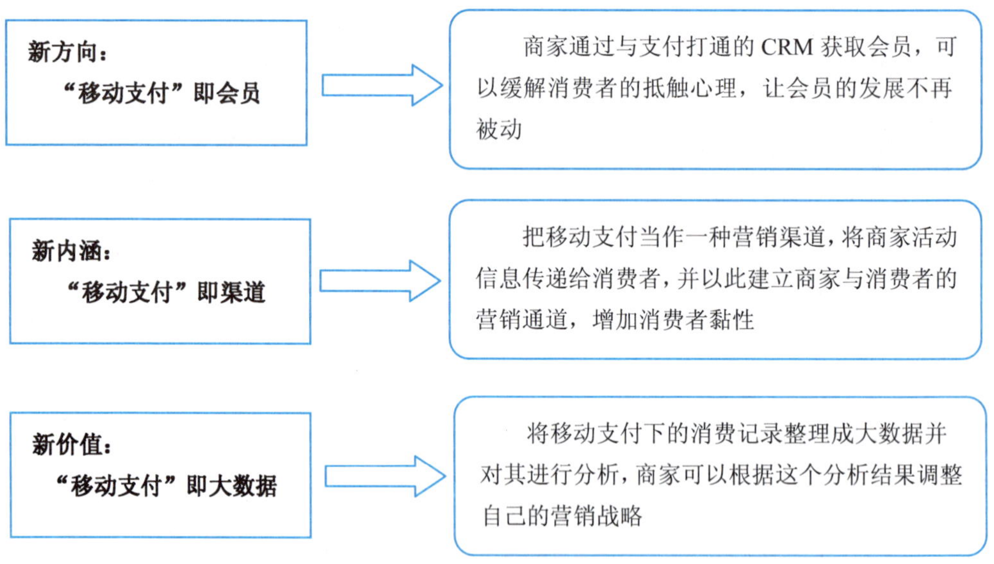

图 13-12 移动支付打造营销平台的方式

第 14 章

移动营销：微信+二维码+大数据

学前提示

在电商转型 O2O 之后，各种 O2O 营销方式在各大行业中发展起来。各大电商巨头纷纷利用微信、二维码、大数据等展开营销之战。其中，许多较小的商家或创业者对其纷纷效仿，也在自身的行业内获得了较大的发展。本章主要从微信、二维码、大数据的角度向读者介绍餐饮 O2O 的营销。

要点展示

- 餐饮 O2O 的营销技巧
- 餐饮 O2O+微信营销
- 餐饮 O2O+二维码营销
- 餐饮 O2O+大数据营销

14.1 餐饮 O2O 的营销技巧

餐饮企业要把握餐饮 O2O 模式，就要更好地学习餐饮 O2O 的营销技巧，只有这样才能在竞争激烈的餐饮市场里夺得一席之地。本节主要对餐饮 O2O 的营销技巧进行分析。

14.1.1 准备工作：如何实现餐饮 O2O 模式

要想实现餐饮 O2O 模式，需要做好很多前期的准备工作，主要从以下 6 个方面进行把握，如图 14-1 所示。

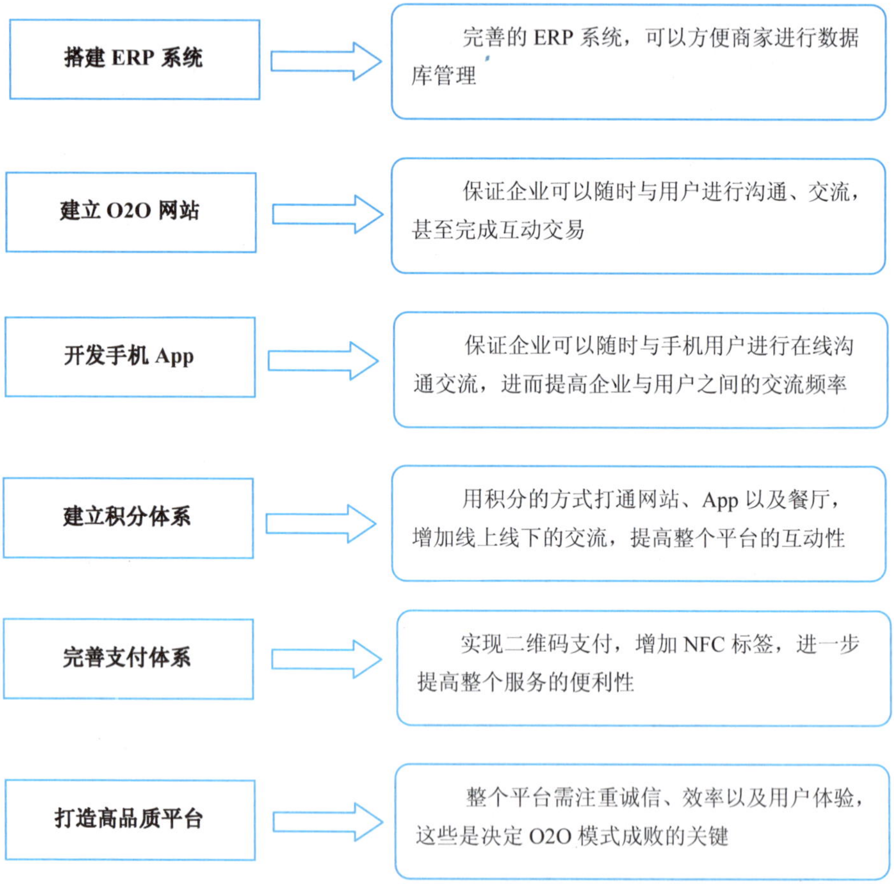

搭建 ERP 系统	完善的 ERP 系统，可以方便商家进行数据库管理
建立 O2O 网站	保证企业可以随时与用户进行沟通、交流，甚至完成互动交易
开发手机 App	保证企业可以随时与手机用户进行在线沟通交流，进而提高企业与用户之间的交流频率
建立积分体系	用积分的方式打通网站、App 以及餐厅，增加线上线下的交流，提高整个平台的互动性
完善支付体系	实现二维码支付，增加 NFC 标签，进一步提高整个服务的便利性
打造高品质平台	整个平台需注重诚信、效率以及用户体验，这些是决定 O2O 模式成败的关键

图 14-1 餐饮 O2O 模式的准备工作

14.1.2 营销技巧：掌握餐饮行业营销技巧

为了更好地对企业的产品或服务进行宣传推广，每一个行业在进行营销时都会运用一些适合自身营销的技巧，当然，餐饮行业也不例外。

餐饮行业的营销技巧主要包括以下6点。

1. 打造舌尖上的美味

对餐饮行业来说，要想拥有长足的发展，不仅要打造特色菜系，还要注意抓住消费者的口味。俗话说，“顾客是上帝”，餐饮类的食品只有迎合了顾客的需求，才能够将它推销出去。否则，就算是再美味的菜，也没办法将它转化为生产力。

2. 叫卖声营销

餐饮行业的叫卖营销是老祖宗千百年留下来的经典的营销方式。如今，随着营销方式的多样化，吆喝式的营销方式运用得好的话，会成为餐饮品牌的一种符号，使消费者一听到这样的吆喝声就能够想到与之对应的产品。但是，如果运用得不好的话，那一声声的吆喝便显得特别刺耳了，显然对餐饮行业的发展不利。

3. 互联网思维营销

互联网思维是餐饮行业在进行推广营销时将产品思维和媒体思维结合起来的一种思维方式。餐饮行业应该利用互联网思维，从用户的体验出发，对餐饮O2O进行相应的营销。

4. 同质低价策略

在现在的商业活动中，商家在竞争的过程中偏向于打价格战，为扩大产品的销量采用同质低价的方式。在餐饮行业中，为了吸引更多的消费者，企业也会通过亏损或者低价先导产品进行营销推广。

5. 利用自媒体进行营销

自媒体时代下，人人都是消费者，人人也都是传播者。很多人都喜欢在微信朋友圈或微博中与朋友一起分享美食，分享生活。所以，餐饮企业应该抓住自媒体平台，有效地利用消费者的个人圈子进行产品推广。

6. 特殊活动营销

餐饮行业有时可以举办一些特殊活动进行推销，以增加产品的消费数量、增强用户的消费体验。一般来说，餐厅在新开业时都会采用这种营销手段来吸引更多的消费者光顾。名为“开业大酬宾”，实则是为自身品牌打广告，为以后的发展做铺垫。

当然，这中营销方式是不能盲目跟风的，要根据企业和消费者的实际情况来定。

14.2 餐饮 O2O+微信营销

全民基本都在使用微信这款火爆的 App 软件，很多餐饮类商家都在利用微信开展餐饮营销，主要的方式包括在公众号中进行营销，以及在朋友圈中进行营销，还有不少商家尝试使用微信的“附近的人”功能来招揽消费者。本节将向读者详细介绍使用微信进行餐饮 O2O 营销的技巧。

14.2.1 微信运营：餐饮 O2O 实现微信营销

在移动互联网的火爆情形下，很多商家都设定了专门的人员运营企业微信号，通过微信进行餐饮的营销和推广，提升餐厅的营业额。

然而，有些商家的微信运营水平却是业余水平，没有达到专业的水准，以致有不少餐饮人士开始质疑微信营销的效果。要做好微信运营，并不是一件简单的事，需要时间和营销技巧。下面向读者介绍 6 种餐饮 O2O 的微信营销技巧，使商家能更好地运营餐厅，如图 14-2 所示。

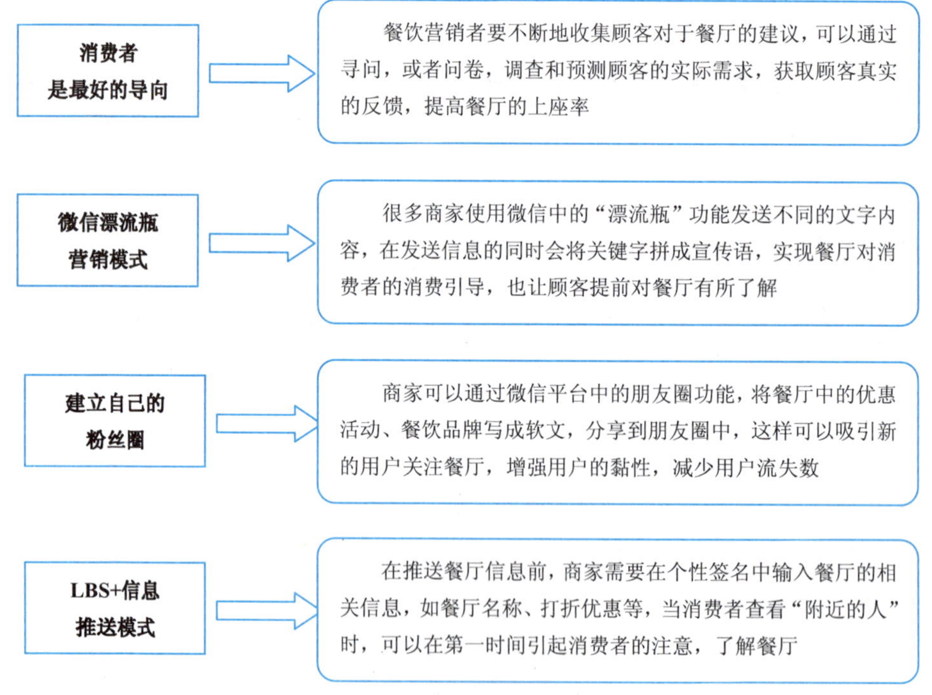

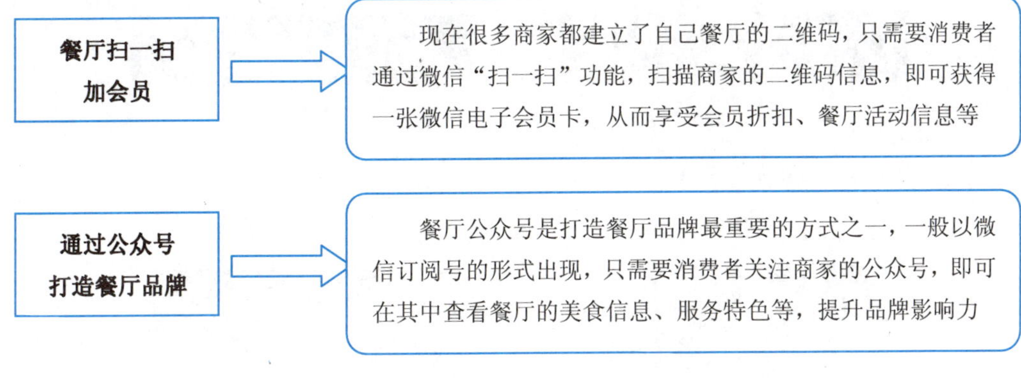

图 14-2　6 种餐饮 O2O 的微信营销技巧

目前，还有相当一部分餐饮的营销管理停留在简单的推销或低级的削价手段上。商家需要正确对待餐厅的营销观念和经营方式，这样才能在激烈的市场中赢得最终的胜利，赢得顾客的好评。

商家通过对餐饮 O2O 的线上与线下进行整合营销，使餐厅在营销上取得了良好的效果，微信的成功在于能够把握住现代消费者的心理，对消费者的需求进行精准定位营销。他们是互联网的使用者，餐厅通过微信平台与顾客在线上交流，同时这些意见在线下的实体店消费中将得到体现。

实现微信 O2O 让更多的数据分析从消费者变成回头客，从回头客变成常来客，从常来客变成忠诚的粉丝。当消费者成为餐厅的忠诚粉丝后，消费者会向更多的朋友推荐餐厅，实现口口相传的口碑营销。

14.2.2　营销策略：餐饮 O2O 微信公众平台

餐饮业的微信公众平台营销策略主要包括“意见领袖型”、“病毒式”、“视频和图片”营销。下面对其分别进行简单介绍。

1. “意见领袖型”营销策略

很多企业的高层管理者都称为领袖，他们拥有丰富的经验，自身表达的观点具有很强的渗透力和影响力，在无形之中改变着人们的消费观念，深刻地影响着人们的消费行为。而微信运营者可以通过这些领袖的影响力，刺激人们的消费需求，激发人们的购买欲望。

这种方式称为“意见领袖型”营销策略，餐饮业可以运用这种方式，请美食家或者比较有影响力的公众人物，在他们自己的微信公众号上发声，或者对餐厅进行实况宣传，如图 14-3 所示，这样可以给商家带来更多的关注度，提高餐厅利润与销售额。

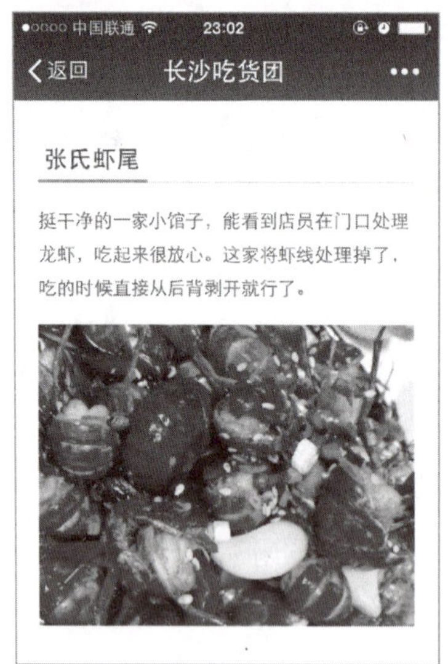

图 14-3 公众号对餐厅的实况宣传

2. “病毒式”营销策略

微信在沟通方面具有即时性和互动性等特点，它的无边界传播特质特别适合“病毒式”营销策略。微信平台上有群发功能，可以将企业拍的餐厅视频或图片，制作成宣传性的软文群发给微信好友，达到“病毒式”营销的目的。如图 14-4 所示为微信中的群发助手界面，只需点击“新建群发”按钮，即可将软文发送给指定的微信朋友。

图 14-4 微信中的群发助手界面

有些企业，为餐厅申请了微信二维码，以二维码的形式发送餐厅的优惠信息、餐厅活动等资讯，这种方式的性价比非常高，是一种非常好的营销方式和手段，顾客既主动帮餐厅做了免费的宣传，又可以将餐厅的品牌和服务传播到互联网的每一个角落中，形成品牌效应。

3. “视频和图片”营销策略

运用“视频和图片”营销策略开展微信营销，首先需要微信运营者寻找潜在的客户，然后再为这些客户提供个性化、私人定制化、差异化的服务，最后再将企业产品和服务信息传送给这些潜在的客户，从而为企业赢得竞争的优势，打造出优质的品牌服务。让微信营销更加“可口化、可乐化、软性化”，更加吸引消费者的眼球。

14.2.3 营销方法：餐饮 O2O 微信实用技巧

目前，微信虽然一直在不断地推出新的产品，但是它还是缺乏线下商家的入驻。在不少商家开始使用微信对产品或服务进行推广之后，许多线下的实体商家也对微信营销跃跃欲试。

那么，作为线下餐饮类的商家，他们又该如何利用微信平台对自身的产品或服务进行营销呢？下面主要向读者介绍餐饮 O2O 微信营销的 4 个实用技巧。

1. 主营大号，小号吸粉

微信是最近几年兴起的一种营销平台，很多商家都会利用微信来对自己的品牌进行推广。商家在进行微信营销的时候，不仅在官方的微信号或者微信平台进行推广，他们也会建立自己的小号来吸粉。具体方式是将签名修改为广告语，然后再寻找附近的人向他们进行推广。

微信官方大号的运营，不仅有利于商家进行品牌建设，也有助于其发布重要的产品信息。最重要的是，商家可以将其打造成一个订餐平台，方便消费者在这个平台上订餐的同时，也促进了商家与消费者之间的互动。再加上小号的助推力，商家就可以进一步扩大营销了。

2. 打造品牌的公众账号

将微信公众账号的头像设置为店铺的招牌或品牌的 Logo，用于打造成一种可以代表商家或企业自身的标志。微信用户将自身的相关介绍填写得越详细越好，这样既是一种对自身的推广，方便粉丝对店铺或者品牌进一步了解，对商家来说，也有利于增加粉丝的可信度和忠诚度。

商家的微信营销，最重要的还是对产品或服务的内容进行的营销。在这个读图时代，商家在发布相关内容的时候一般采用文字加图片的形式，如图 14-5 所示。

图 14-5　推送最新的菜式

3. 实体店与微信同步营销

微信公众平台结合实体店进行的同步营销是一种重要的营销方式。商家可以在实体店内采用各种方式向消费者推广线上营销平台，比如二维码的应用。**商家可以在菜单中添加二维码，对消费者进行会员推广或者优惠推广。在实体店内消费的顾客，只要拿起手机对二维码进行“扫一扫”即可获得相应的优惠。**由此可见，推广二维码不仅可以为公众号增加粉丝，也可以吸引线下消费群。

4. 举办各种优惠活动

微信营销的一种比较常用的方式是举办各种优惠活动，比如签到、打折活动等。一般来说，商家都会制作相应的海报，并在海报上附加二维码和微信号，并告知消费者只要扫描二维码并关注公众号就可以享受一定的优惠。为了避免用户在享受优惠后就立马取消关注，商家还可以在微信公众号上宣传一些后续的优惠活动。

14.2.4 案例分析：餐饮 O2O 微信营销

在微信用户大量增加的现状下，微信营销已成为餐饮 O2O 必不可少的营销方式。因此，对企业或商家来说，学习成功的微信营销案例是非常有必要的。下面以“海底捞”企业为例介绍微信营销的技巧。

海底捞火锅是一个专注于服务的餐饮品牌，“把顾客当作家人来服务”一直是它所坚持的品牌理念。海底捞火锅不仅在顾客开餐之前会提供免费的水果，还会为有需要的顾客进行免费的美甲、擦皮鞋服务，这些免费的服务为海底捞获得良好的口碑打下了坚实的基础。值得一提的是，在微博、点评网站等平台上，海底捞拥有大量的忠实粉丝。

在做微信营销之后，海底捞更是把极致服务从线下提升到了线上平台，微信公众号粉丝数更是每日增长 4000 多人。海底捞的微信营销策略主要体现在以下 3 个方面。

1. 创意活动吸引粉丝

在海底捞的公众号中，有一栏专门用来展示餐厅活动的信息，与消费者进行实时交流和互动，形成了良好的品牌推广效应，让更多的消费者参与活动，形成线下的活动体验，通过活动吸引粉丝，打造忠实的顾客群，如图 14-6 所示。

图 14-6　海底捞的公众号界面

2. 周全的自助服务

打开微信公众平台，海底捞的自定义菜单设计风格非常简洁：订餐、排号、外卖、商城、菜单。想订餐的点击“订餐”即可，需要排队的点击“排号”即可，需要送外卖的点击“外卖”即可，想逛商城的点击“商城”即可。点击“菜单”功能，可以查看海底捞的各类菜品信息，如图 14-7 所示。消费者只需要简单输入送货信息，就可以坐等美食。

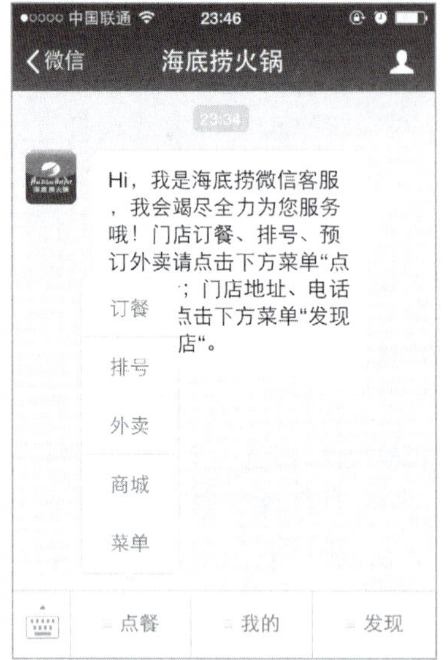

图 14-7　海底捞微信公众号界面

3. 深入互动体验

在海底捞的公众号界面，有一项菜单是“发现”，点击该菜单项，在弹出的列表中点击“Hi 游戏”选项，如图 14-8 所示，里面设计了一些小游戏，如飞抵海底捞、海海钻石宝等。如图 14-9 所示，简单的小游戏，即使界面简单相信也会有很多顾客愿意试着玩一下，显然比那些打折优惠更能增强顾客的互动体验。

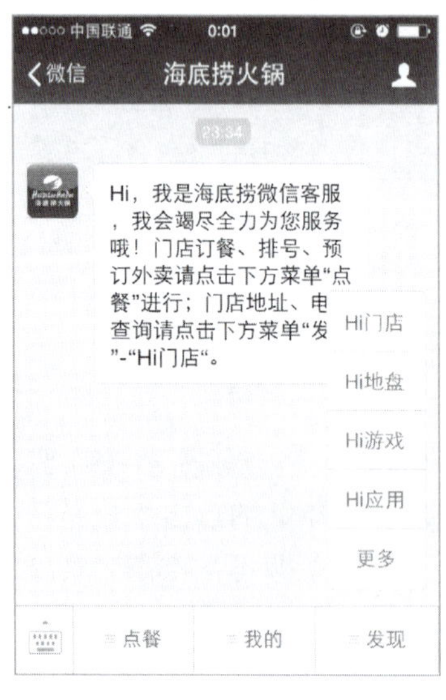

图 14-8　点击“Hi 游戏”选项

图 14-9　设计的小游戏

下面从订单数量和支付方式这两个方面对海底捞品牌进行分析。

- **从订单数量来看，**海底捞通过微信接入的订单数超过了总订单数的 60%，可见，微信平台已成为海底捞线上订单的主要渠道。
- **从支付方式来看，**使用微信支付交易的消费群体占到了总消费群体的 20%左右。其中，每日微信平台订餐的预订量高达 100 万。

由此可见，移动端的便捷性加上企业品牌本身的优质服务，是海底捞营销成功的关键。放在 O2O 模式的大背景来说，有效地利用移动端和加强对品牌服务的推广，是各大企业或商家需要重点考虑的营销内容。

14.3 餐饮 O2O+二维码营销

在 O2O 营销的过程中，简单粗暴的二维码营销是各大企业普遍采取的营销方式之一，当然，餐饮行业也不例外。餐饮 O2O 怎样利用二维码将线上的用户转移到线下进行消费，是企业或商家需要考虑的重要问题。本节主要对餐饮 O2O 的二维码营销进行简单分析。

14.3.1 应用类型：餐饮 O2O 二维码模式应用

二维码作为一种重要的营销方式，它最大的优势在于其平台的便利性。用户只要扫描二维码就可以获得商家的相关信息，或者参与各种优惠活动。二维码已成为一个连接消费者和商家信息平台的入口。

二维码在餐饮 O2O 模式的应用也非常广泛，主要包括以下 4 种类型，如图 14-10 所示。

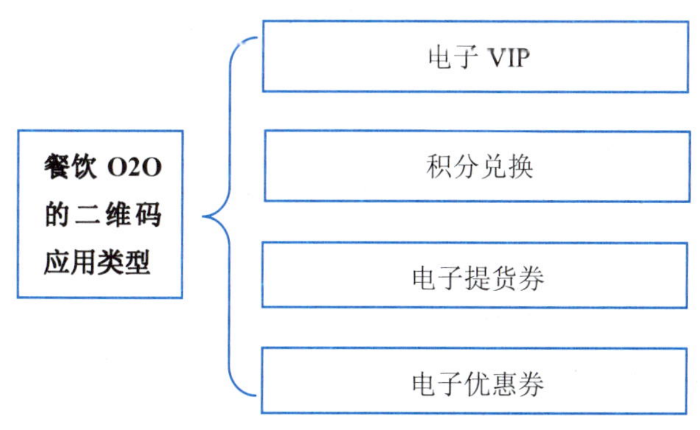

图 14-10 餐饮 O2O 的二维码应用类型

这 4 种二维码应用类型各有自己的特点和优势，下面对其进行图解分析，如图 14-11 所示。

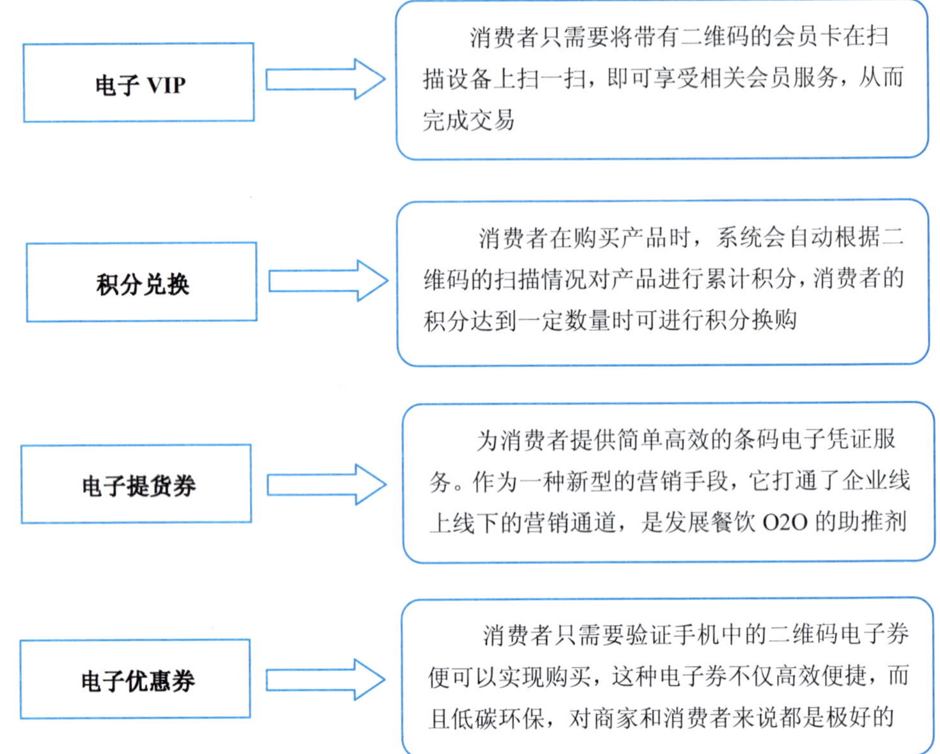

图 14-11　餐饮 O2O 的二维码应用类型

14.3.2　方便快捷：餐饮 O2O 二维码营销好处

餐饮 O2O 的二维码营销有很多好处，主要体现在以下 4 个方面。

1．二维码电子菜单

二维码电子菜单多以图文展示菜品，消费者只要扫描二维码就可以浏览菜单。这种电子菜单不仅可以节约制作成本，而且也可以按照消费者的需求对菜品进行更改。

2．二维码活动促销

利用二维码促销的方式主要包括扫描二维码进行抽奖活动或者获得优惠券等。企业或商家可以将这样的二维码发布到团购网站上去，并且利用官方微博、微信等进行相应的宣传。利用二维码进行促销活动，不仅方便快捷，也迎合了消费者的消费习惯，是一种时尚的营销方式。

3. 二维码品牌推广

餐饮 O2O 利用二维码进行品牌推广的主要方式是在推广的内容中附加官方微信、微博、订餐电话等信息，企业或商家利用二维码打通线上线下进而实现立体式营销。

4. 二维码其他应用

二维码在餐饮业的其他应用主要表现在以下 3 个方面。

- 消费者通过扫描二维码自动连接餐厅内的 Wi-Fi，从而减少了消费者询问 Wi-Fi 密码的麻烦。
- 用户通过扫描二维码可实现对餐厅的定位。在百度地图上，用户可以了解餐厅的具体位置。
- 会员扫描二维码可以办理会员卡充值业务，为会员使用会员卡提供了很大的方便。

14.3.3 案例分析：餐饮 O2O 二维码营销

二维码为助力餐饮 O2O 的发展提供了许多成功的营销方案，下面以星巴克为例对二维码营销进行分析。

咖啡巨头星巴克进军微信圈以后，与消费者展开了一种全新的互动模式。用户只要添加“星巴克中国”为好友，并且发送一个表情符号就可以享有星巴克《自然醒》音乐专辑，以及专为个人心情调配的曲目，如图 14-12 所示。

图 14-12 星巴克“自然醒”活动

星巴克利用二维码营销，不仅加强了商家与顾客之间的互动，而且也方便了顾客付款。顾客只需要把预付费卡和手机应用进行绑定就可以完成相应的支付。除此之外，顾客还可以通过二维码来了解更多的品牌信息。

14.4 餐饮 O2O+大数据营销

互联网的发展推动了大数据时代的来临，许多餐饮行业开始创新营销模式，利用大数据改造和提升自己。本节主要对餐饮 O2O 的大数据营销进行简单分析。

14.4.1 运营成本：餐饮大数据控制营销成本

对于餐饮行业，成本的控制是全方位的，也就是说，如果能够做好数据分析，成本的控制将会很容易。

一般来说，餐厅有多少客流量就会用等比例的员工。作为商家，就要对不同时段的客流量进行了解，只有这样才能有针对性地对员工的工作做出安排。比如，当客流量多的时候就可以多用兼职员工，进而节省全职员工的工资。餐厅不同时间段的客流量，如图 14-13 所示。

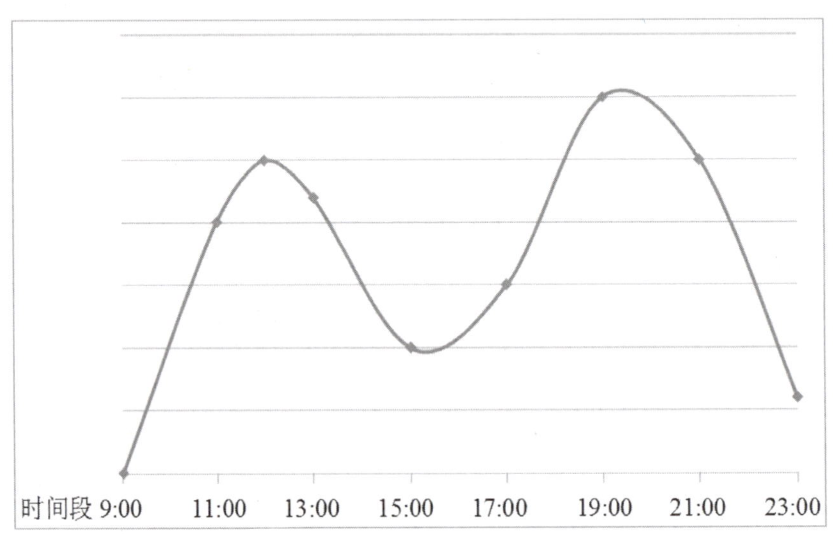

图 14-13　餐厅不同时间段的客流量

除此之外，餐厅客流量的大小还受到节假日、周末等条件的影响。例如一家餐厅一周的营业额，如图 14-14 所示。从图中明显可以看出，星期六的营业额达到最高，其次是星期五，为此餐厅管理人员每到星期五和星期六的上午就购进大量的食材，以备当天使用，同时在这两天让所有兼职员工都上岗，而周一到周四只需要一部分兼职员工即可。

除此以外，餐厅每天闭店以后，最好是对当天所有的营业数据做一个简单的统计与分析，直接计算出餐厅每天消耗的食材数据，这对控制成本非常有好处。

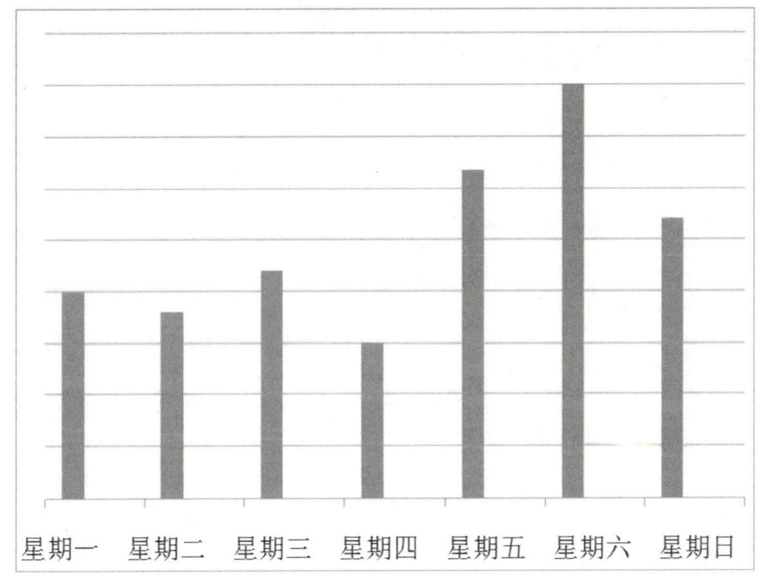

图 14-14 餐厅一周内每天的营业额

14.4.2 应用技巧：餐饮业大数据的营销应用

大数据下餐饮行业的竞争就是用大数据“武装”自己，只有将自身越来越完善，对手才没有可乘之机。下面对大数据的具体应用进行相关介绍。

1. 基于 LBS 的地理位置

LBS 服务是基于地理位置的服务。对餐饮行业来说，企业或商家通过 LBS 为消费者提供餐厅具体位置信息，可以帮助顾客快速地找到餐厅，促进消费者实现线下消费。

2. 企业数据在管理决策中的应用

在 SCM 管理系统的帮助下，企业不仅可以分析采购价格，对产品的数量、价格等进行全面分析，也可以对顾客的消费行为进行更深层次的挖掘与分析。

3. 企业基础数据管理

企业运用大数据系统可以对酒菜设置、特价促销、酒菜折扣、酒菜组成、房台设置、消费方式、员工资料等众多方面进行管理，便于企业对整个餐厅进行宏观管理。

4. 企业规避经营风险

企业运用大数据系统不仅可以总结消费者的消费记录了解顾客的消费情况，进而对菜品的受欢迎程度进一步了解，有助于企业洞察和分析内部管理的一些现状，重新优化配置企业资源，降低经营成本。可见，大数据对企业规避经营风险具有重要的作用。

14.4.3 案例分析：餐饮 O2O 大数据营销

在大数据时代，人们都喜欢用数据说话，数据在很多方面已成为人们判定真伪，决定去留的重要标尺。在很多行业，大数据成了一种营销手段。那么，餐饮行业该怎样实现大数据营销呢？下面以可口可乐为例对餐饮 O2O 的大数据营销进行分析。

可口可乐作为快速消费品行业的典型代表，在销售数据和库存管理方面往往会出现一些问题。但是，可口可乐公司利用大数据系统对这些问题进行了有效的规避。可口可乐公司进行大数据营销的作用主要表现在以下 4 个方面，如图 14-15 所示。

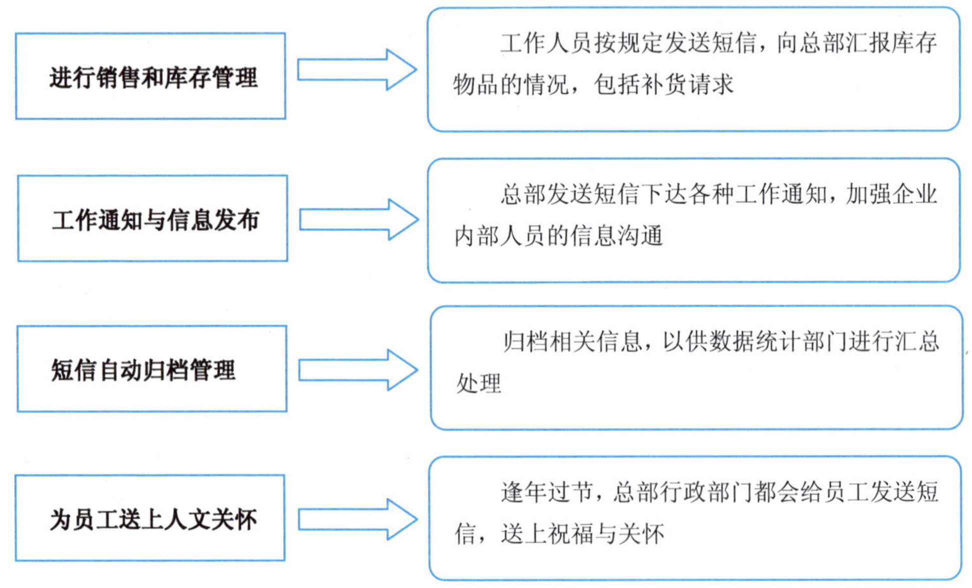

图 14-15 可口可乐公司进行大数据营销的作用

第 15 章

行业应用：餐饮 O2O 模式的应用

学前提示

通过前几章对餐饮 O2O 的相关理论知识进行学习之后，相信大家对餐饮 O2O 有了一定的了解。理论都是用来指导实践的，只有将餐饮 O2O 的理论用于实践，才能将餐饮 O2O 的知识转化为生产力。本章主要介绍餐饮 O2O 在行业应用方面的情况，读者可以从中学习到一些实践技能。

要点展示

- 团购行业案例分析
- 外卖市场案例分析
- 供应链案例分析
- 私人定制案例分析

15.1 团购行业案例分析

商家热衷于团购是因为团购能带来大量的消费者，形成规模化的较稳定的用户群。然而，消费者偏向于团购的直接原因是因为它更够给消费者带来更多的便利与实惠。总之，团购对于商家和消费者而言都是有好处的，这也是为什么团购行业会如此火热的原因。

15.1.1 团购的特点及流程

随着 O2O 的发展，团购呈现出以下 5 个特点。

1. 折扣高、价格低、销量大

团购可将分散的具有相同购买意愿的消费者聚集起来，一起组团购买，使得消费者可以用较低的价格获得同等质量的商品。然而，对于商家而言，团购有利于商家获得更大的销量，以实现薄利多销。

2. 区域性

团购的区域性以城市划分。但是随着团购行业的迅速发展，以城市为标准进行的划分并不能满足消费者的需求。因此，许多团购行业的从业者将触角深入到各个区级区域范围，有的甚至还走进了街道甚至是小区。

3. 限时性

一般来说，团购是商家针对某一产品进行的促销活动。因此，团购一般都会有时间限制。正因为如此，这就更加激发了消费者的购买欲望。

15.1.2 团购行业现状分析

目前，在移动互联网迅速发展的大背景下，电商转型 O2O 后，很多大牌电商纷纷抢占团购市场，掀起了一股团购热潮。比如美团、大众点评、饿了么、百度糯米等。自从这些大牌电商在团购掘金成功后，国内许多团购网站蜂拥而来。但是，就目前的现状来看，团购行业内的发展呈现出阶级差别明显的趋势。大牌电商发展较快，其发展势头也比较稳定，小型的团购网站发展较慢，有些甚至根本没有发展起来。

15.1.3 案例：美团网——团购行业领跑者

美团网是我国建立最早的团购网站，它涵盖了美食、电影、旅游、酒店、写真等众多生活服务项目，“团一次，美一次”是它的宣传口号。美团网 App 界面，如图 15-1 所示。

图 15-1　美团网 App 界面

美团网的作用主要体现在对消费者和对商家两个方面，具体情况如下。

- 对消费者而言，它可以帮助消费者发现并找到让自己满意的美食以及最值得信赖的商家。
- 对商家而言，它不仅可以帮助商家让消费者享受超低折扣的优质服务，也可以为商家找到最合适的消费者。

当下，美团不只是一家团购公司，更是具有一定优势的专注于本地化生活服务的垂直 O2O 企业。下面对美团在发展的过程中面临的挑战进行图解分析，如图 15-2 所示。

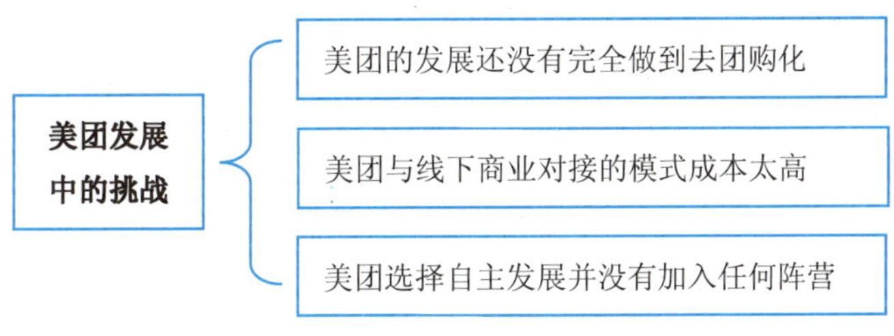

图 15-2　美团发展中的挑战

15.1.4 案例：大众点评——吃喝玩乐点评团

大众点评专注于本地生活信息及交易，它属于独立的第三方消费点评网站。大众点评的手机客户端涵盖了本地生活的方方面面，除了美食以外，还有购物、丽人、亲子、旅游折扣、运动健身、家装、结婚等板块，如图 15-3 所示。

图 15-3 大众点评手机客户端

用户在大众点评上不仅可以获取商家信息，对消费情况进行点评，还可以进行团购商品、预订餐厅、进行外卖等活动。大众点评也是线上工具帮助线下传统产业提高生产力的好案例，其中体现出了以下 4 个营销特点。

- 团购将中国餐饮的互联网发展速度至少拉快了 5 年。
- 一切从用户需求出发，把握用户需求。
- 抓住“懒”带来的机会，实现“懒人经济”的快速发展。
- 商户在电脑端的营销和在手机上的营销不一样。

大众点评的盈利策略主要包括以下 3 个方面。

1. 重新划分部门

大众点评在调整职能部门之后，将其划分为信息平台、交易平台、酒店旅游、结婚、推广、外卖、预定事业部等。

2. 推广事业部

事业部的整个团队是以销售为主，毫无疑问，它是大众点评的重要收入来源。它主要负责整合商业资源，进行全站推广。除此之外，它还负责对商户通、推广通等产品的运营工作。

3. 拓展二三线城市

为整合更多的商户，大众点评将业务拓展到了二三线城市。与大城市相比，二三线城市的发展速度较慢，所以竞争就没有那么大。因此，对商家而言，这些城市的发展潜力比较大，谁先抢占了市场，谁先站稳了脚跟，谁就是行业内的大赢家。

大众点评曾发布过一个名为“闪惠”的新产品。用户需先到店里进行消费，然后商家才会给予相应的支付优惠。如图 15-4 所示为“闪惠”界面。

图 15-4 “闪惠”界面

“闪惠”和团购还是有一定区别的，主要体现在营销的灵活性上。为保证客流量，闪惠商户可以对折扣时间实现灵活的把控，但是团购则不能。

15.1.5 案例：百度糯米——以卡代券新潮流

百度糯米是一个连接本地生活服务的平台，它的服务对象主要是在本地生活的居民。百度糯米的服务范围很广，在美食、电影、酒店、休闲娱乐、旅游等各方面都可以为用户提供相应的生活服务。

与美团和大众点评不同，百度糯米的核心商业模式是以卡代券，如图 15-5 所示。对于商户而言，能够进入到百度糯米的商家管理体系是开展更多营销业务的一条捷径。然而，对消费者而言，储值卡方式是一种比较灵活的方式，它不需要仅因为某个商户的优惠券而不得不去消费。

图 15-5　以卡代券模式

百度糯米虽然也需要商家入驻，但是它并不完全依赖商户。也就是说，商户入驻只会对百度糯米的发展起到添砖加瓦的作用，并不构成决定性的影响。因为“以卡代券”的灵活，商户也更愿意加入百度糯米平台。

百度糯米 O2O 解决方案助力餐饮企业 O2O 转型，主要通过构建三大体系来完成，如图 15-6 所示。

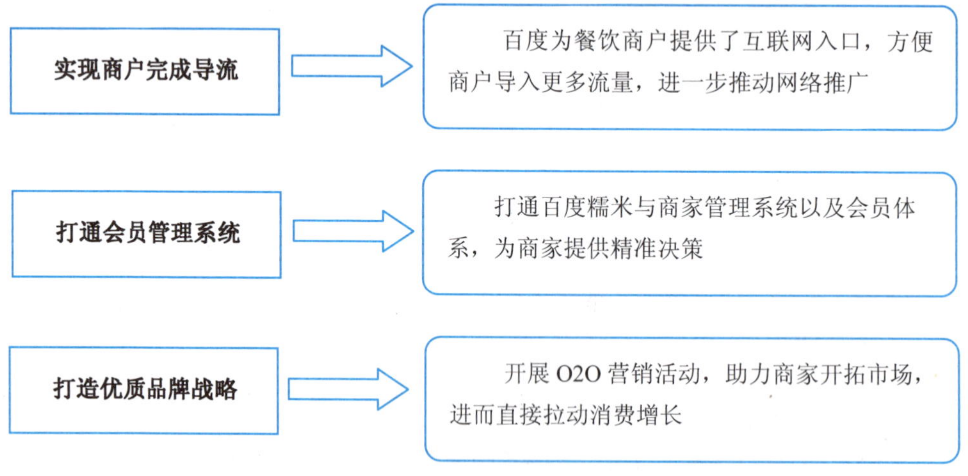

图 15-6　百度糯米构建的三大体系

15.2 外卖市场案例分析

随着“懒人经济”的逐步发展，外卖市场迅速崛起，不管是在工作区还是在生活区，消费者只要通过在美团外卖、百度外卖、饿了么等各种 App 上点外卖，就可以实现足不出户也能吃到自己想要的美食的愿望。当下，外卖市场风起云涌，各种外卖行业层出不穷。那么，外卖 O2O 行业的发展现状到底如何呢？本节就为读者解答这样的疑惑。

15.2.1 外卖 O2O 的发展现状

现阶段，外卖行业成了一种独立的餐饮经营模式，商家利用 O2O 平台为消费者提供某种专注的餐饮服务。随着餐饮 O2O 的发展，外卖也实现了 O2O 模式的运营。外卖 O2O 不仅给消费者提供了更多的选择权利，也降低了用户决策的难度。对商家而言，商家实现了外卖 O2O 的多线程运作，提高了效率。在外卖模式的推动下，外卖行业将进一步提升餐饮企业的信息化程度，使外卖 O2O 得到进一步发展。

15.2.2 外卖 O2O 的发展前景

相对来说，外卖 O2O 是一个门槛略低的行业。但是，就是这样一个看起来比较容易的行业，做起来却比较难，它受物流、地域、领域等多方面的影响。

从目前外卖 O2O 平台来看，很多商家都处在亏损的状态。大多数人认为，外卖 O2O 平台的亏损主要体现在财务模型上。商家要想实现盈利，就要从订单的量化着手。只有将订单量化到一定数量时，才能够覆盖掉成本。值得一提的是，商家要想将订单实现规模化，就一定要实现异地扩张。由此可以看出，外卖 O2O 的发展前景是不容乐观的，要想推动外卖 O2O 的发展，还需要各大商家的努力。

15.2.3 案例：饿了么——引领外卖行业新潮流

“饿了么”App 属于网络订餐服务型平台，隶属于上海拉扎斯信息科技有限公司，目前是国内影响力较大的餐饮 O2O 平台之一。

平台于 2008 年 9 月正式上线，到 2010 年 9 月时 App 的订餐范围覆盖全上海，与之合作的餐厅超过 10000 家。截至 2016 年 4 月，“饿了么”已进入超过 260 个城市的移动互联网订餐市场。“饿了么”App 界面设计清晰、明了，能在第一时间就吸引住用户的目光，如图 15-7 所示。

图 15-7 “饿了么”App 的首页界面展示

“饿了么”App 主要通过外卖服务来突出企业品牌的功能性，从根本上解决用户的饮食问题，快速满足用户最基本的生理需求——吃。它的核心功能就是通过位置定位为用户提供订餐服务。除此之外，“饿了么”App 的功能特色还体现在“用户订餐”功能上。用户可在首页选择自己所喜欢的订餐类型，以及自己喜好的店铺，如图 15-8 所示。

图 15-8 “饿了么”的特色功能

“饿了么”App 的成功除了功能方面的特色外，还得益于它在长久的发展中所打造的平台魅力，高品质的品牌形象力培养了大批核心用户。这种无形的品牌形象力主要体现在以下六个方面，如图 15-9 所示。

图 15-9　“饿了么”App 品牌形象力的 6 个方面

“饿了么”App 发展至今，已经成为大众消费者耳熟能详的订餐应用，其简单明了的操作流程也是 App 吸引用户的一个亮点。用户只要点击 App 首页上面的定位按钮，就能进入“请输入地址”页面，对自己的位置进行定位，如图 15-10 所示。

图 15-10　进入“请输入地址”页面

用户在定位好地址后，就可以点击“美食”按钮，进入“美食”页面，选择自己喜欢的餐厅。

“饿了么？”App 正是因为这些具有特色的功能及便捷简单的操作，吸引了大批用户，成功地将品牌与产品信息植入到用户的心中，极大地提升了品牌形象，获得了营销的巨大成功。“饿了么？”App 的营销模式值得其他传统餐饮类企业借鉴。

15.2.4 案例：百度外卖——打造特色外卖平台

在百度推出的 O2O 平台中，百度外卖是百度发力 O2O 领域的主要平台。在 2014 年推出之后，百度外卖平台的发展较快速，截至 2016 年 5 月，百度外卖 App 已有 3000 多万注册用户。

需要注意的是，百度外卖 App 只是百度外卖订餐的多个渠道之一，用户还可以通过网站、微信公共账号以及百度地图的相关功能实现订餐服务。如图 15-11 所示，为百度外卖官方网站。

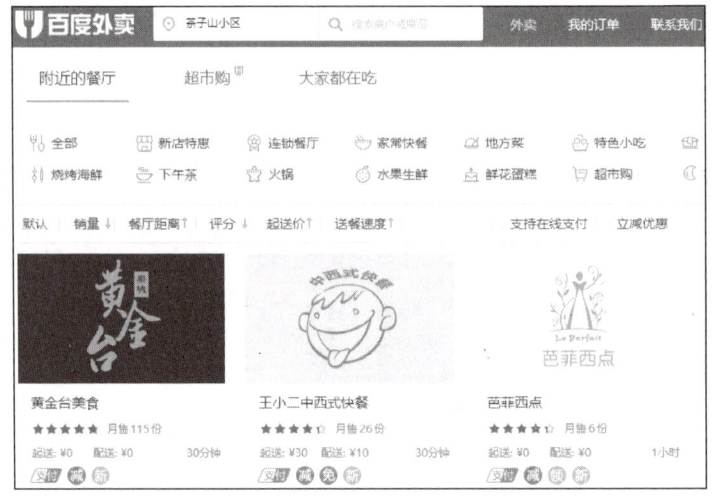

图 15-11 “百度外卖”的官方网站

与其他渠道相比，用户通过百度外卖 App 可以获得更为方便、快捷、贴心的订餐服务。如图 15-12 所示，为百度外卖 App 的八个主要功能。

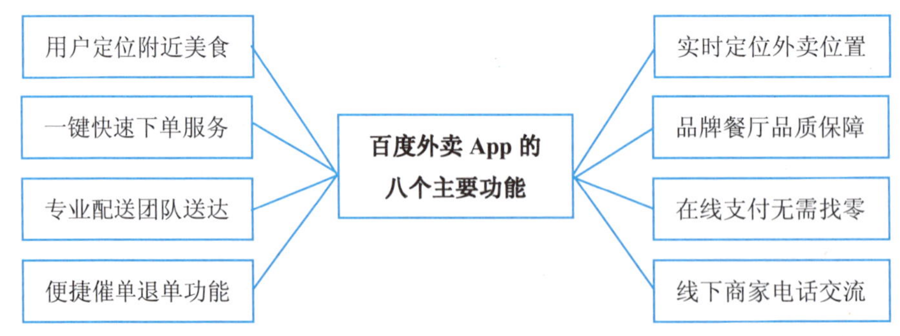

图 15-12 百度外卖 App 的八个主要功能

在 App 营销方面，百度外卖 App 的特色主要是向用户推出各种各样的优惠活动，同时所有优惠活动覆盖百度外卖的所有外卖品种。如图 15-13 所示，为百度外卖 App 上推出的针对不同类型用户的营销活动。

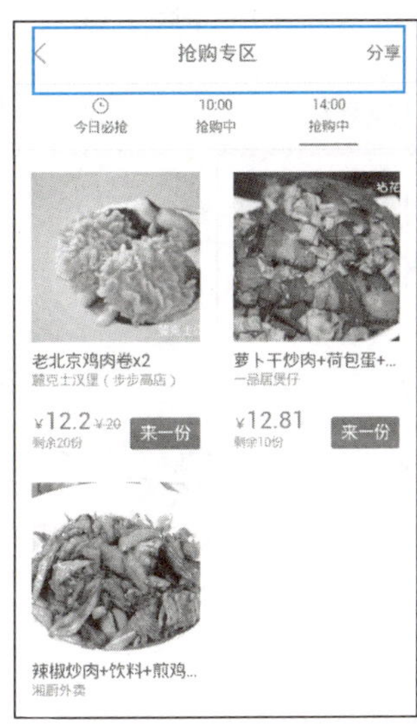

图 15-13　不同类型的营销活动

除了多种类型的营销活动之外，品牌餐饮企业的批量入驻进一步提升了百度外卖 App 的独特资源优势，这也是百度外卖 App 在市场中与同类型平台进行竞争的主要依靠。如图 15-14 所示，为百度外卖 App 根据不同类型的品牌企业推出的特色活动。

图 15-14　不同类型的品牌企业推出的特色活动

除了在功能设计上的突出之外，百度外卖 App 的广告营销也非常有特色。如图 15-15 所示，为百度外卖 App 推出的部分广告海报，主要以情感营销为主，在打动用户心的同时，进一步提升品牌的形象，促进产品的销量。

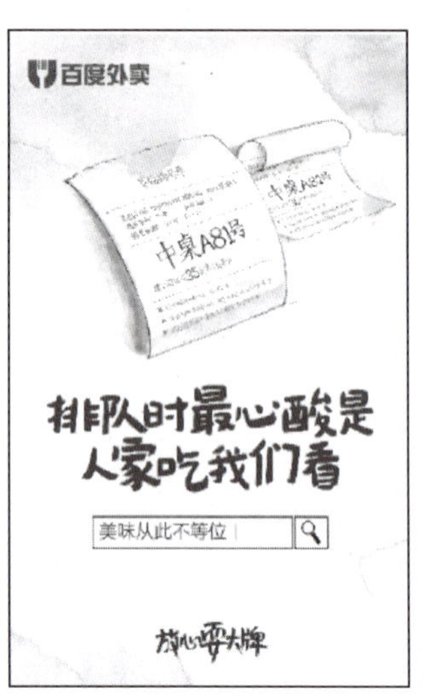

图 15-15　广告海报

15.2.5　案例：到家美食会——实现美食走进家

“到家美食会”是一个典型的 O2O 电子商务网站，主要为城市中高端家庭用户提供一站式订餐及配送服务。成立初期，它受到各大企业的关注，短短几年间，经营范围便覆盖了 8 个城市，获得了巨大成功，如图 15-16 所示。

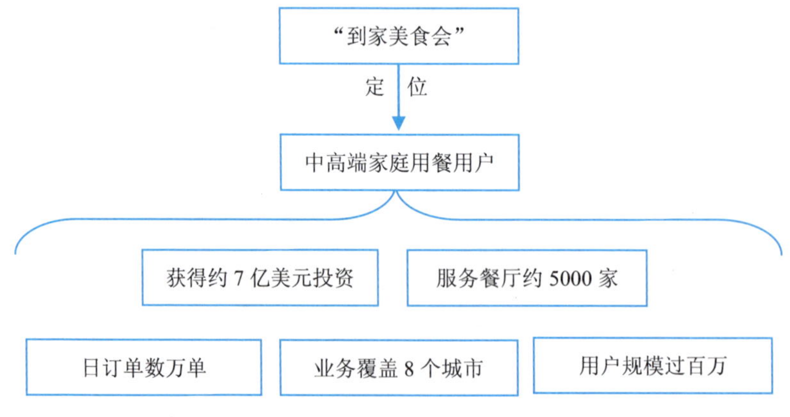

图 15-16　“到家美食会”的经营范围

“到家美食会”为了让用户的订餐更加便利，自主开发了“到家美食会”App，为消费者提供了用手机便可享受美食的新体验，如图 15-17 所示。

图 15-17 “到家美食会”App 界面

“到家美食会”App 的特色功能紧紧抓住了用户的目光，主要体现在“我的”功能选项区中。在“我的”选项区中，不仅有“优惠券、邀请有奖、贵宾卡”等特色选项，用户还可以自由编辑自己的账户信息，如图 15-18 所示。

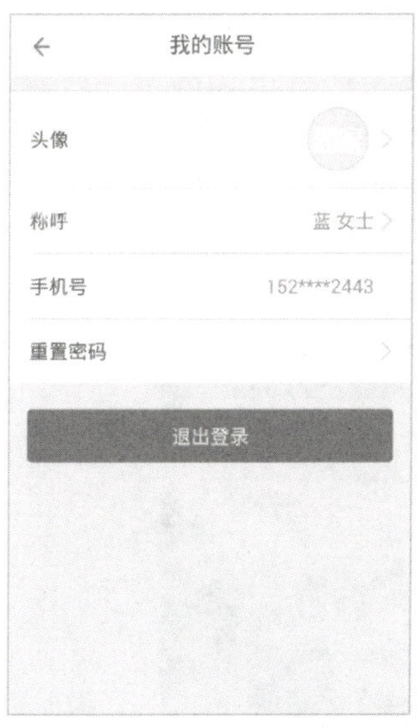

图 15-18 “到家美食会”App 中“我的”功能选项区

尤其是“到家美食会”App中的“邀请有奖”功能的设定，更是让用户喜爱不已。用户只要将自己的链接分享给好友，便能获得奖励，这无疑是App营销推广中的又一大创新点，如图15-19所示。

图15-19 “邀请有奖”功能

下面重点介绍用户利用“到家美食会”App进行订餐的操作过程。

(1) 用户首次进入App时，系统会自动弹出“您的位置可能不在配送范围内”的提示信息，点击“手动输入地址”按钮进入“选择城市”页面，选择自己所在的城市，如“杭州”，进入“杭州”页面，在文本框中输入自己的地址，如图15-20所示。

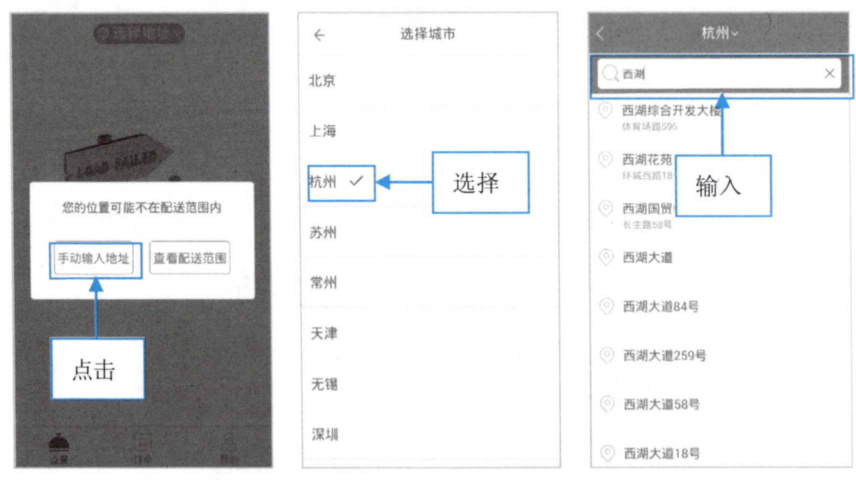

图15-20 进入“杭州”定位页面

(2) 定位好自己的位置后，点击“分类”按钮，如图 15-21 所示，进入“送至：西湖花苑”页面，选择自己需要的商家种类。这里选择“中餐正餐”类型，如图 15-22 所示。

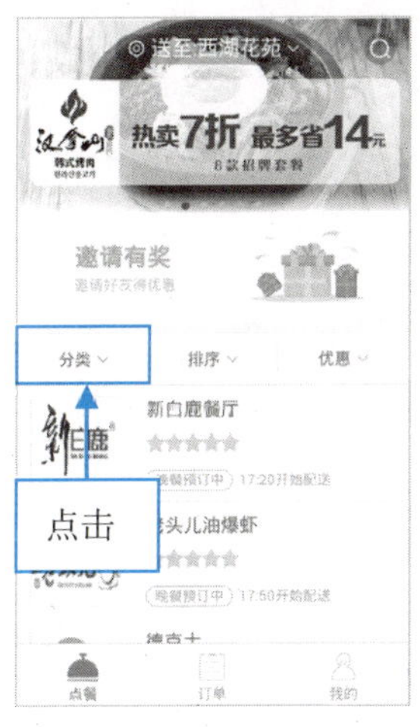

图 15-21 点击“分类”按钮

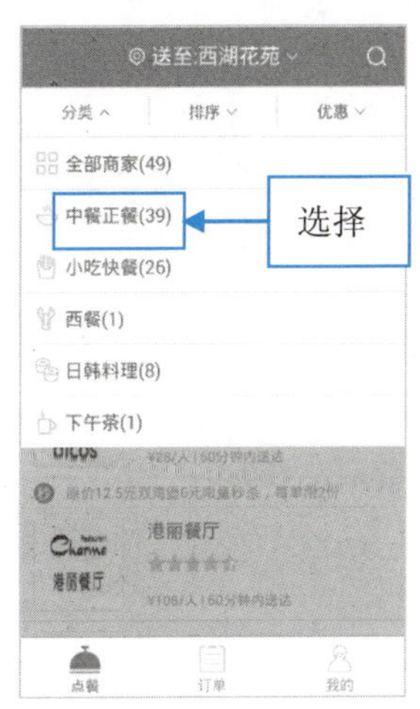

图 15-22 选择“中餐正餐”类型

(3) 进入相应页面后，选择“新白鹿餐厅”，进入“新白鹿餐厅”页面，点击页面中菜品下方的“+”按钮，如图 15-23 所示，即可将自己喜欢的菜品放入购物车。

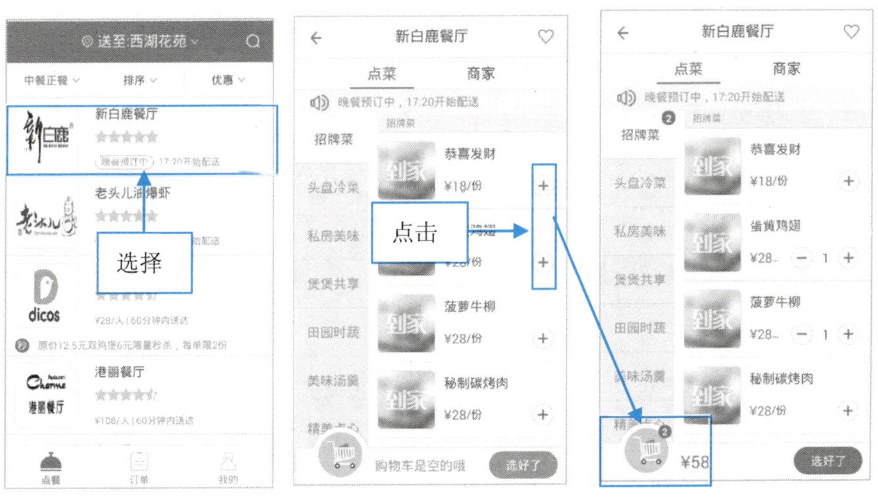

图 15-23 将菜品放入购物车

(4) 点击“选好了”按钮，进入“提交订单”页面，点击“提交订单”按钮，如图 15-24 所示，即可完成订单的支付操作。

图 15-24　进入“提交订单”页面

“到家美食会”App 不仅仅只是一个订餐应用工具，在它背后，更是有一流的地面送餐团队在支持着。目前，“到家美食会”已经和数百家知名餐饮企业建立了合作关系，并计划把到家餐饮服务推广到全国各地。

15.3　供应链案例分析

一般来说，供应链的基本要素是由供应商、厂家、零售企业以及消费者构成。它包括物资流通、商业流通、信息流通、资金流通四个流程。供应链是由供应商、制造商、运输商、零售商以及客户等多个主体共同构成的，餐饮行业在供应链的紧密衔接上表现得尤为突出。

对企业来说，选择一个优秀的供应链伙伴进行信息化合作，是企业获得长足发展的需要。

15.3.1　经营渠道：餐饮 O2O 供应链模式分析

一般来说，餐饮 O2O 企业大都在移动端进行食材采购。在移动端完成采购后，企业会选择与相应的物流公司进行合作，由物流公司将食材运送到餐厅。

餐饮 O2O 供应链主要应用于中小餐饮企业，或者一些中小规模的餐厅，这些企业或餐厅通过 O2O 供应链获取食材，然后对需要用餐的食材进行加工，将其打造成特色产品呈现给顾客。

15.3.2 案例：食材供应——争当食材大管家

食材管家 App 是一个定位为食品类供应平台的 App，主要作用是联系批发商家与零售商家，如图 15-25 所示。

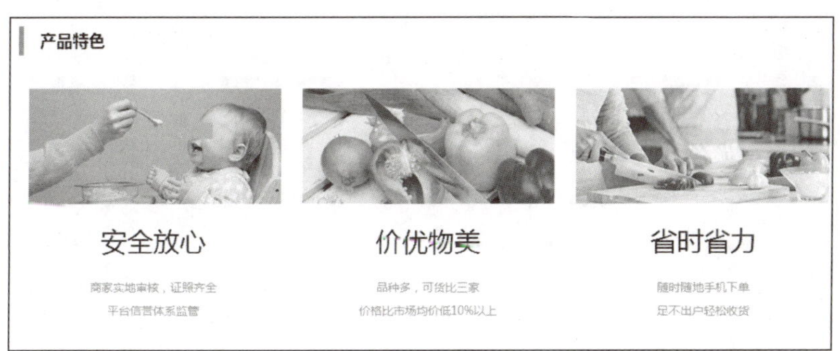

图 15-25 食材管家 App 界面

食材管家 App 的功能设计较为简单，主要以产品的分类和直接展示为主，如图 15-26 所示。

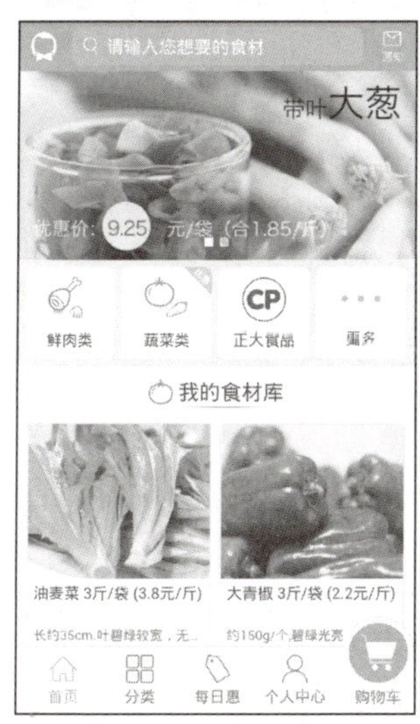

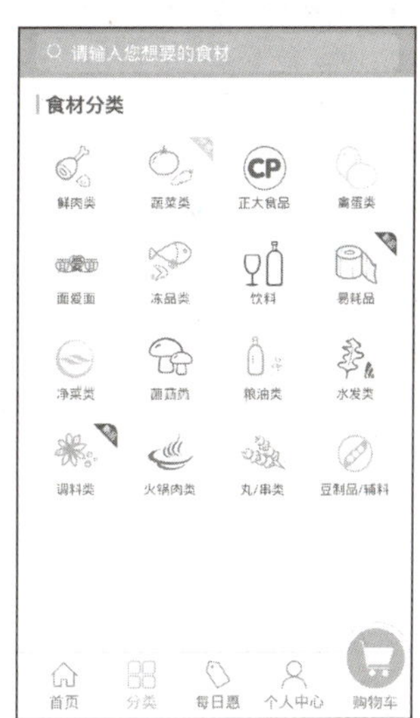

图 15-26 食材管家 App 的功能界面

食材管家 App 的营销特色在于吸引用户流量，进而推出广告业务，通过广告业务来获得利润。食材管家 App 尚处于发展阶段，但是这种针对食材供应的平台随着农产品 O2O 的发展必将会得到广泛认可，国内的农产品市场空间巨大。

15.3.3 案例：优配良品——专注生鲜供应链

优配良品是一家专注于生鲜供应链的一站式食材供应商，它主要为客户提供新鲜的农产品供应，如图 15-27 所示为其官方网站。

图 15-27 优配良品官方网站

优配良品能够成为出色的一站式食材供应平台，具有以下四大优点。

1. 食品级分拨仓储设计

这种设计为客户订购的食材进行精细分拣、分包时提供一个专业、高效且安全的环境，在保障食材品质的前提下，提高客户过秤验收效率。

2. 自建物流配送体系

这种配送体系使食材在运输过程中能够保质、保鲜、保量，它会对不同的食材进行不同的包装及温度控制。

3. 采用良心的价格

优配良品不会恶意抬价，它不仅会帮助客户节省采购成本，而且也能够帮助客户节省人力和时间的成本，进而提升运营效率。

4. 专业的食材供应商

专业的食材供应商对食材进行筛选和管理，进而从源头上保障食材的采购品质，为客户把好食材采购关。

15.3.4 案例：饭店联盟——供应餐饮原材料

饭店联盟是一个专注于提供原材料和食材共赢服务的平台，它的主要服务对象是餐厅和饭店。它主要为餐厅和饭店提供新鲜的水果蔬菜、肉类、冻品类、熟食、调料、饮品、日常用品等。为打造中国餐饮原材料服务第一品牌，饭店联盟采用专业的采购团队进行直接采购，并自建专业的配送和服务团队，如图 15-28 所示为饭店联盟的官方网站。

图 15-28　饭店联盟官网

饭店联盟不仅拥有自己的官网，也拥有自己的 App 和微信公众号。用户不仅可以在其 App 上下单，也可以在其微信公众号上获得商家的最新资讯，参加一些营销活动以获得代金券或者其他奖品等。如图 15-29 所示为饭店联盟的 App 界面和微信公众号界面。

图 15-29　饭店联盟的 App 界面(左)和微信公众号界面(右)

15.4 私人定制案例分析

现在手机中的很多餐饮 App，都有“私人定制”定制功能，消费者可以在 App 中选好想要去的餐厅，挑选好喜欢吃的菜品，计算好价格，然后通过移动端进行支付，菜单会直接下到厨房，等待由服务员端上桌，节约了顾客等待菜品上桌的时间。随着移动互联时代的到来，餐饮业开始升级，即将进入“私人定制”时代。

15.4.1 餐饮定制：让 O2O 走进私人定制时代

随着外卖市场的不断发展，消费者对外卖的要求也越来越高。人们开始从单纯的点餐向个性化点餐转变，而餐饮企业也从“我能为你提供什么”向“我能满足你什么”转变。消费者只要向商家说出自己想要吃的菜以及具体要求，商家就可以给消费者提供想要的菜。随着这种模式的不断发展，我国的餐饮 O2O 逐渐走进私人定制时代。

15.4.2 案例：名大厨——专业厨师上门服务

名大厨是国内一家专业提供上门厨师服务的平台。天津数千百名大厨真诚为用户提供上门服务，用户可以通过微信公众平台快速预约“名大厨”厨师。用户 88 元即可享受上门厨师服务，还有国家级大厨私人定制的高端家宴。如图 15-30 所示为名大厨官网。

图 15-30　名大厨官网

名大厨提供的私厨上门服务，正在打造一个垂直餐饮市场的生态圈，站在 O2O 的热潮上，如果能借此打开线下的流量入口，市场将达到千亿级别。与名大厨相关的竞争对手，一般以雇佣全职厨师的方式为顾客服务，雇佣的厨师以打工的心态为顾客服务的，而名大厨平台上的厨师则是以创业的心态为顾客服务，他们打造的是自己的个人口碑和品牌形象，所以在提供服务的时候也会更加专业和敬业。

用户可以通过微信扫一扫功能，对“名大厨”首页中的二维码进行扫描，关注“名大厨”公众号。如图 15-31 所示，进入“名大厨”公众平台。名大厨的公众号的界面简洁、清晰，如图 15-32 所示。

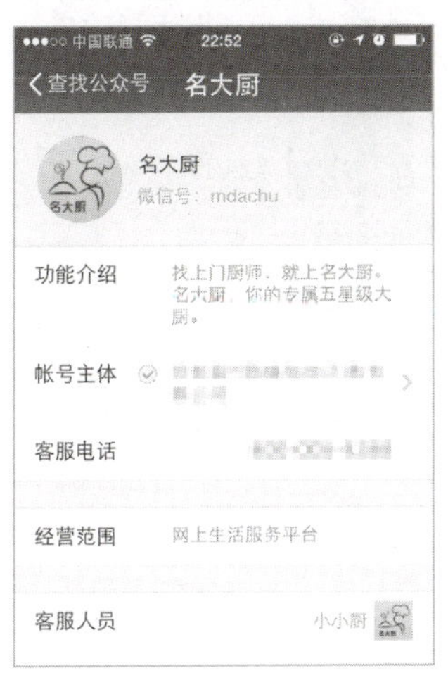

图 15-31　关注“名大厨”公众号

图 15-32　进入“名大厨”公众号

在“名大厨”的公众号中，用户点击下方的“预约大厨”按钮，即可进入相关预约服务界面，其中包括各类服务套，如图 15-33 所示。点击“服务套餐”按钮，进入“服务套餐”界面，在其中可以查看各种套餐及价目表，如图 15-34 所示。

图 15-33　包括各类服务套

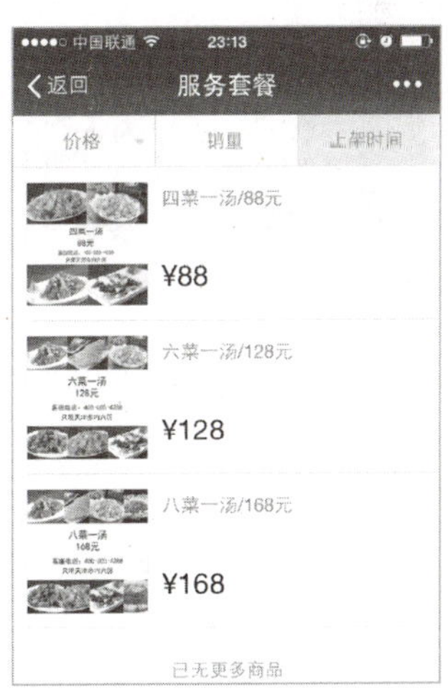

图 15-34　查看各种套餐及价目表

在“预约大厨”界面中，点击“商务套餐”按钮，可以查看相应的商务套餐及价格，如图 15-35 所示。点击“月子餐”按钮，可以查看相应的月子套餐及价格，如图 15-36 所示。

图 15-35　查看商务套餐及价格

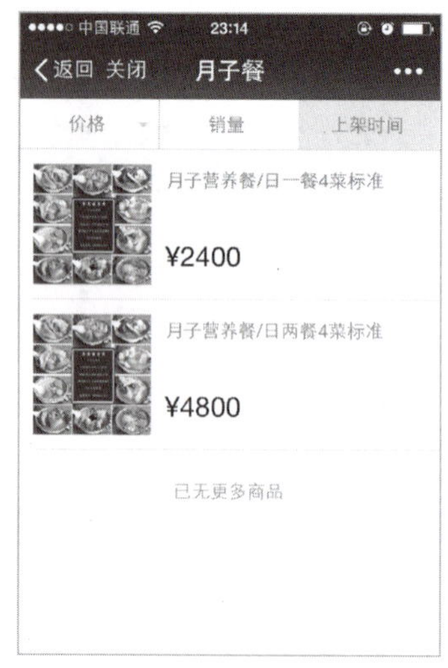

图 15-36　查看月子套餐及价格

点击需要的套餐后，即可进入购买页面，如图 15-37 所示，点击“购买”按钮，即可完成私人定制服务，厨师即可上门服务。

在“名大厨”公众号中，点击下方的“菜谱厨师”按钮，在弹出的列表框中，点击“厨师简介 1”和“厨师简介 2”按钮，可以查看厨师信息及其擅长的菜系，如图 15-38 所示。

图 15-37　进入购买页面

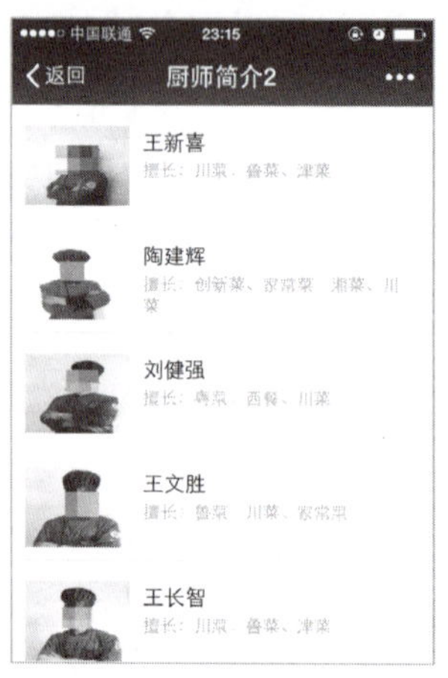

图 15-38　查看厨师信息

名大厨的私人定制主要有以下四大特色。

- 多样大厨：公众平台中有寻找、收藏、分享各类菜系的专业厨师。
- 代买食材：厨师代买食材，一切都通过名大厨值得信赖的服务完成。
- 私人定制：星级专业厨师，在家尊享私人定制服务。
- 实时状态：查看订单状态，一切皆可在手机上完成。

名大厨用完善的服务品类，严格的服务标准打造最极致的用户体验，让用户享受不一般的私人定制服务。

15.4.3 案例：厨神驾到——上门烹饪美味佳肴

厨神驾到是一款沈阳私厨上门服务平台，主要致力于改变传统的餐饮模式，打造健身的饮食文化，让用户享受到专业、健康的私人美人定制服务。厨神驾到平台上的每一位厨师都经过严格挑选，只为让用户吃得更放心、更健康，让用户在家就可以享受到五星级大厨烹饪的美味佳肴。

用户可以关注“厨神驾到”微信公众号，如图 15-39 所示，通过该平台可以下载厨神驾到 App，也可以通过微信预约大厨上门服务。

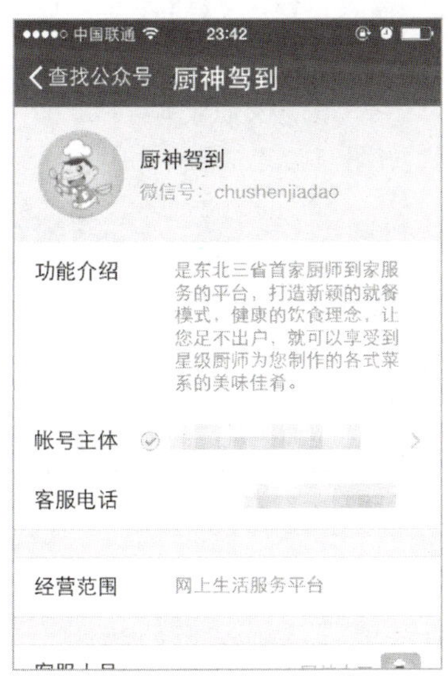

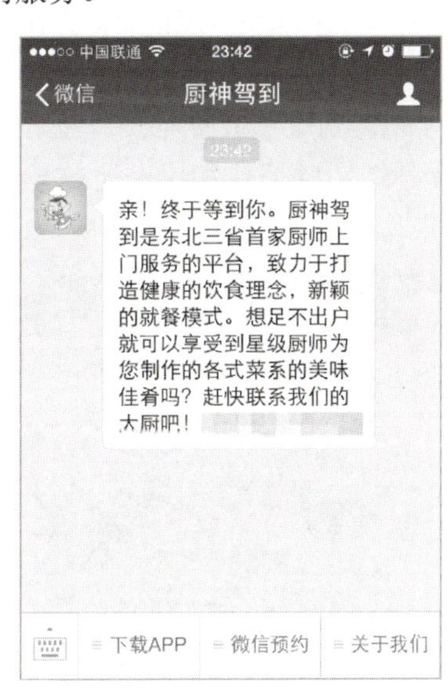

图 15-39 “厨神驾到”微信公众号

在“厨神驾到”公众号下方，点击“下载 App”按钮，即可开始下载“厨神驾到”App。下载完成后，进入 App 界面，该界面简洁、干净、清晰，界面中各功能也非常全面，包括四季滋补、私人定制、优惠活动、服务保障等功能，下方还可以查看厨师以及订单服务，如图 15-40 所示。

图 15-40 “厨神驾到” App 界面

在“厨神驾到” App 界面中，点击下方的“私人定制”按钮，即可进入“私人定制”界面，其中显示了私人定制的价格，以及购买须知等信息，如图 15-41 所示。

在“厨神驾到” App 界面中，点击下方的“厨师”按钮，即可进入“厨师”界面，其中显示了厨师信息和厨师所擅长的菜系，如图 15-42 所示，用户可以选择适合自己口味的私人厨师进行服务。

图 15-41 进入“私人定制”界面

图 15-42 进入“厨师”界面

通过“厨神驾到” App 的界面介绍，用户可以了解到该 App 提供的相关服务类型，主要包括日常套餐、月子餐、四季养生滋补套餐、年夜饭以及私人定制等服务。

- 日常套餐：适用于家庭用餐、朋友聚会等。
- 月子餐：专业营养师配餐，星级大厨上门烹饪。
- 四季养生滋补套餐：制作春、夏、秋、冬季节性养生滋补套餐。
- 年夜饭：根据用餐人数选择适合的年夜饭套餐。
- 私人定制：根据用户个人口味和需求，私人定制菜单。

"厨神驾到"App还有5个非常强大的功能，下面分别进行简单介绍。

- 预约私厨：打开App的界面，即可预约厨师，根据厨师风采、擅长的菜系，选择适合自己的私人厨师，如图15-43所示。

图15-43 "厨神驾到"预约界面

- 查看订单：在App中可以查看订单详情、订单状态，简单清晰，一目了然，视觉体验非常好。
- 优惠活动：用户可以了解最新的优惠活动，享受最超值的套餐优惠。
- 储值卡：在App中充值，可以享受会员特权。
- 服务评价：私人定制服务完成后，即可对厨师的服务作出评价，可以上传相关服务过程的图片，使评价内容更加生动、真实。

15.4.4 案例：好厨师——代买食材专业定制

"好厨师"是一款基于地理位置预约厨师上门的服务平台。其工作原理很简单，用户只需在"好厨师"App注册相应的账号进行登录，根据需要填写相应的用餐人数、挑选喜欢的菜系以及制定相应的用餐时间，然后在平台上预约厨师即可。好厨师 App 的界面及主要功能，如图 15-44 所示。

在线支付，坐等厨师上门服务。你可以亲自看着厨师为你做菜，还可以代买食材。厨师服务过程让用户享受放心、透明、安全、满意的服务

好厨师 App 拥有多个菜系专业认证的厨师供用户选择，在家就可以享受全国各大美食

图 15-44　好厨师 App 的主要功能

因为 O2O 时代的来临，人们未来的生活会越来越离不开上门服务。“好厨师”通过厨师上门服务这一功能，让人们的生活水平更上一层楼，同时把大厨从封闭的厨房里解放出来，使其走进百姓家庭。